国際政治・日本外交叢書

②

冷戦後の日本外交

信田智人著

安全保障政策の国内政治過程

ミネルヴァ書房

はじめに

冷戦構造の崩壊後、日本の安全保障を取り巻く環境は大きく変わった。戦後長い間、冷戦期の米ソ対立という構図のなか、日本は日米安保条約によってその安全保障を確保してきた。同条約は日本による基地提供の代償に、米国が日本防衛の義務を負うが、日本側には日本領土と領海内の場合を除いて米軍への防衛協力の義務はない、非対称な同盟関係となっている。米国にとってこのような同盟関係を維持すべき正当性があったのは、資本主義対共産主義の対立とソ連の軍事的脅威があったからである。

しかし冷戦構造が崩壊すると、国際システムは大きく変容していった。ジョン・ガディスが一九九一年にフォーリン・アフェアーズ誌の論文で予言したように、世界は情報革命などによる統合が進むと同時に、二極構造の崩壊による分散化が進んだ(注)。冷戦後における国際テロ活動の増加もそのひとつの傾向と考えられる。また、二極構造を形成する過程で、東西両勢力に組み込まれた国々では、ソ連封じ込めや資本主義からの避難という共通の目的を追求するうえで、ナショナリズムが抑制された。人工的に作られた二極構造が崩壊すると、人間的な欲求としてのナショナリズムや民族主義が台頭する。現在、日本が置かれている東アジアの国際情勢における不安定要因は朝鮮半島と中台問題であるが、これらも東西陣営間の対立がなくなったため、それぞれ朝鮮民族と中華民族の民族主義の台頭が統一の方向へベクトルを強めているという側面もある。

ソ連の脅威がなくなると、米国議会は日本との軍事同盟の有用性を疑問視するようになった。東アジアの防衛は直接的に米国の安全に関わることではなくなり、米軍への基地提供という日本側の分担が以前ほど評価されなくなった。そんな時期に一九九〇年の湾岸危機が起こった。憲法上の制約を知りながらも、日米同盟の有用性を議会に示したい米政府は日本に対して「人的貢献」を求めた。日本政府は一三〇億ドルという、戦費の約三割にも及ぶ資金協力をしたにもかかわらず「遅すぎる」と批判され、人的貢献がなかったことから「小切手外交」と揶揄された。

この批判に対応して、日本政府は憲法の枠組みの中で国際的安全保障に貢献すべく、国連平和協力法案を国会提出したが、残念ながらこれは廃案となり、湾岸戦争後の中東で人的貢献することはできなかった。戦後、クウェートが新聞広告で感謝した協力国のリストに日本が載っておらず、湾岸戦争は日本政府にとって大きなトラウマを生んだ。仕切り直して一九九二年六月に日本政府はPKO協力法を成立させ、同法に基づいて同年九月に自衛隊をカンボジアにおけるPKO活動に参加させることによって、人的な国際貢献を実現させた。これによって、自衛隊派遣という安全保障の手段が、日本の外交政策の重要なツールとなった。

まもなく一九九三年に起こった朝鮮半島核危機は強い危惧を日米両政府の関係者に抱かせた。朝鮮半島有事の際に日本が基地を提供するだけという対応では、米国議会が日米同盟無用論を展開するだろうし、そのときに米政府には議会を抑えきれるという自信がなかった。この両政府の強い危惧が、一九九六年四月の橋本＝クリントン首脳会談の際に発表された「日米安全保障共同宣言」を契機とする日米防衛協力の新ガイドライン制定の動きにつながったのである。

小泉政権発足の五カ月後、二〇〇一年九月一一日の米国同時多発テロ事件は全世界を震撼させたが、日本政府の安全保障問題に対する対応をも大きく変えた。事件直後から、内閣官房を中心に対応策がとられ、一カ月以内にテロ対策特別措置法案としてまとめあげ、三週間で成立させた。また、二〇〇三年六月には自民党支配下での長年の懸案事項であり、つい三〇年前までは政治的タブー扱いされていた有事法制を成立させた。矢継ぎ早に、その二カ月後には、復興と人道援助のために、治安の安定しないイラク国内に陸上自衛隊を派遣するイラク復興支援特別措置法を立法化させた。

冷戦構造の崩壊後、日本政府は次々と外交・安全保障問題における対応を展開した。そこにどのような政治ダイナミクスが展開したのか。政策決定に参加したそれぞれのアクター、そしてその相互作用にどのような変化が生まれたのか。本書は、九〇年代以降の安全保障政策の国内政治過程の分析を行うことを目的にしている。

まず第1章では、国家を単一のアクターと考え、中の見えないブラックボックスとして扱う合理的行為者モデルと、その類型と考えられる様々な議論を紹介し、日本の場合どのような諸条件を考察に入れるべきかを考える。その後で、リアリズムとリベラリズム、コンストラクティヴィズムのそれぞれの側面から、戦後日本の対外政策を描写する。第2章では、⑴湾岸戦争、⑵新ガイドライン、⑶テロ対策特措法、⑷イラク特措法、という具体的な四事例について、国家をブラックボックスとして閉ざしたまま分析する。第3章では安全保障政策決定をめぐる政治において、米国の研究を中心にどのような理論が存在するのかを解説し、特に政治過程モデルに重点を置いて議論を進める。第4章では、政治過程モデルを用いてブラックボックスを開けた場合、第2章で紹介した事例において、どのように異なる説明が得られるかを見る。

第5章から第7章までは、アクター別の分析を進める。第5章では、小泉政権になってから特に重要性を高めている官邸の役割と、外務省と防衛庁を中心とする官僚機構の力関係の変化について分析する。第6章では、政党、特に政権党である自民党、政権与党の一翼を担うようになった公明党、影響力の低下が続く社会党と共産党、政権担当能力を示そうとする民主党に関する論考を行う。第7章では、これら政・官界を外から観察する利益団体、メディア、世論の影響力について議論を展開する。終章では、これらのアクターの相互作用がどのように変わったかをまとめ、同心円モデルを通して安全保障政策の政治過程のダイナミクスがどのように変化していったかを論じる。

（注） John Lewis Gaddis, "Toward the Post-Cold War World," *Foreign Affairs*, 70, no. 2, (Spring 1991): pp. 102-122.

冷戦後の日本外交——安全保障政策の国内政治過程　目次

はじめに

第1章　合理的選択としての対外政策

1　伝統的政策決定理論

冷戦後、日本は安全保障を中心に対外政策を大きく展開させたが、国家としてどのような判断に基づいて政策を立案、実行してきたのだろう。その分析を行うためにまず、これまで国際政治や安全保障で、どのような理論やモデルが提示されたのかをみていくことにする。

国際関係に関する政策過程の研究が盛んになったのは、第二次世界大戦後と歴史が浅い。それまで国際関係の研究では、国家間の相互作用（パターンやシステム、過程についてのもの）や歴史的トレンド（時系列的分析や説明）が圧倒的に多く、政策決定の分析についての研究は限定されていた。そういった状態に不満を持った、リチャード・スナイダーが二人の学生の手助けを借りて、一九五四年に対外政策決定分析の体系化を試みた[1]。

スナイダーの理論は、それまでの国際関係の研究を包括し、国内社会構造の条件（価値観や制度、社会組織の特性、役割の分化と特化、団体、社会プロセス）と、それに影響を及ぼす国内的・対外的環境という諸条件を、国家を代表する政策決定者がどのように認識するかによって決定が行われると論じている。さらに社会学の組織行動論の要素も取り入れ、政府の意思決定は政府内の組織の意思決定によるものであり、そこには⑴組織の権限領域、⑵コミュニケーションと情報、⑶動機、が決定要因となり、それぞれの要因がさらに細分化されて説明されている。

スナイダーの理論に対し、分析のモデルとするにはあまりにも変数の数が多すぎるとともに、変数間の相互関係が明確にされていない点が批判されてきた。スナイダー自身も、同理論はモデルではなくて、「参照の枠組み（frame of reference）」だと表現している。平たく言えば、政策決定分析のためのチェックポイントということだろう。しかし枠組みとしてもチェックポイントが多すぎて、それらを網羅して分析の手段とすると長時間かかる作業を要する。スナイダーも「小さな木の実を砕くために大ハンマーを作った」という大学同僚の発言を引用し、自嘲的な評価も紹介している。(2)

組織行動論など社会学の影響を受けたスナイダーの研究に批判的なイギリスの政治学者、ジョセフ・フランケルは、政策決定者によって知覚されない要素も重要なものは客観的環境を形成するため、認識的な行動科学に重点を置く必要はないと論じ、一九六三年の著書で社会学的要素を廃して対外政策決定理論を体系化しようとした。(3) しかし、フランケルのモデルは政策決定のアクター別の具体的な言及が行われているとしても、スナイダーの研究と同様に、国際・国内環境、情報や価値などの多くの変数を網羅し包括的に扱っているため、モデルとしては利用しにくいという難点がある。

スナイダーの定義によると、社会科学においてモデルとはあいまいな存在であるが、実証分析における「比較、測定、実験、考察のガイドのための人工的な手法」である。その最も重要な機能のひとつは「それ以外では得られない仮説を観察者に提示し、事実のデータを照らし合わせることによってそれを立証すること」という。スナイダーやフランケルの理論はあまりにも網羅的になり、変数が多すぎると同時に、変数の影響力も相対化されていないため、仮説を立証することが困難になっている。

2　合理的行為者モデル

これら政策決定過程を体系化する努力を行った先駆者の研究を踏まえて、対外政策決定のモデル化が様々な学者によって試みられた。そのひとつが合理的行為者モデルと呼ばれるものである。政策とは合理的な計算に基づいた知的作業の産物として捉えられる。これによると、政策決定者は政策目標を設定し、それを最小のコストで最大の利益が得られるような選択を行う。この考え方を政策決定者という個人のレベルから国家のレベルに移行させて、国家を常に合理的選択を行う一行為主体者とみるのが、合理的行為者モデルである。

「日本のODA政策」「米国のイラク攻撃」「中国の軍事拡大」「北朝鮮の瀬戸際外交」といった形で、国際関係の諸現象が表現されることが多いが、こういった表現は国家をひとつの決定者の単位として無意識に受け入れている。この場合、国家ないしは政府は中の見えないブラックボックスとして扱われ、その中で起こるアクター間の政治過程は全く無視され、アウトプットはあくまでも国家の合理的な計算に基づくものだと仮定している。

合理的行為者モデルにおける、国家は合理的に戦略を選択するという前提は戦略論をルーツとするものである。近代的戦略論の代表的研究者、トーマス・シェリングは二〇〇五年にノーベル経済学賞をとった経済学者である。ゲーム理論を使って戦略戦術論を展開した、代表的著書『紛争の戦略』では相手の報復能力を破壊することが不可能であれば抑止が働くことを論じた。その理論では、経済学者によるものらしく、厳しい前提条件が付されているが、最も重要なものは政策の選択は合理的に導かれるというものである。シェリングは合理的行為を「単に知的行為というだけでなく、(行為による）利益を明白かつ内部的に首尾一貫した価値観に基づき意識的に計算した結果の行為」と定義している。[4]

シェリング以外の対外政策決定の合理的選択理論においても、前提条件はだいたい一致している。まず、行為者が国家ないしは政府であること。第二に、行為は行為者の目的や意図に沿って行われるものであること。第三に、行為は戦略的問題に対して計算された解決策として選ばれていること。そして第四に、行為時に政府がどんな目的を追求したか、いかに行為がその目的達成に対して適切であるかが説明可能であることである。[5]

グレアム・アリソンはその著名な著書『決定の本質』で、それまでの研究書でみられた合理選択理論をまとめて、対外政策の概念モデルのひとつとして、「合理的行為者モデル」と呼んだ。アリソンは同モデルの基本概念として、(1)目標と目的、(2)選択肢、(3)結果、(4)選択の四つの要素を挙げている。[6]

(1)　目標と目的

決定者はあらかじめ何を達成すべきかという目的を持っており、それは「ペイオフ」や「効用」、

「選好」といった関数に置き換えられる。決定者の価値観や目的意識に基づいた関数によって、それぞれの選択結果の「価値」や「効用」を計算し、それぞれの結果をランク付けすることができる。

(2) **選択肢**　合理的決定者は、特定の状況において提示される選択肢のなかから、選択しなければならない。

(3) **結果**　提示される選択肢にはそれぞれ、それによる結果が生じる。決定者が政策結果をどれだけ正確に推測できるかという点でいろいろな仮定ができる。

(4) **選択**　合理的な決定者は、それぞれの選択肢に伴う戦力的コストと利得を比較しランク付けを行い、最もランクが高い選択肢を選ぶ。経済学でいうところの「効用の最大化」を目指すというわけである。

このモデルにおいて決定者は、国家ないしは政府であり、単一の行動主体と見なされており、価値観や目的意識は国内で共有されていることが前提となっている。つまり、国家を中の見えないブラックボックスとして扱っているわけである。現実には国家の中には複数のアクターが存在し、対外政策過程において対立も生じるが、実際に採用された政策結果を推進した勢力を一人のアクターとすることで説明できるとしている。(7)

この合理的行為者モデルにはいくつかの批判がある。まず、その代表的なものは、決定者が置かれた状況で、的確な目標を設定し、その実現に向けた複数の選択肢とその結果を正確に想定し、そのなかから最良のものを選ぶという前提条件に対するものである。状況に関して完全な情報が伝えられるか。それを正しく分析し、可能な選択肢をすべて提示し、かつその結果を正確に予測し得るか。その計算を正確に行い、最良の選択を常に選ぶことができるか。これらの要件をひとつでも満たさないと前提条件が成り立たなくなる。

この批判に応え、アリソンは同著の第二版で、ハーバート・サイモンの研究に依拠し、合理性には「包括的合理性(comprehensive rationality)」と「限定的合理性(bounded rationality)」があると紹介している。包括的合理性は、決定者がすべての選択肢を検討し、正確にその結果を計算し、価値の最大化がされる選択をすることが想定されている。他方、限定的合理性では、決定者の知識と計算能力に限界があり、すべての選択肢が正確に分析された際には選ばれなかった政策を国家がとることを認めている。しかし、それは必ずしも「不合理な」選択ではなく、特定の状況下で利用可能な情報に基づき、時間や人的制限がある状況で、その時点で決定者が最も合理的だと思われる選択が行われると考えることで、アリソンはこの前提条件を緩和している[8]。

また、合理的行為者モデルでは人間が合理的である限り、どのような状況でも同じ結果になると仮定しているが、国家または指導者によって価値観や目指す目標が違うという批判もある。ファシスト国家や共産主義国は民主主義国家とは違った動機を持ち、異なった行動をとるだろうし、アジアやヨーロッパの国家は米国と違う行動に出るだろう。ロジャー・ヒルズマンの表現を借りると、「国家はブラックボックスばかりではない。ピンクもあれば紫も、茶色や青のボックスもある」ということになる[9]。

この批判に対してもアリソンは第二版で応えている。対外政策の決定者に関する情報の度合いによって、(1)概念的な国家、(2)一般的国家（民主主義国家、共産主義国など）、(3)特定の国家（日本、米国など）、(4)人格化された国家（小泉政権、ジョージ・W・ブッシュ政権など）のレベルがあるとし、国家の多様性を認め、ここでも前提条件を緩和した[10]。

3　合理的行為者モデルの類型としての国際関係理論

戦後の国際関係理論の多くは、合理的選択モデルの類型として考えることができる。ここでは大きく分けて、(1)リアリズム、(2)リベラリズム、(3)コンストラクティヴィズムを紹介することにする。

(1)　リアリズム（現実主義）

伝統的リアリズムでは合理的選択モデル同様、(1)国家が重要な行為主体であることと、(2)国家は合理的であり、外部者にとっても行為の合理性が理解できることを前提としている。これに加えて伝統的リアリズムでは、(3)トーマス・ホッブスが『レヴァイアサン』で形容したように、国際社会は支配者のいないアナーキーで弱肉強食の「ジャングル」

であると想定している。(4)そのため国家が第一の目標とするのは安全保障であり、パワー（軍事力、経済力、技術力など）の増強であるというのが、伝統的リアリズムの根幹的な考え方である。

伝統的リアリズムによると、国家の究極的な第一目標は生存であり、そのために安全保障という第二の目標が大事になる。安全保障の確保のためには、パワー、特に軍事力向上に必要な産業や天然資源、労働力などが必要になり、それらを増強するのが国益と考えられる。そして、国家はパワーを最大化する合理的な選択を行うという論理展開になっている。

ホッブスによると、国家を形成する最小単位である人間は強欲であり、無政府状態では闘争しあう。いわゆる「万人による万人に対する闘争」が生じる。つまり東洋哲学で言う「性悪説」をとっている。闘争を抑えるために神が授けたのが国家（レヴァイアサン）であるが、国際社会も弱肉強食の社会であり、平和が保たれるには軍事力が均衡していなければならないと考えた。[11] この考え方は、バランス・オブ・パワー（勢力の均衡）理論によって体系化された。例えばリアリズムを代表する国際政治理論学者のハンス・モーゲンソーは国際関係では力の均衡が最重要な要素であると主張し、第一次世界大戦について、「ヨーロッパにおけるバランス・オブ・パワーの乱れに対する恐れが唯一の起源」であると断言している。[12]

ロバート・コヘインがいうように、伝統的リアリズムは一九五〇年代以降の米国外交に強い影響を与えたと考えられる。例えば、中ソの対立が生じたときに、弱者である中国に米国が接近したのは、バランス・オブ・パワー理論の影響によるものである。[13] また、安全保障担当補佐官として、米中国交回復を実行したヘンリー・キッシンジャーも、学者として伝統的リアリストに分類されている。

伝統的リアリズムでは国家は生存を求めることを前提に、生存のためにパワーを求めるということが中心に議論された。これに対して、国家がどのようにして生存を追求しようとするかをミクロ経済学的なアプローチを使って構造的に分析しようとする学問的動きが生まれた。それをネオリアリズムと呼ぶ。ネオリアリズムでも、国家を合理的選択を行う行為主体とし、国際社会をアナーキーと見なしている点では伝統的リアリズムと同じである。違うのは、国家の目標は人間の本性からくるのではなく、国際システムによって規定されるという点である。

ネオリアリズムの大家とされるケネス・ウォルツは一九五九年に出版された『人間、国家、戦争』で、戦争の起源に関する三つのイメージ、(1)人間の本性、(2)国家の内部構成、(3)国際システムを比較した。その結果、戦争の起源として最も重要な要因は、世界システムであるという結論に達した(14)。

ウォルツはその後一九七九年に『国際政治の理論』という著作で、国際システムを重視する議論をさらに進めた。ウォルツによると、国際政治システムの構造には、(1)国家より高次の存在がないためアナーキー（ここでは国内のハイアラキーに対立する概念として扱われている）であり、(2)国家はほぼ同じような機能（function）を遂行しており、(3)国家間の差別化を生むのは能力（capability, またはパワー）の不公平な分配である、という三つの特徴があるという(15)。だから、国際関係を分析するには国家の内部構成よりも、システムにおいて国家がどのように行動するかを分析するほうが有益だとウォルツは考える。そのため、ウォルツの理論は「構造的リアリズム」とも呼ばれる。

ウォルツの理論では、国際システムを変化させる変数で重要なのは、軍事力や経済力などを基準に計算された国力であり、国家間の国力を総計したバランス・オブ・パワーが、国際政治システムの中心的メカニズムとなる。国際システムは「自助（self-help）」の世界であり、その中で国家がとり得る戦略は、勝ち馬に乗ろうとする「バンドワゴニング」と、均衡を保とうとする「バランシング」の二つが考えられる。バンドワゴニングを多くの国家が選べば、覇権システムが生じる。しかし、「国家の最大の関心はパワーの最大化ではなく、システムの中での自らのポジションの維持」であるという立場をとるため、勢力均衡の世界システムが維持される(16)。ウォルツの理論は「現状維持」を強調しているため、「防御的リアリズム」とも描写されることがある。

他方、ロバート・ギルピンも国際システムを重視するネオリアリストに分類されているが、国際秩序の安定はバランス・オブ・パワーではなく、覇権国のパワーの安定度によって決まると主張する。覇権国は他国と比べ圧倒的な軍事力と経済力を持ち、国際秩序を提供するが、秩序形成と維持コストを負うためパワーを低下させることもある。覇権国のパワーが低下したときに現状打破を狙う国家が挑戦すれば、覇権戦争が起こるとみる(17)。

(2) リベラリズム(国際協調主義)

伝統的リアリズムが人間の本性は悪だという「性悪説」の立場をとるのに対して、伝統的リベラリズムでは、思想は国家の行動に影響するものであり、人間は戦争よりも平和を好むものだという「性善説」を基本にしている。一七世紀のイギリスの哲学者、ジョン・ロックは国家のリーダーの社会的価値観に着目し、リーダーは他人の権利を尊重すると考えた。これを国際関係の理論に敷衍すれば、歴史は進歩するものであり、人間の集合体である国家も闘争を避け、国際協力を推進するための規範やシステムを作り出すことができるということになる。国際関係はアナーキーだという認識はリアリズムと同じだが、無政府状態が国家間の協力努力を阻害することはないと考える。

リベラリズムの論者の間では国家間の協力が可能だということで意見が一致しているが、人間の本性以外にもその理由を見出している。一八世紀のドイツ人哲学者、イマニュエル・カントは平和の条件として最も重要なのは国家の政治体制であり、平和国家であるためには共和制であることが重要だと考えた。カントが言う共和制とは、単に選挙制による民主主義というのではなく、権利が保障された市民の総意によって行動する政府ということである。民主主義と法の支配が発展し、国内で市民の自由権が保障されれば、国家は市民の福祉を最大化しようとする。したがって、共和制を持つ国家間では「平和連合」が広がり平和のために協力し合うことができる。こういったカントの考えは「リパブリカン・リベラリズム」と呼ばれる。

カントが想定するように、伝統的リベラリズムの前提条件にあるのは、国内におけるボトムアップの政策決定であり、そこには当然ながら多元主義が現れることになる。とすれば、リベラリズムを合理的行為者モデルに分類することには無理が出てくる。この点についてリベラリストの国際政治理論学者のアンドリュー・モラブシックは、リベラルな国内政治の概念は国家を行為主体とするものではないと認めたうえで、国家は社会に存在する行為主体の連合を反映する機関であるという「国家イコール社会」の概念を構成している。モラブシックの説に沿えば、社会の選好が安定していれば、国家のリーダーが合理的計算に基づいて行動することによって、国際関係においては国家を行為主体と同様にみなすことができることになる。(18)

伝統的リベラリズムの代表的な考えには、前述の、倫理に基盤を置くロックと国内体制を重視するカントの系統のほかに、アダム・スミスやジョセフ・シュンペーターなど経済学者の考えの流れを汲むものがある。この考えによると、国家間の自由貿易を通じて世界各国の経済は市場メカニズムによって均衡が保てる。国家が利己的な存在であったとしても、自由貿易によって自分が利益を得ると同時に他人も利益を受けることができる「プラスサム」が発生する。この考えによると保護主義や植民地主義は市場メカニズムを破壊するので、経済的自由が保障されることが重要だという議論になる。

伝統的リベラリズムに対して出現した「ネオリベラリズム」は、この経済リベラリズムを発展させたものだということができる。国家は倫理的な価値観に基づいて国際的協力をするのではなく、自国の利益を追求する合理性に基づいた行為の結果が国際協力となる、とミクロ経済学的な分析で説明する。

ネオリベラリストたちはそこで相互依存という概念を紹介する。相互依存しあう国家間ではお互いに影響力を持つので、自国の利益を長期的に守るためには、互恵的な国際協力を維持するための制度を選択するのが、合理的である。また貿易や金融の自由が維持されていれば、武力行使して外国を支配するより、貿易や投資を行うほうがコストが小さくてすむ。つまり、平和的な経済活動を展開し、相互依存を高めることが、合理的選択になる。

ネオリベラリストの代表的論者、ロバート・コヘインとジョセフ・ナイは、複雑な相互依存の進む国際システムでは、重要な行為主体と問題が複雑化していて、軍事や経済、政治などの優劣をつけることが難しくなっているとして、安全保障を常に最重要と考えるネオリアリストを批判している。(19)

ネオリベラリズムも、国家を合理的選択を行う行為主体と捉えている点では他の合理的行為者モデルと同じである。国際システムについては、(1)アナーキーであり、(2)パワーが不公平に配分されているという、ネオリアリズムの前提条件を受け入れる一方で、ネオリアリズムが無視している国際的な制度や機構という要素が国家の行動に重要になってくる点を強調している。国際法や国際機構、ルールによって、国家が自己を規制することで平和が達成されるというのがネオリベラリズムのひとつの考え方であり、この考えは「インターナショナル・インスティチューショナリズム（国際制度論）」とも呼ばれる。

（3）コンストラクティヴィズム（構築主義）[20]

一九八〇年代にはネオリアリズムとネオリベラリズムが国際政治の二大理論となって、両者間で数多くの論争が繰り広げられた[21]。しかし、パワーや貿易といった物質的な変数だけに着目した合理選択主義だけでは、国際政治の中長期的な変化を十分に説明できない、とコンストラクティヴィズムという考え方が九〇年代に台頭した。

この考え方が注目を集めたのには、アレクサンダー・ウェントの「無政府状態は構成国によって形成されるもの」と題した論文が発表されたことが大きい。ウェントはネオリアリズムもネオリベラリズムも、国益は国際システムにおけるパワー配分によって客観的に決まることを前提にしており、国益やアイデンティティが理念や思想によって形成される過程を無視していることに強い不満を覚えた。同論文で国際関係理論が「アイデンティティと国益を国際システムから所与される外因として扱うようなミクロ経済学的なアナロジーを基礎にするだけでいいのか」という強い批判を行っている[22]。

ジョン・ガディスが指摘するように、これまでの国際政治理論では、冷戦の崩壊を十分説明できなかった[23]。例えば、リアリズムではロナルド・レーガン政権の推進した軍拡競争に追いつくことができなかったためソ連が崩壊したといった説明しか提供できない。これに対して、コンストラクティヴィズムによる説明は、ソ連国内の思想の変化がそのアイデンティティと国益を大きく変化させたのだとする。

戦後長い間ソ連のアイデンティティの中心となっていたのは、レーニンの帝国主義理論であり、資本主義と社会主義との対立は不可避というものであった。ところが、資本主義陣営との経済的・技術的な競争を維持できなくなったことや、西側はソ連への侵略を考えていないという保証が信頼できるという認識が生まれ、レーニンの理論に対するコンセンサスが崩れた。そこで新しいアイデンティティを築くものとして、ミハイル・ゴルバチョフの「ペレストロイカ（新しい考え方）」が取って代わった。しかし、自国のアイデンティティが変わったことを他国が認めなければ、自国を取り巻く環境は変わらない。そこで変化を認めてもらうために、アフガニスタンや東ヨーロッパから撤退し、行動によって自ら変化を示すことを推し進めた。ソ連が自らのアイデンティティを変えることで、西側の協力を得るような国際関係を構築したことが、冷戦が崩壊した原因だと、ウェントはコンストラクティヴィズムのアプローチを使って説明している[24]。

コンストラクティヴィズムの前提条件を整理すると、(1)理念や思想は重要な変数となる、(2)国益やアイデンティティは社会的に構築されるものであり、指導者や国民、文化の選好によって変化する、(3)それぞれの国が自国と他国をどう見ているかという「間主観性（intersubjectivity）」が行動に影響する、といったこれまでの合理的行為者モデルにはない要素が含まれている。

コンストラクティヴィズムを論じるにあたって、ウェントがネオリアリズムとネオリベラリズムを一括りにした「ラショナリズム」と対峙する議論として紹介しているため、それを合理的行為者モデルの類型として、ここで紹介するのは奇異に映るかもしれない。しかし、ラショナリズムとコンストラクティヴィズムが最も激しく理論的に対立するのは、国際システムと行為主体としての国家の存在についてである。ラショナリストが国家の存在を前提としてシステムを定義しているのに対して、コンストラクティヴィストは国家間で間主観的に主権が相互に承認されることによって、主権国家システムが作動するという前提を組み立てている[25]。しかし、アリソンが指摘するようにコンストラクティヴィズムも国家をひとつの行為主体と見なしているし、ジョセフ・ナイらが言うように合理的行為者モデルを否定しているのではなく、それを補完するアプローチと考えられているので[26]、あえて類型に含めることにした。

4　一九九〇年時点における日本の国内・国際環境の背景

現実の対外政策決定では、政策決定者はリアリズムやリベラリズム、コンストラクティヴィズムのいずれかだけを選択して政策を行っているのではない。ジョセフ・ナイは国防次官補および国務次官代理として、米国政府において対外政策の実務に携わったが、これら三つのタイプの考え方の多くを借用したことを明らかにしている[27]。次に、次章の事例研究が始まる一九九〇年に日本が置かれていた国内環境と国際環境の歴史的背景についてリアリズムやリベラリズム、コンストラクティヴィズムの側面から説明する。

(1) リアリズム的側面——日米同盟

戦前および戦中の日本は自らの生存のため、アジアにおいて市場と天然資源を確保する目的で影響力の及ぶ領域を拡大し、植民地経営を行うなど帝国主義的な展開を行った。戦後当初、連合国による占領軍は日本の再軍事化を恐れ、軍部を解体し、自衛能力も含めた軍事能力を否定した。その後、朝鮮戦争の勃発で、占領軍は後の自衛隊に発展する警察予備隊を組織させたが、最低限の自衛力もなく、日本には駐日米軍による軍事的援助が自衛のために必要であった。

一九五二年の日本の独立と同時に、日米安全保障条約が発効した。東側も含めた全面講和ではなく、早期の片面講和を選んだ日本にとって、自国だけで防衛するような軍事能力を持たない以上、米国と同盟関係を結び、西側諸国の一員となることだけが合理的選択であった。冷戦下では世界中の人々は核兵器の恐怖と同居しながらも、相互確証破壊論が国際的な安全保障に奇妙な安定状況を作り出していた。米ソという二大軍事国の対立の構図のなか、日本は米国と同盟関係を築くことで、その安全保障を確保してきた。

日本は米国に対し、極東の安全と平和のために基地を提供した。一九六〇年の安保条約改正で、米国は明確に日本防衛に義務を負うようになったが、日本側には日本領土と領海にある場合を除いて米軍への防衛協力の義務はないという非対称な同盟関係となっている[28]。一九七二年に、それ以上の防衛協力は「集団的自衛権の行使を禁じる」憲法に反するという政府見解が出され、同盟関係の非対称性が固定された[29]。

このような非対称な同盟関係であっても、米国にとって維持すべき正当性があったのは、冷戦下の資本主義対共産主義の対立構造と、ソ連の軍事的脅威があったからである。また、東アジアにおける資本主義のモデル国家としての日本を防衛することは、資本主義陣営のリーダーである米国にとって必要なことであった。また、戦前にも産業力を誇った日本が共産主義国側の支配下に置かれることは、米国としてぜひとも避けなければいけないパワーバランスの変化であった。

加えて一九四九年の中華人民共和国の成立と五〇年の朝鮮戦争勃発、五四年と五八年の台湾海峡危機、六〇年代初頭からのベトナム戦争への米軍介入など、相次ぐ共産主義側からの脅威に対峙するために、駐日米軍基地は前方展開の不可欠な拠点として、東アジアにおける米国のパワーバランス維持にきわめて重要な意味を持つようになった。

七〇年代以降、日本経済の成長とともに、日本による「安保ただ乗り《フリー・ライディング》」論が台頭したときもあったが、日本は駐留米軍の費用負担増大で対応した。それによって日本は、米軍にとって米国本土を含めても世界中で駐留経費が最も安くすむ国となった。

また、一九八〇年代初頭のソ連戦略潜水艦の能力向上に伴うパワーバランスの変化にも、日本は対応した。それまでのソ連の潜水艦では米国本土を核攻撃するには米大陸近くまで行かなければならなかったのに対して、新たに開発されたデルタ級の潜水艦では西太平洋への配備で米本土を核兵器のターゲットにすることができるようになったのである。こういった新しい事態に対応して、カーター政権は日本に対して「役割と任務」の分担を求める交渉を繰り返した。その結果、一九八一年五月の鈴木善幸首相訪米時の日米首脳会談では、「適切な役割の分担」を果たすことを日本政府が約束した。鈴木首相は、訪米中にナショナルプレスクラブで行った演説後の質問に、役割の分担とは日本が近海の一〇〇〇海里のシーレーン防衛を行うことだと答えた。

このシーレーン防衛は太平洋北西全域をカバーするものであったが、鈴木首相がそれをどの程度理解していたかは分からない。しかし、鈴木の後継者であった中曽根康弘首相はその意味を熟知していた。中曽根政権下では緊縮予算のなかで防衛費は聖域化され、八〇年代半ばまでにはP３C対潜哨戒機の大量導入によって、海上自衛隊の潜水艦探知能力が著しく向上した。その結果、ウラジオストックを出る潜水艦はすべて捕捉されることになり、自衛隊や米軍の対戦魚雷による攻撃を恐れて、ソ連海軍の潜水艦が日本海に封じ込められた(30)。

日本による防衛協力は集団的自衛権の行使を禁じる政府の憲法解釈によって限定されてきたが、冷戦下では日本は日本近海の防衛、とくに三海峡封鎖という個別的自衛権の行使によって、西太平洋域における米国への集団的自衛に貢献していたのである。しかし、冷戦構造の崩壊によって、このパワーバランス維持に対する日本の貢献が大きな意味を持たなくなった。ロシアの軍事力は依然として量的には強大だが、外洋艦隊の活動は大きく低下し、かつてのソ連のような遠方投入能力が失われた。ロシア保有の核兵器についても他国を攻撃するよりも、管理不備による拡散が心配されるほど、軍事的な脅威ではなくなった。

ソ連との軍事的対立がなくなった結果、米国、とくに議会は日本との軍事同盟の有用性を疑問視するようになった。当時ワシントンに在住していた著者に、ある米軍関係者が「議会に対して日本の基地の有用性について、ソ連の核の脅威の点を強調しすぎた。ソ連の核ミサイルが米国に落ちる可能性がなくなった今、東アジアの安定のために日米同盟が必要だと主張しても聞き入れてもらえなくなった」と嘆いた[31]。東アジアの防衛は直接的に米国の安全に関わることではなくなり、日米安保体制下の在日駐留米軍への基地提供という、パワーバランス維持のための日本側の分担が冷戦期ほど評価されなくなったのである。

(2) リベラリズム的側面――平和主義、吉田ドクトリン、経済成長

盧溝橋事件から終戦までにおける日本人の戦争被害者は、三〇〇万人を超えた[32]。国民の多くは厳しい戦争体験をし、とくに一二万人の死者を出した東京大空襲や、二〇万人の死者を生んだ広島と長崎の原爆の体験は、生存者にも戦争の悲惨さを身にしみて感じさせた。また、戦争の直接の被害を受けなかった国民も極度の食糧不足に悩まされた。

国家は戦中期には経済資源を大量に軍事に充当する。日本も終戦の前年の一九四四年には財政支出の約八五パーセントを軍事費に振り向けた。市中消化されず日本銀行が引き受ける国債をその原資としたが、ほぼ当時の国民総生産に匹敵する巨大な額であった[33]。民需産業の設備は戦時体制でスクラップにされ原料輸入は途絶していた。軍事産業に投入された工場の多くは戦災に遭い、戦災を免れた工場も多くは操業を停止していた。

日本経済に対する戦争被害はひどかった。経済安定本部の調査によると、船舶は八〇パーセント、工業機械は三四

パーセント、家具家財の二一パーセントが被害を受け、国富の二五パーセントが失われた。実質国民総生産は戦前レベルの五九パーセント、とくに鉱工業生産は二九パーセントにまで激しく落ち込んだ。国民一人当たりの実質賃金も戦前の二九パーセントに下がり、六大都市の主食配給量は一日に必要な正常摂取量の半分の一二〇〇キロカロリーしかなく、国民は窮乏と食糧不足に悩まされた(34)。

戦争の悲惨さとその結果がもたらす窮状を体験した国民は、連合国軍総司令部から提示された平和憲法をそれほど大きな抵抗もなく受け入れた。ダグラス・マッカーサー最高司令官のメモに基づいて作られた第九条は、国権の発動としての戦争を放棄し、そのための軍備も認めないとするものであった。吉田茂首相は第九条の提案趣旨を説明する時に「自衛権の発動としての戦争も、又交戦権も抛棄したもの」と自衛権まで否定して見せた(35)。吉田首相は第一次内閣において憲法成立前に三回施政方針演説を行っているが、各演説の冒頭で「民主平和国家」の建設を主張した(36)。

吉田が想定していたのは、国際連合の集団安全保障体制が働いて日本への軍事的脅威も消滅するというきわめてリベラルな国際システムの見方であった(37)。吉田政権以降も日本の国連に対する期待は大きく、一九六〇年に改定された日米安保条約では、同条約は国連の目的に沿うべきであり（一条）、国連憲章に定める集団的自衛権に基づく取り決めであることが明確化され（五条、七条）、国連による集団安全保障体制が確立されれば同条約が解消される（一〇条）ことが謳われている。

しかし、一九五〇年の朝鮮戦争勃発が国連による集団安全保障体制の不備を明確にし、日本は自衛能力について米国から修正を迫られる。マッカーサーの指令に基づき、日本政府は七万五〇〇〇人からなる警察予備隊を創設した。国内の治安維持に不安が生じていたため、吉田政権は抵抗なく指令を受け入れた。翌一九五一年には対日講和条約と日米安保条約が調印され、日本は独立したが、独立の条件として、日本に再軍備を求めた米国に対して、吉田首相は断固それを拒否した。米国政府の代表であるジョン・フォスター・ダレス特使に提出した、「わが方見解」という文書は、「当面の問題として、再軍備は、日本にとって不可能」と明言した後、その理由として(1)戦争に倦んだ大衆の感情、(2)経済的理由、(3)軍国主義復活に対する内外の警戒心、を挙げた。とくに「日本は、近代的軍備に必要な基礎資源を欠いている。

再軍備の負担が加えられたならば、わが国民経済はたちどころに崩壊し、民生は貧究《ママ》化し、共産陣営が正《まさ》しく待ち望んでいる社会不安が醸成されよう」という部分は、再軍備よりも経済復興を優先させる吉田の基本原理を反映しており、この考え方が後に「吉田ドクトリン」と呼ばれるようになる(38)。この考え方の背景には、近い将来にソ連が日本に侵攻するような米ソ全面戦争が起きる危険性はないという、吉田の情勢判断があった(39)。

再軍備を当面のところ拒否した一方で、日本政府は独立に際し警察予備隊を五万人増強し、国内の治安維持を目的とする保安隊として再組織し、将来的に再軍備することを約束した。しかし朝鮮戦争の激化を反映して、米国は日本に再軍備の圧力を再三かけるようになる。米政府は東シベリアにある約五〇万のソ連軍の勢力を考えると、日本には陸上兵力だけでも三二万五〇〇〇人必要だと迫った。しかし、吉田ドクトリンの方針に沿って、日本は再軍備に消極的だった。一九五四年に保安隊への多少の増員と改組により、米国が要求した半分以下の水準である一四万人の規模で自衛隊を発足させた。

自衛力をその時々で必要最小限に抑える一方で、日本政府は経済復興を最大の目標とする。一九四七年一月に重要産業分野に資源を集中させる「傾斜生産方式」がとられ、炭鉱に対して資材や資金労務を重点的に配当し、増産された石炭が鉄鋼と肥料のために配給され、拡大再生産の基礎が作られた。同時に一九四七年中ごろから米ソ間の冷戦が表面化すると、占領方針は日本を東アジアの「全体主義に対する砦」とするため、改革よりも経済復興を重視する方向に転換した。

一九四七年一二月にワシントンから総司令部に対して日本の経済復興と貿易拡大を目的とした「経済安定九原則」が指令され、翌年四月には一ドル＝三六〇円という固定相場制が決定された。これに対応した産業育成管理機関が必要となり、同年五月には商工省と貿易庁・石炭庁をあわせて通商産業省が発足された。また、輸出振興のための日本輸出銀行（五〇年三月、のちに輸出入銀行）や、主要産業に低金利の設備資金を供給する日本開発銀行（五一年三月）が設立された。輸出拡大が促進される一方で、一九四九年に始まった外貨割り当て制度は工業品の輸入を制限し、同種国内産業を保護することになった。さらに、政府の奨励によって、電子機器・石油精製・石油化学などの産業分野では、外国技術の導入が促進された。一九五五年には日本がガット（ＧＡＴＴ）加盟を承認され、国際貿易体制に復帰し最恵国待遇を得ることで、通商国家としての再生の道を開いた。

こういった産業育成と貿易促進体制のおかげで、日本は「奇跡の成長」とも言われる経済復興を遂げる。戦後一〇年程度で日本経済は戦前水準を回復し、一九五六年の経済白書では「もはや戦後ではない」と誇らしげな宣言が行われた。一九六〇年池田内閣は所得倍増計画という一〇年間で国民所得を倍増するという積極的な目標を掲げる。これが引き金となって設備投資ブームが起こり、日本経済は高度成長期を迎えた。一九六四年四月には日本はＩＭＦ八条国への移行とＯＥＣＤ加盟を達成し、先進国の仲間入りを果たした。

経済成長を続ける一方で、日本は平和国家としての特色を強化していく。例えば、一九六七年には⑴共産主義国、⑵紛争当事国やその恐れのある国、⑶国連決議対象国、には武器を輸出しないという武器輸出三原則を出した。一九七一年には、「核兵器を持たず、作らず、持ち込まず」という「非核三原則」の国会決議が採択された。さらに一九七六年には、防衛費のＧＮＰ一パーセント枠が三木内閣によって閣議決定された。

このような低い国防費と平和・通商国家の道を追求したことが、日本が大国になれた大きな理由だと、リチャード・ローズクランスは書いている。日本は戦前にドイツ同様、近隣諸国を征服して貿易を強いるという、リアリスト的なアプローチをとったが失敗した。戦後しばらくの間、日本は大規模な戦争をする能力を持たなかったことが、リベラルな通商国家への道を歩ませた[40]。大戦後には、「平和な貿易戦略がかつてないほど有効になり、各国は産業技術開発と国際貿易を手段として、国際政治での自己の立場を改善できるようになった」として、日本だけではなく世界全体がリベラルになったとローズクランスは主張する[41]。

一九七〇年代に石油危機が起こると日本は、安全保障と同等、もしくはそれ以上に経済安定を重視する対外政策決定を行っている。一九七四年に米国からの圧力にもかかわらず、パレスチナの民族自決を支持する国連総会決議案三二三六号に対して賛成票を投じたのがそれである。前年の一一月にヘンリー・キッシンジャー国務長官が田中角栄首相を訪問し、日本の方針を批判した。そのとき田中は、米国が責任を持って日本に石油を安定供給してくれるなら決定を変更してもよいと伝えたが、キッシンジャーにそんな約束はできなかった。「それでは私は日本国の首相として、決議案に賛成する方針をとらざるを得ない」とキッシンジャーの訴えを突っぱねた(42)。これ以降、日本の石油資源を重視する中東政策は、米国の政策方針と一線を画すようになった。

日本の国力が増大するうえで、国際社会に貢献するよう圧力が高まるがそれに対する日本の対策もリベラルなものだった。一九七七年に福田赳夫首相が東南アジア諸国歴訪した際、日本は軍事大国にならずに世界の平和と繁栄に貢献すると宣言し、本格的なＯＤＡ計画を日本の国際貢献の主要手段として打ち出した。また、一九七九年には、国際的責任を求める米国の要求に応じて、平和戦略を基本とする「総合安全保障」の概念が大平正芳首相によって出された。これは、日米安保と自衛力強化という軍事面だけではなく、中ソ両国との関係改善という外交措置、エネルギーや食糧にまで概念を拡大するもので、リベラリスト的なものだと言える。

通商国家として成功した日本は、一九八〇～八四年には年平均一三八億ドル、八五～八九年には平均七一八億ドルもの経常黒字を出すようになった。輸出拡大の結果、一九五〇年には世界の総生産のわずか三パーセント未満にすぎなかった日本の国民総生産は、一九九〇年には一五パーセントにまでなっていた。日本の貿易黒字が増えるにしたがって通商摩擦も、とくに貿易不均衡が大きい米国との間で起こるようになってきた。最初は繊維や鉄鋼、テレビ、工作機械、自動車、半導体などの日本からの輸出がその対象となったが、一九八〇年代後半からは農産物やＭＯＳＳ協議、建設市場など日本の輸入市場をめぐるものになり、日本は段階的に市場開放を行った。

それでも日本を経済的な脅威と見る見方が米国で広まった。経常黒字によって有り余るようになった資金が米国で不動産などを対象とした直接投資に回ると、日本が「米国を買収していく」との脅威が喧伝されるようになった(43)。また、リヴィジョニストと呼ばれる「日本異質論者」たちは、日本は過度に貿易拡大政策を展開しているという批判を行った(44)。一九八〇年代後半の世論調査でも日本に親しみを感じる米国人が少なくなり、一九八九年八月の世論調査では七割近くのアメリカ人が、「ソ連の軍事力よりも日本の経済力のほうが脅威だ」と回答した(45)。軍事よりも経済のほうが重視されるというのは、国際政治理論の観点から見るときわめてリベラルな考え方だといえよう。こういった世論を受けて、米国政府は日本のさらなる市場開放を求める一方、安全保障においても応分の負担を求める圧力を強めるようになった。

(3)　コンストラクティヴィズム的側面——歴史の債務

ここまで戦後を中心に分析してきたが、コンストラクティヴィズムにおける重要な主題であるアイデンティティを語る場合、戦前のそれと対比することが不可欠である。また、アイデンティティの形成とその「間主観性」の定着には長期間かかるので、ここでは一八四〇年のアヘン戦争まで歴史をさかのぼってみたい。

アヘン戦争は西洋と東洋との激突であり、その結果、西洋主導の国際システムに東洋が組み込まれていくことになった。中国にとって、その過程は欧米帝国主義国に対する屈服であったし、多くのアジアの国々にとっては植民地化であった。アジア全体が激動の時代を迎えるなか、日本はいち早い近代化によって、「近代国家」としてアイデンティティを確立するという独自の道を歩んでいった。

明治維新は徳川幕藩体制の終焉だけではなく、日本が欧米主導の国際システムへ平等な一員としての参入を目指すことを意味していた。明治政府は新しい政治体制を導入し、廃藩置県による新しい自治制度を構築し、武士制度を含めた身分制度の廃止、農民徴兵による軍隊の創設を行った。また、近代的経済システムをつくるために、欧米を見習って大蔵省を設置、銀行制度を確立した。教育というソフトの面でも、文部省設置、義務教育の確立や帝国大学設置などが進められた。

明治初期の短期間にこれらの近代化を可能にした要因のひとつは、国民の団結力であったろう。明治維新以前は、おそらく薩摩、長州など地方や藩単位の帰属意識は持っていても、日本人としての意識を持っていた国民は少なかっただろう。黒船の訪れが長い間の鎖国の幕を下ろし外国との接触が始まったことによって、日本人としての意識にめざめ「国家」としてのアイデンティティが確立された。また、中華思想のもと中国文化の優位を信じていた中国に比べ、歴史的にずっと輸入の文化に頼ってきた日本にとって、西洋の文化をとりいれるのに抵抗が少なかったことも大きい。明治の日本人は、西欧から学べることを認識し、積極的に取り入れていった。さらに、近代化を進めなければ植民地化されるという、強迫観念に似たようなものも存在していたろう。文明の遅れた地域を近代化するというのが、帝国主義国の植民地政策正当化の大きなポイントであった。日本が自ら近代化を進めていったことは、帝国主義国に日本を植民地化する隙を与えなくした。同時に、日本が近代国家としてのアイデンティティを確立し、それを認識する「間主観性」が成立したことで、日本も西洋主導の世界システムの一員としての位置を確保した。

近代化によって植民地化を免れた日本は、日清戦争を契機に「帝国主義国家」としてのアイデンティティも構築し始める。一八七五年の江華島事件や一八九五年の下関条約によって日本は朝鮮における特別権益を認められ、列強の仲間入りをした。また、一九〇二年の日英同盟の締結によって、国際社会におけるその地位を確固なものとした。さらに日露戦争の勝利と第一次大戦への参加の結果、日本の中国大陸における影響力はさらに強まっていき、日本がアジアの帝国主義国としてのアイデンティティを確立した。

ところが、一九二四年米国で成立した排日移民禁止法は、日本人のプライドを傷つけ、日米関係を著しく悪化させたばかりではなく、日本を「超国家主義」に向かわせ、「西欧帝国主義」との訣別への道を歩ませるひとつの契機となった。日本にとって同法は、日本を永久に二流国に押し留めておこうとする欧米勢力の象徴であり、敵対勢力に封じ込められた日本という自画像を日本人に描かせた。この時期から、軍部の一部では盲目的愛国心を持つものが増え始める。近隣諸国にとって、日本は欧米の圧政からの救出者であり、のちの大東亜共栄圏構想につながる、日本を盟主としたアジアの国際秩序が望まれているという錯覚が生まれるようになった。この錯覚が、日本を中国大陸やアジアへの進出に盲進させることになる。

フランクリン・ルーズベルトが大統領就任後に米英同盟を強化したのに対抗して、日本は反英米新秩序である大東亜共栄圏を打ち出した。これは、東南アジアを含めた東アジアにおいて日本の支配的立場を確立し、日本の覇権による新秩序を構築するという構想である。一九四一年七月の御前会議で同構想が決定すると、まもなく日本は南部仏領インドシナに侵攻した。これに対して、アメリカは日本の在米資産を凍結し、対日石油輸出を全面禁止するという断固とした措置をとった。その後日米交渉が行われたが、交渉は平行線をたどり、日本は日米開戦に踏み切った。開戦の決定には、日本が持つ自国と米国に対するイメージに大きな誤解があった。日本軍上層部の多くは大和魂という言葉に代表される日本の道徳的優越性を確信し、それが勝利につながると信じていた。他方、米国の民主主義や平和主義は浅薄であり長期の戦争は望まないだろうと考えていたのである。真珠湾攻撃以前には孤立主義が強かったアメリカだが、この攻撃によって国民が団結した。そうなると国力で大きく上回る米国に日本が敵うはずもなく、日本の覇権による新秩序形成は単なる夢に終わった。

日本による新秩序形成が失敗したのは、アメリカの国力が優っていただけではなく、他のアジア諸国がこれを歓迎しなかったことも大きい。日本による西洋帝国主義国からの解放に大きな期待をかけていたアジアの国もあった。しかし、日本の侵略行為、西洋帝国主義国よりも過酷な植民地支配によって、それらの国々の期待は裏切られた。つまり、「アジアの盟主」としての日本のアイデンティティは、アジア諸国の「間主観性」としては共有されることがなく、日本が戦後悩まされる「軍事的侵略者」としての間主観性がアジア諸国間で確立したのである。

戦後日本はこのイメージを払拭すべく、平和憲法を制定し「平和主義国」のアイデンティティを構築しようとした。平和主義は国民の間では根付き、日本国内では「平和主義国」のアイデンティティは確立されたと言えよう。対外的にも日本は日本が平和国家であることを意識的に語ってきた。

ところが、日本が無条件降伏を受け入れながらも「国体護持」、つまり天皇制の存続にこだわったことが周辺国を困惑させた。添谷芳秀が指摘するように、「日本の軍事侵略の犠牲となった多くのアジア諸国にとっては、天皇制こそ日本軍国主義の象徴に他ならなかった」からである(46)。また、靖国神社がA級戦犯を合祀しているため、中曽根康弘以降の首相による参拝にも、アジア、とくに中国や韓国は日本の軍国主義復活の象徴として強く反発している。そのため、これらの国々はいずれ日本が軍国主義国家に戻るという懸念を完全に払拭してはいない。そのため、日本が安全保障政策を展開する際には周辺諸国の反応を加味しなければならず、このようなアジア諸国の日本に対する間主観性は日本の対外政策を制限する条件となっている。

以上、リアリズムとリベラリズム、コンストラクティヴィズムの三つの側面から、一九九〇年時点までの日本の国際環境を解説した。リアリズム的側面からは、日本が安全保障面では日米同盟を最重要視していることと、米国が日本に対して国力に見合った貢献をするよう求め、それに応じて日本が協力関係を強めていったことが強調されている。リベラリズムの側面からは、日本が戦争放棄に代表される平和主義を推し進めたこと、経済復興と貿易拡大を重視してきたこと、国連の集団安全保障に期待していること、中東へのエネルギー依存から米国とは一線を画する中東政策を採っていること、経済大国となった日本に応分の負担を求める外圧が高まったことが浮かび上がった。コンストラクティヴィズムの側面からは、「近代国家」のアイデンティティを確立しようとした日本が「帝国主義国」に転じていったこと、その過程でアジア諸国は「軍事的侵略者」という日本のイメージを持つようになったこと、戦後日本は「平和国家」としてのアイデンティティを確立しようと努力しているが、アジア諸国は過去のイメージを払拭していないことを論じた。これらの環境を踏まえたうえで、次章では一九九〇年以降の日本の安全保障政策の事例研究を行う。

第2章　ブラックボックス分析で見た冷戦後の安全保障政策事例

前章では、⑴日米同盟、⑵憲法の制約、⑶平和主義、⑷経済重視の伝統、⑸国連重視、⑹中東へのエネルギー依存、⑺歴史の負債などの、日本の対外政策に影響を与える限定条件が提示された。本章では、これら諸条件の下における、一九九〇年の湾岸危機から二〇〇三年のイラク特措法までの日本の安全保障政策について合理的行為者モデルを使って検証する。日本という国家を内部の見えないブラックボックスとして扱い、一行為主体としてどのような合理的選択を行ったかを分析するのである。

一九九〇年時点では、日米経済関係では日本の市場開放に対する圧力が強まる一方、安全保障面では日本に対して国力に見合った貢献、いわゆる「バーデン・シェアリング」を求める声が高まっていた。憲法の制約とアジア諸国との歴史問題が複雑に絡まりあう国際状況で、日本はどのように安全保障政策を決定していったのだろうか。

本章ではそのケーススタディとして、⑴湾岸危機からＰＫＯ協力法まで、⑵日米防衛協力ガイドライン、⑶テロ対策特措法、⑷イラク特措法、の四事例を扱う。すべてが自衛隊の海外派遣をめぐる事例であるが、それぞれにおいて大きく分けて、少なくとも五つの政策オプションが存在した。第一の選択肢は、憲法の政府解釈を変更し集団的自衛権の行使を可能にして自衛隊を派遣する。第二は、憲法解釈は変えずに自衛隊派遣の道を開く。第三は、自衛隊派遣以外の人的貢献策に努める。第四は、人的貢献は行わず資金援助だけ行う。第五は何もしない、というものである。

日本政府はそれぞれの事例において、第二の「憲法解釈を変えない自衛隊派遣」という選択を行った。本章では、ブラックボックスを閉じたまま、各事例を分析してみることにする。

1　湾岸危機からＰＫＯ協力法まで

米国において、日本に国際的貢献を求めるバーデン・シェアリングの要求が高まり、日本脅威論の議論が盛んになった時期に起こったのが、湾岸危機であった。一九九〇年八月二日にイラク軍がクウェートへ侵攻、この湾岸危機事件は日本に対して、国際紛争における危機管理という大問題を突きつけることになったのである。

時の首相は、リクルート事件という政界実力者の多くが関与したスキャンダルの結果、緊急避難的に指名された海部俊樹である。海部は、自民党最小派閥の河本派に属し、派閥の領袖でもなく党内の勢力基盤は非常に弱いうえに、主要閣僚の経験はなく、その行政能力も疑問視されていた。このような弱い国家指導者を戴いた日本政府が前代未聞の国際事件を経験することになった。そのため、日本の対策は受身で、後手にまわることが続いた。

例えば、侵攻の当日、国連安全保障理事会は即時無条件撤退要求を求める国連安保理決議第六六〇号を決議し、これを受けて翌日に海部内閣は日本にあるクウェートの資産を凍結することを決定したが、同決議はイラクに対する経済制裁を国連参加国に求めていなかったため、経済制裁までには踏み切らなかった。翌四日に、米国政府の要請を受けた後になってから、米国やカナダ、欧州主要国に続いて、海部内閣はイラクとクウェートからの石油輸入禁止、イラクとの金融取引と経済援助を停止する決定を行った。

イラクは国連決議を無視しただけでなく、さらに態度を硬化させ、八日にはクウェート併合を宣言した。これを受けて一〇日に、アラブ諸国は首脳会談を開いてイラクを非難した。これ以降、国連はクウェートからの撤退を要求するがイラクはそれを拒否、米国やイギリス、フランスなどヨーロッパ主要国は多国籍軍を編成し、イラク攻撃を準備する動きを展開した。国際社会が刻々と戦争の準備を進めるなか、日本も大きな選択を迫られることになった。

前述したように田中政権のときから、中東政策はその資源外交という側面から日本外交のなかでも独自性を確保してきた分野である。そして当時のイラクとクウェートの石油産出量は全世界の二割を超えていた。しかし、イラクとの友好関係維持で安定した石油資源が確保されたとしても、日本にとって、中立を守り何もしないという第五の選択はなかった。

まずその理由として挙げられるのは、国連安保理決議でクウェートからの撤退を要求したように、国際世論は一致している。また他のアラブ諸国もイラクを非難していることから、中立の主張はアラブ寄りの立場とは見なされない。とくに輸入原油の約七割を湾岸地域に依存し、その航路の安全確保を米国などの諸外国に頼っている状況で、中立を主張すれば国際社会から大きな批判を招いただろう。さらに、日米同盟の下で安全保障が確保され、自由貿易体制の利益を最も享受していると考えられていた日本が中立を叫べば、日米同盟関係を根底から大きく揺るがせることになっただろう。

したがって、日本は何らかの形で、目前に迫った湾岸戦争に貢献しなければならなかった。世界第二の経済大国として、資金援助は当然のように求められた。これに対して、日本はどれだけの資金援助をすべきか。また、資金援助以外で日本にも人的貢献が求められた。一九九〇年当時は憲法解釈の変更の議論がまだ一般には行われておらず、緊急時に憲法解釈の変更をして、新法を立法化するという第一の選択をとる考えは日本政府にはなかった。それでは、憲法の制約下で、どのような貢献策ができるのかという問題に日本は直面した。ここでは資金援助と人的貢献の二面から、日本政府の対応について分析する。

(1) 資金援助

八月一五日、米政府はマイケル・アマコスト駐日大使を通じて、海部政権に対して、(1)多国籍軍への財政支援、(2)湾岸諸国に対する経済援助、(3)在日米軍経費の負担増大、(4)多国籍軍支援の人的貢献、の四点を要請した。第一と第二の資金援助については、日本政府も積極的に応じる姿勢を見せた。

しかし、日本政府は具体的な回答を出すのに二週間もかかった。八月二九日に海部首相が「最大限の措置」として発表したのは、非軍事物資の輸送協力や、湾岸諸国への経済援助などを含む中東支援策で、資金援助で具体的な数字が出ていたのは、ヨルダンに対する難民援助のための一〇〇〇万ドルだけだった。この日本の支援策について、米国の反応は「ガール・スカウトのクッキー」程度と、米国でよく行われる子供の寄付集めにたとえるほど、冷たいものであった(1)。あまりの酷評に驚いた海部内閣は、翌日に急遽多国籍軍への財政支援として一〇億ドルの供出を決め、発表したが、米国をはじめ国際社会の評価は依然低かった。例えば、ニューヨーク・タイムズ紙は社説で次のように批判した。

ワシントンの激しい反応を受けて昨日、日本は口を濁した表現はやめ、ペルシャ湾にいる多国籍軍に一〇億ドルの拠出を約束した。しかし、日本政府は依然、湾岸諸国への経済援助には曖昧なままである。……海部首相らが用心深い大蔵官僚に従っている間は、イラクの侵略行為に対抗するために日本は明確な義務を果たすことはできないだろう(2)。

米国政府は日本などに中東貢献への資金の国際分担を求める方針を固め、ニコラス・ブレイディ財務長官を派遣し、日本に対しては多国籍軍への追加拠出と周辺国への経済援助をあわせて、三〇億ドルの追加を求めた。日本政府は総額がまだ決まっていない周辺国への経済援助を中心に協議に応じる考えを示したが、多国籍軍への拠出額は変更するつもりがないことを伝えた。外務省の渡辺泰造報道官は「一〇億ドルというのは日本政府として決めたものであり、この総額を変えることは今のところ考えていない」と発表した(3)。この発表は資金援助を出し渋っているととられ、多くの米国民の反感を買った。

米国議会は日本の鈍い対応にいらだった。デビッド・ボニヤー下院議員（民主党、ミシガン州選出）は、日本が安全保障にただ乗りしているとし、湾岸危機への財政支援を出し渋るなら、その代わりに在日米軍駐留経費を全額負担するよう要求する決議案を提出した。この決議案は九月一二日に、下院本会議を三七〇対五三の圧倒的多数で可決される。二日後、日本政府はブレイディ長官が伝えた米国の要求どおり、計三〇億ドルの満額を財政支援することを決めたが、対日決議可決の圧力で日本が支援決定を決めたような印象となり、国際的に高い評価は得られなかった。アメリカのマスコミは「too little, too late（遅すぎて少なすぎる）」、「日本はアメリカの要求に渋々応じた」と報じたが、栗山尚一外務事務次官は「われわれにしてみれば、まことに不本意な結果であった」と自著でその時の無念さを明かしている。[4]

一九九一年一月一七日、多国籍軍はイラクに対する攻撃を開始した。その三日後、米国政府は日本に対して九〇億ドルの追加拠出を要請した。一週間後の一月二四日、日本は九〇億ドルの拠出追加を発表、これで日本の財政支援の総額は一三〇億ドルとなる。この資金提供についてはある程度の評価を受けたが、先の国連平和協力法案が立法化されず、人的貢献がなかったため、日本の対応は「小切手外交」だという批判が起こっていた。一九九一年二月二八日に湾岸戦争が終結し、その二週間後の三月一一日、クウェート政府はワシントンポスト紙やニューヨーク・タイムズ紙に、湾岸戦争における支援国に感謝の気持ちを伝える全面広告を載せたが、そこに記載された三〇カ国の中に日本の名前はなかった。

以上、湾岸危機に対する日本政府の資金援助を合理的行為者モデルで説明し、米国の要求と批判に応えながら増額していった日本政府の対応を描写した。しかし、政府をブラックボックスにしたままでは、いくつかの謎が残る。第一に、どうせ資金を出すならタイミング良く出したほうが高い評価が見込まれたのに、最初の多国籍軍への一〇億ドル拠出に二週間もかかっている。どうして日本政府の資金拠出が遅れたのか。第二に、一九九一年一月には九〇億ドルという九倍の拠出に対して、一週間しかかかっていない。第一回目とは何が違ったのか。これらの質問に答えるには、第4章における政治過程モデルでの分析の結果を待たなければならない。

(2) 人的貢献

さて、八月一五日に米政府から要求のあった四項目のうち、最大の問題となったのは最後の人的貢献であった。人的貢献策として米国からのリストには、兵員・物資輸送の後方支援という兵站部門の協力や、医療ボランティア、クウェートからの難民受入協力、湾岸地域への掃海艇派遣など、米側が実行可能だと考えた対応が提示されていた。[5] アマコスト大使によれば、米政府が強く望んでいたのは兵站部門での協力だというが、法的問題や海員組合などの反対で、兵站での協力はほとんど進まなかった。[6]

人的貢献の議論は、自国と密接な関係にある外国に対する武力攻撃を、自国が直接攻撃されていないにもかかわらず、実力で阻止する権利である「集団的自衛権」の問題に深く関わっていた。日本政府の解釈では、日本は国際法上、集団的自衛権を有するが、憲法九条が認める必要最小限度の武力行使の範囲を超えるため、行使はできないとされている。そのため、憲法解釈の変更が必要となる可能性もあった。日本政府は国連の平和維持活動（PKO：Peace Keeping Operations）への協力を名分にし憲法解釈の議論を回避した。その一方で、「その他の活動」への貢献を明記することによって、正式には国連の指揮下になくとも、多国籍軍のように国連決議に基づく活動にも人的貢献の道を切り開くという方針を定めた。

ただ、自衛隊を海外派遣するといっても、(1)自衛隊を除外した新組織を作る、(2)自衛隊法改正によって自衛隊そのものを派遣する、(3)別組織に自衛隊を移管する、という三つの選択肢があった。まず第一のオプションでは、ボランティアを公募し訓練した上で組織編成をしなければならず、「膨大な時間と経費がかかるだけでなく、そもそも十分な員数を確保することすらおぼつかな」く非現実的だと判断された(7)。また、派遣される地域では身の危険も考えられるために、自衛能力を持った人員を送る必要があった。兵站での協力ができなかったこと、新たに人員を募ることが不可能だったことから、自衛隊派遣以外で人的貢献をすることは日本政府として考慮しなかった。

結局、海部内閣は部隊として行動する訓練を受けた自衛隊が効果的に活動できるように、自衛隊員が「平和協力隊員」の身分を併任・兼務するという第三の選択肢をとった。この法案は「国連平和協力法案」として国会に提出されたが、最終的に撤回され、海部政権では立法化されなかった。一九九一年二月末に、イラクが戦闘停止とクウェートからの撤退を声明し、湾岸戦争は四三日間で終結した。

戦争終結後も、日本政府はＰＫＯ参加への道を模索していたが、その立法化の作業は遅々として進まなかった。そんな状況で、戦争中にできなかった代わりに、ペルシャ湾に自衛隊の掃海艇を派遣して、人的貢献を急ぐべきだという意見が浮上してきた。その結果、四月二四日海部内閣は海上自衛隊掃海艇派遣を正式に決定し、二六日には掃海艇がペルシャ湾へ向けて日本を出発した。自衛隊の掃海舞台はペルシャ湾で機雷の除去に成功し、憲法解釈の範囲内で自衛隊派遣したことが、国内外で高い評価を受けた。

掃海艇派遣の成功に気をよくした海部内閣は、ＰＫＯ参加に向けた法案作りを具体的に進めた。前回の法案では、正式には国連の指揮下にない湾岸戦争時の多国籍軍にも適用できるような内容で進められていたが、今回は国連指揮下のＰＫＯだけに限定された自衛隊の派遣という意味で「ＰＫＯ協力法案」が作成されていった。日本政府が作った法案では自衛隊のＰＫＯ参加に厳しい条件が設けられた。のちに「ＰＫＯ参加五原則」と呼ばれた条件は、⑴紛争当事国間の停戦合意の成立、⑵紛争当事国の合意、⑶ＰＫＦの中立厳守、⑷前記原則が成立しない場合の撤収、⑸生命必要不可欠の際の小型武器の使用容認、というものであった。同法案は九月一九日に閣議決定後、国会に提出されたが、海部首相の退陣に伴い次期国会に持ち越されることになった。一一月五日に宮沢喜一内閣が発足し、一八日にＰＫＯ協力法案の審議が始まったが、立法化されたのはさらに七カ月後の一九九二年の六月一五日となった。

以上、合理的選択モデルで、湾岸戦争における人的貢献を求められるなかで日本政府が国連平和協力に参加する道を切り開いていった様子を描いたが、ここでも解明されていない謎が残る。国連平和協力法案を海部政権下で成立できず、ＰＫＯ協力法が宮沢政権で立法化できたのはどうしてか。国連の指揮下にない多国籍軍に自衛隊を送ることが問題視されたのか。この質問に答えるためには、政治過程モデル分析が必要となる。

2　新ガイドライン関連法

ＰＫＯ協力法の成立後まもなく、新たな試練が日本政府を襲った。一九九三年三月の北朝鮮による核不拡散条約（ＮＰＴ）脱退宣言に端を発する、朝鮮半島の核危機である。北朝鮮は核開発計画を交渉材料にして米国による国家承認や国際社会からの経済援助を得ようとした。国際社会で孤立する北朝鮮が交渉力を高めるには、国際原子力機関（ＩＡＥＡ）との関係を弱め、核兵器を開発すると脅迫するしか手段がなかった。

これに対してＩＡＥＡは態度を硬化させ、九四年六月初めに国連安保理に対して北朝鮮に対する制裁を求める書簡を送付した。北朝鮮は「制裁は戦争を招く」と警告したが、ビル・クリントン政権は戦争勃発に備えて、朝鮮半島の米軍増強計画を進めた。この危機は六月一五日のジミー・カーター元大統領が訪朝し、金日成主席に直接面会したことによって回避されたが、当時のクリントン政権には金日成に直接接触する意志はなく、カーター訪朝がなければ朝鮮半島の有事は回避できなかっただろう。この訪朝は国際社会で高く評価され、カーターは二〇〇二年一〇月にノーベル平和賞を受賞している。

当時、日本では細川護煕首相の辞任後であり、羽田孜首相による八党連立内閣が崩壊を目前にしていた。羽田内閣は長年にわたって政治的に北朝鮮と近い関係にある社会党を含んでおり、北朝鮮に厳しい態度を取りづらかった。しかし、朝鮮半島有事に備えて日本政府にも協力が求められた。在日米軍は、「米軍基地の芝刈り作業から、燃料・物資・兵器の補給、機雷掃海や情報収集のための日本船舶や航空機の使用」などを含む一九〇〇項目にわたる支援要請リストを作成した。(8)

カーター訪朝による危機回避によって、日本政府はこれらの支援策を実施する必要がなくなった。しかし、朝鮮半島に再び危機が訪れる可能性を考えたとき、日米同盟関係が崩壊するかもしれないという強い危惧を日米両政府が抱くようになった。湾岸戦争の時でさえ、日本は強く批判された。朝鮮半島の危機は米国よりも日本にとってより直接で重要であるのに、日本が基地を利用させるだけという対応では、米国内で日米同盟無用論があがる可能性が高かった。日米両政府は同盟関係を崩壊させないためにも、朝鮮半島を中心とする周辺事態に対して、日本が自衛隊を活用してできる可能な貢献を具体化させる選択肢を考え始めた。

(1) 日米安保共同宣言とガイドライン交渉

一九九四年九月日米同盟の先行きを懸念したジョセフ・ナイが国防次官補に就任し、その五カ月後の一九九五年二月、米国政府は「東アジア戦略報告」を発表した。(9) このナイ・レポートと一般に呼ばれる報告は、米軍兵力のプレゼンスの一〇万人レベルを維持し、東アジアにおけるコミットメントを再確認すると同時に、日米間の安全保障関係を再定義していくというものだった。ナイ・レポートに呼応するかのように、同年一一月に発表された「防衛大綱」には、「我が国周辺地域において我が国の平和と安全に重要な影響を与えるような事態が発生した場合には……日米安全保障体制の円滑かつ効果的な運用を図ること等により適切に対応する」と、日本が周辺事態に対処する可能性が言及された。

台湾初の民選総統選挙を前にした一九九六年三月八日、中国が台湾沖にミサイル演習を行うと、米政府は中国のミサイル演習に対し強い態度で臨み、インディペンデンスとミニッツという二隻の空母を台湾海峡に送り、シーレーンを守るとともに、米国が中国の軍事行為に反対していることを示した。その一カ月後に行われた四月一七日の橋本＝クリントン首脳会談の際に、「日米安全保障共同宣言」が発表され、日米両政府は日本周辺事態に対して日米防衛協力のための新ガイドライン制定の具体的作業に取り掛かることを宣言した。五月には日米両政府の審議官級の準備会合が開かれ、ガイドライン見直しの前提条件が議論された。そこでは旧ガイドラインと同様、日本政府の憲法解釈の範囲内で行うことが確認され、周辺事態に対して本章の最初に挙げたうち第二の選択肢である、憲法解釈を変えずに自衛隊派遣の道を開くという方針が決まった[10]。

六月二八日、ガイドラインについての日米交渉が開始され、見直しの対象となる事項として、(1)平素の協力、(2)日本攻撃への対処、(3)周辺事態、という三本柱で行くことが確定した。三カ月後の九月一六日にワシントンで行われた外交・防衛担当閣僚による安全保障協議委員会（通称、二プラス二会合）でガイドラインの進捗状況が報告された。平素の協力体制維持の重要性と、日本防衛が日米協力の中核的要素であることが確認されると同時に、最も注目された周辺事態の分野では、人道的援助・非戦闘員退避・米軍施設使用、後方地域支援、自衛隊の運用と米軍の運用を防衛協力の枠組みと対象にすることが承認された。

こうした要件とともに、日米双方がアジア諸国に対して、明確な説明を積極的に行うことで透明性を確保することが合意された。とくに中国については、台湾海峡のミサイル演習の一カ月後に日米安保共同宣言が出され、ガイドライン見直し交渉に入っていることから、台湾海峡が対象になるのではないかと神経を尖らせていた。この後、一二月二日に開催された二プラス二会合でも、「見直しのプロセスは、両国の国内及びこの地域における理解を増進するため、透明性のあるものとする」と再度強調された[11]。

日米交渉開始から約一年後の一九九七年六月七日、ホノルルでの日米両政府の会合で中間報告が発表された。注目された米軍に対する後方地域支援について、同報告は「主として日本の領域において行われるが、戦闘行動が行われている地域とは一線を画される日本周辺の公海及びその上空において行われることもある」とし、その支援の内容として(1)武器弾薬を除く補給、(2)物資・人員の輸送、(3)艦船・航空機・車両の整備、(4)医療と医薬品などの提供、(5)米軍施設などの警備、(6)通信における周波数や器材提供、などを例示した[12]。

ガイドラインの見直し作業は着々と進み、九月二三日にはニューヨークでの二プラス二会合においてガイドライン見直し作業終了が宣言され、最終報告が発表された。同報告では、「周辺事態の概念は地理的なものではなく、事態の性質に着目したものである」と正式に定義付けられた。注目された周辺有事における対米支援については、(1)両政府がそれぞれ主体的に行う活動での協力、(2)米軍の活動に対する日本の支援、(3)運用面での日米協力と三つの分野が示され、四〇項目におよぶ貢献策が挙げられた。

(2) ガイドライン関連法案の対象と適用範囲

日米の合意後、橋本内閣は法案作成作業に取り掛かった。法案の骨格が出来上がったのは約半年後の一九九八年四月七日で、周辺事態法案と自衛隊法改正法案、日米物品役務相互協力協定（ＡＣＳＡ）改正法案の三法案から成っていた。日米交渉の最終報告には、日本有事に備えての法整備も含められていたが、その面については法案化されなかった。これらのガイドライン関連法案は四月二八日に閣議決定され、国会に提出された。

しかし、七月に参議院選挙が控えていたこともあり、関連法案が審議入りすることはなかった。七月一二日の選挙で自民党は勝敗ラインを大きく下回り一七議席減少し、七月一三日橋本首相は政治的責任をとって辞任した。ガイドライン法案は後継の小渕恵三内閣によって進められることになった。

一九九九年一月一四日に小渕内閣は安定政権運営のために自由党との連立を発足させ、五日後の一九日には通常国会を召集し、ガイドライン関連法案を国会に提出した。関連法はその四カ月後の五月二四日に成立したが、立法化された関連法にはいくつかの修正がされた。第一に、もともとの政府案では、ガイドラインの及ぶ範囲について懸念を表明していた中国への配慮から「地理的概念ではない」としていたが、最終的に立法化された法案では「自衛隊の活動を日米安全保障条約の目的の枠内で行う」という内容を明記しており、「地理的要素を含むが、特定の地域は指さない」という解釈に変更されている。第二に、当初案では周辺事態が発生した場合、政府は対米支援活動などを定めた基本計画には「国会報告」が義務付けられていただけだが、「原則的には事前、緊急時には事後の国会承認」が必要と変えられた。第三に、船舶検査は当初の周辺事態法案の柱のひとつとされていたが、別個の法案として提出されることになった。別個に提出された船舶検査関連法が成立したのは、一年半後の二〇〇〇年一一月三〇日のことだった。

この事例でも、合理的行為者モデル分析ではいくつかの謎が残る。第一はガイドライン見直しの契機に関するものである。一九九六年四月の日米安全保障宣言で見直しの方針が発表されたが、その決定には前月に起こった中国のミサイル演習がきっかけとなったのか。第二は法案の対象に関してだが、日米交渉で議論された、日本有事の際の法整備が法案化の段階で削除されたのはどうしてか。第三は国会運営に関するもので、ガイドライン関連法案は一九九八年四月に閣議決定・国会提出されたにもかかわらず、そのときの国会では審議されなかった。さらに成立に一年以上もかかっているがどうしてか。第四は法案の内容に関してだが、中国への配慮からガイドラインの対象範囲が「地理的な概念ではない」とされていたのが、なぜ「地理的な概念も含む」に変わったのか。第五に、立法化の手続きに関して、どうして船舶検査関連法だけが別個に、一年半も遅れて立法化されたのか。これらに答えるには政治過程モデルによる分析を行う必要がある。

3　テロ対策特措法

二〇〇一年九月一一日に起こった米国同時多発テロに対する小泉内閣の反応は速かった。事件の四五分後には、二四時間体制で危機に対応する「内閣危機管理センター」に「官邸連絡室」が設置され、事態の深刻さが判明すると、その一時間後には「連絡室」が首相自身が長を務める「官邸対策室」に昇格された。[13]「連絡室」の段階では情報収集するだけだが、「対策室」になると関係各省庁から「緊急参集チーム」が官邸に駆けつけ、関係省庁への対策活動支持を行う体制が整えられるのである。

さらに翌朝には、小渕政権下での一九九八年のテポドンミサイル発射事件以来初めてという、内閣に属する閣僚会議である「国家安全保障会議」を開催した。会議後の記者会見で、小泉純一郎首相は邦人関係者への対策や国内警戒警備の強化などの六項目からなる「政府対処方針」を発表、「今回の事件は民主主義に対する重大な挑戦」と宣言した。

同日、国連では、テロを非難し、国際社会の平和及び安全に対する脅威と認める旨の安保理決議第一三六八号を採択した。また九月二八日には、テロ根絶に向けたテロ資金対策に関して具体的措置を盛り込む形ですべての国連加盟国に履行を義務づけた安保理決議第一三七三号が採択された。一方G8では、テロ防止関連条約の可及的速やかな実施等をすべての国に要請するとともに関係各大臣に具体的措置のとりまとめを指示するという首脳声明を九月一九日に発表した。

国際社会の対応が進むなか、日本も対応策を進めた。湾岸戦争時の経験を踏まえて、経済支援だけでは国際社会の評価を得られないし、湾岸地域への人的貢献には自衛隊の派遣が不可欠だと判断された。八日後の九月一九日には日本政府の具体的対応策として情報収集のための自衛隊艦艇派遣、米軍に対する医療・輸送などの支援、周辺地域に対する人道的・経済的支援、避難民支援などを含む「七項目の措置」が発表された。小泉内閣が特に重視したのはスピードである。湾岸戦争では日本は一三〇億ドルもの支援を行った。それにもかかわらず、「少なすぎて遅すぎる（Too little, too late)」と批判され、日本政府にとって忘れられない教訓となった。九月二五日には小泉首相が訪米、ジョージ・W・ブッシュ大統領と会談し、米軍への医療、輸送・補給などの支援を含む計画の素早い実行を約束する。この日本政府の迅速な対応は、米国政府に高く評価された。[14]

これらの計画を進めるためには新しく立法措置をとる必要があったが、小泉首相は現行の憲法解釈の枠内で法案を作成することをいち早く公言する。テロ対策特措法の議論も集団的自衛権の問題に深く関わっていたが、迅速な立法化のために憲法解釈の変更を行わないことにしたわけである。これによって、この事例でも「憲法解釈を変えずに自衛隊派遣」という第二の選択肢が採られることが決まった。

九月二五日、小泉内閣は、難民救済のための人道的支援とインド洋での米軍支援を法案の骨子とすることを発表した。憲法解釈の議論を避けるために、テロ対策特措法は米国との集団的自衛権の行使ではなく、国際的なテロリズムの行為を非難し、国連加盟国に対しその防止等のために適切な措置をとることを求めた国連安全保障理事会の決議に基づいたものと位置付けることが決まる。同時に、インド洋への自衛隊派遣は早急にする必要があるため、国会の事前承認ではなく事後報告を義務付けることが決められた。同法案は一〇月五日に内閣決定され、その直後国会提出された。

同法案は一〇月二九日には参院本会議で可決され立法化される。二四日間という、重要法案にしては異例のスピード審議であった。時間数にするとわずか六二時間、一九九八年の周辺事態法の一五四時間と一九九二年のPKO法の一七九時間と比較しても、格段に短いことが分かる。

テロ対策特措法成立後間もない二〇〇一年一一月には、海上自衛隊の補給艦とのべ六〇〇人の隊員がインド洋に派遣され、主に米英軍に対して補給活動を展開した。また経済支援についても、国連機関などを通じてアフガニスタン難民に対して一億二〇〇〇万ドル、テントの提供など直接的な支援、アフガンからの難民によって影響を受けたパキスタンに四七億円の経済支援を行った。さらに二〇〇二年一月に日本政府は復興支援国際会議をホストし、米国などと共同議長を務め、大きな存在感を示した。さらに、二年六カ月で最大五億ドル、そのうち最初の一年間で二億五〇〇〇万ドルまでの支援を行うと表明し、国際社会の高い評価を得た。

湾岸戦争での批判を一気に解消したテロ対策特措法の事例において、注目されるのは、これまでの事例にはなかった迅速性である。九月一一日に発生した同時多発テロから一カ月未満の一〇月五日に、テロ対策特措法案は閣議決定され、その三週間後には立法化されている。第一に、このような重要な安全保障政策の法案がなぜこのように早く作成できたのか。第二に、政府内と与党内の政策過程が短期間にどのように行われたのか。第三に、国会審議が迅速に進んだ要因は何か。これらの疑問を解明するには、政治過程モデルによる分析を待たなければならない。

4　イラク特措法

二〇〇一年九月の同時多発テロ後、テロ支援国であり大量破壊兵器保持国と目されているイラクに対して強硬な態度で国連による査察を要求すべきだという意見が米国政府内で出てきた。翌二〇〇二年一月末、ブッシュ大統領は一般教書演説で、北朝鮮とイランに加え、イラクを「悪の枢軸」と名づけ、テロを支援していると強く非難した(15)。同演説の二週間後、ブッシュ大統領は日本を訪れ、二月一八日の首脳会談でイラクへの攻撃の意思を明らかにした(16)。

国際社会でも「悪の枢軸」発言は重く受け取られ、その後イラクをめぐる緊張が再燃した。事態を重く見たコフィー・アナン国連事務総長が、ナージー・サブリー・イラク外相と三月から七月にかけて会談し辛抱強く説得したにもかかわらず、イラクは査察再開に合意しなかった(17)。他方、ブッシュ大統領は六月一日の演説で、それまでの国際常識を打ち破る、先制攻撃の概念を打ち出す。それまでの安全保障戦略は国対国を想定したもので、米国が報復能力を持つ限り他国の攻撃は抑止できた。しかし、「国家に対する大量報復を前提とする抑止は、守るべき国家や市民を持たないテロリストのネットワークには意味をなさない」、「我々の自由を守り、生命を守るためには先制的行動の用意がなければならない」という、新たな安全保障の考え方を披露したのである。

(1)　日本の外交努力

米国によるイラク攻撃の可能性が高まるにつれ、日本は対応を迫られた。ここでは、これまでの事例に共通した五つの選択肢に加えて、フランスやドイツがとったように「イラクが大量破壊兵器を保有する証拠は不十分であり、外交交渉を継続すべき」という、米国の武力行使に反対するという第六の選択肢も考えなければならない。

日本政府は、一九九〇年代からＰＫＯ協力法によって日本の国際貢献に道を開き、周辺事態法やテロ対策特措法によって防衛面でも協力できる法整備を整え、日米同盟を強化してきた。対テロリストとの戦いで、日本がテロリスト側か同盟国である米国のいずれに味方すべきなのかは、日本政府にとって自明の理であった。イラク問題で米国の攻撃に対して反対することによって、日米同盟を弱体化させることはテロリストの利になる、それは避けなければならないというのが小泉内閣の立場であり、第六の武力行使への反対という選択肢はとられなかった。

それでは何もしない、という選択肢はどうだろう。フランスやドイツのようなヨーロッパ諸国がＮＡＴＯ（北大西洋条約機構）という多国間取り決めによって同盟関係が構築されているのとは違って、日米間には二国間の安全保障条約がある。唯一の同盟国による軍事行動に日本が中立的な立場をとることは、日米間の離反と国際社会では捉えられるだろう。加藤良三駐米大使は、「中立というのは、国際政治の場では賛成側からも反対側からも批判される最悪の選択だ。与えられた状況から考えると、日本政府としては米国支持するのが最善の選択だ」と著者に語った[18]。

以上の理由から反対や中立という選択肢はとられなかったが、米国の武力行使を支持するにしても、支持を声明するだけの、いわゆる「モラルサポート」だけという第七の選択肢もあり得ただろうか。ブッシュ大統領が唱えていたような「自己防衛のための先制攻撃」であれば、とても日本国民の理解を得られる議論ではなく、口先だけのサポートという選択肢もあっただろう。

しかし、テロ対策特措法下での日米協力で自信をつけた日本政府が取った行動はより能動的なものであった。日本政府としては早い時期からイラク問題に対して「国際協調」と「日米同盟」の二枚看板を掲げ、その立場を一貫して外交努力を重ねた。「ブッシュ大統領が演説で自己防衛の議論を展開するのは、国内政治に必要なのだろう。しかし、日本政府が積極的に支持するためには、支持できるような国際的なプロセスを踏んでほしいと、いろいろなルートを通じて要請した」と、外務省の政策担当者は著者に語った[19]。

二〇〇二年九月、ブッシュ大統領が武力行動の決意を明らかにした国連総会演説の翌日に開かれた日米首脳会談で、小泉首相は繰り返しブッシュ大統領に国際協調を模索するよう要請している[20]。また、閣僚レベルや副大臣レベルでも、機会があるごとに、ヨーロッパ諸国を中心とした国際社会の同意を得るよう米国の努力を促すと同時に、日本政府自体も国際世論形成に努力を重ねてきた。そういった、政治レベルと並行して、実務者レベルでも外交努力を重ねた。

ブッシュ政権の国際協調の努力は、英国との共同提出による新しい安保理決議案の形で進められた。決議案の草案は、国連による無条件査察をイラクに迫り、査察団の要求に違反した場合、武力行使を容認するという内容であったが、一一月八日に国連安保理は全会一致で決議一四四一号を採択した。同決議をイラクは一応受け入れたものの、国連の査察は「完全なスパイ活動」と強く非難し、積極的な協力姿勢を示さなかった。

この間日本政府は、イラク対米国の戦いにするのではなく、イラク対国際社会という構図にするよう、米国政府に強く要請していた。そのために具体的には、武力行使するとしても「先制攻撃」ではなく、あくまでも六七八号、六八七号、一四四一号という一連の国連決議を法的根拠とすべきだし、そのために必要な手続きはきちんと踏むべきだと主張を展開した。外務省は国連代表部を通じて米国の国連代表部に常に接触すると同時に、加藤良三駐米大使を通じてホワイトハウスの法律顧問に働きかけた。また、英国など米国の同盟国にも、一緒に米国を説得するように要請した。

同時に外務省は、イラクに対しても外交ルートを通じて、一四四一号で義務付けられているように、生物化学兵器や弾道ミサイルを保有している疑惑を晴らすよう繰り返し要請した[21]。

対イラク外交は不毛に終わったが、外務省の外交努力は対米関係で結実したといえよう。先に述べたように、三月一七日のブッシュ大統領による最後通告演説では一連の国連決議に基づいて武力行使を行うことが明言された[22]。また、武力行使開始の際にも、米英両政府は国連安保理に国連決議による武力行使を行うことを正式に通告した。これによって、米国の対イラク武力行使に対する日本政府の支持は、「日米同盟」の枠組み重視だけでなく、「国際協調」の形式を維持することが可能になった。

(2) 日本の支援策

三月一九日夜（米時間、日本は翌二〇日午前）の米軍によるイラク攻撃開始によって、日本のイラク復興貢献策に対する本格的な取り組みが始まった。小泉内閣は三月二〇日に全閣僚を集めた安全保障会議を開催し、(1)イラク周辺における邦人の安全確保、⑵国内警戒態勢の強化、⑶関係船舶航行の安全確保、⑷世界と日本の経済安定、⑸被災民に対する緊急人道支援、の五項目を「緊急対策方針」として打ち出した。そして、引き続き開かれた臨時閣議で、緊急対策方針と首相を本部長とし全閣僚をメンバーとする「イラク問題対策本部」の設置を閣議決定した。さらに引き続き、新たに設置されたばかりの対策本部の第一回会議を開き、イラク周辺地域への支援に加え、現存するテロ対策特措法によって米国などに補給・輸送活動が可能な部分はそれらを継続・強化する方針と、新法が必要な可能性が強いイラクの復興・人道支援を検討することが決定された。九・一一同時多発テロのような偶発的な出来事への対応でない分、十分な準備がなされていたことが分かる矢継ぎ早の措置であった。

四月上旬、小泉内閣は、イラク復興に向けて⑴経済的支援、⑵民政・復興支援、⑶人道支援、⑷大量破壊兵器の処理関係、⑸機雷掃海関連、という五項目からなる支援策を提示した。このうち経済的支援以外の分野では、自衛隊派遣の必要性が指摘された。国連が平和維持活動を展開することが決定されれば、自衛隊派遣は理論的には現行のＰＫＯ協力法の枠内でも実行可能と考えられたが、暫定政権の創設を前提とした国連による平和維持活動が展開される可能性が低いため、新法が必要だと判断された。日本政府は現行法で対処できる分野で対応をまず進めるとしながらも、新法作成の準備を整えていくことになった。この事例においても、タイミング良く対応できるよう、憲法解釈を変えずに自衛隊派遣による人的貢献を行うという、第二の選択をとる方針がとられた。

四月九日のバグダッド陥落、五月一日のブッシュ大統領による「大規模戦闘終結宣言」が出されても、イラク新法に関する日本政府の公式見解は慎重だった。有事関連法案の成立を見込む六月六日までイラク新法に関しては公式な動きを見せない方針だったからだ。小泉首相や川口順子外相、福田康夫官房長官は異口同音に、国際情勢を見ながら検討するという見解を繰り返した。

日本政府が初めて、イラクへの自衛隊派遣を可能にする新法の整備について正式に表明したのは、五月二一日に米国訪問に向かう政府専用機内での小泉首相の発言であった。タイミングが良かったことに、翌二二日にはイラク復興に関して国連加盟国に貢献を求める一四八三号決議が国連安保理で採択された。そのころ与党内では、日本がイラク復興に主体的な取り組みをするに当たって、「国連の関与が必要だ。復興に向けた国連決議を得るべく必要な外交努力をすべきだ」という声があがっていた。[23] 新国連決議があれば、日米同盟間の協力ではなく、国連の要請に基づく復興協力の枠組みで自衛隊が派遣できる。五月二三日の日米首脳会談で、小泉首相は、イラク復興に日本が協力をすることをブッシュ大統領に約束した。[24]

小泉首相による米国訪問後、日本政府は(1)一連の国連決議を法的根拠とする、(2)活動地域を非戦闘地域に限定する、(3)早期成立のため武器使用基準は見直さない、(4)四年間の時限立法とすること、というイラク新法の骨格を固め、自衛隊と文民を派遣する方針を定めた。その後、派遣隊は非戦闘地域において、イラク国民に対する人道・復興支援とイラク国内の治安維持活動に従事する米英などに医療・輸送・補給業務を行う安全確保支援を展開するという活動内容が定められた。具体的な活動内容については、法案とは別途「基本計画」を国会に提出するが、事前の承認は必要ではなく、事後承認だけしか求めなかった。この内容を盛り込んだイラク特措法は六月一三日に閣議決定され、七月二六日にはまだ完全に停戦していない地域に初めて自衛隊を送ることになるイラク特措法が成立した。

しかし、五月初めの「終結宣言」にもかかわらずイラク情勢は治安が悪く、テロ行為も続発した。八月二〇日には、バグダッドにある国連本部に対して爆弾テロが行われた。セルジオ・デメロ国連イラク特別代表を含む二三人が殺害され、死傷者数は一二〇名以上に及ぶ大きな爆発であった。悪化するイラクの治安維持のため、米国は国連の統率下の多国籍軍による統治を求める決議案を作成し始めた。

日本政府も米国提案の決議案を強く支持した。この決議案は、国連による統合指揮下の多国籍軍への貢献を加盟国に要請すると同時に、連合国暫定当局は新政権が生まれるまでの「一時的」なものとしながらも、国連が米英によるイラク駐留にお墨付きを与えることになる。米英のイラク駐留が容認されれば、自衛隊の派遣はより強い正当性を持つことになる。さらに、いずれ国連の旗の下に多国籍軍が組織され、そこに自衛隊が参加するという形になれば、より望ましい。新決議は日本政府の利益と合致する。

日本は国連代表部を通じて、国連安保理の理事国に賛成するように働きかけた。とくに、理事国のひとつであるシリアに関しては、米国はテロリスト支援国と指定し、米国製品の輸出や経済支援の禁止を行っており、対シリア外交における有効な手段を持っていなかった。そのため、シリアには二〇〇〇億円近い開発援助を送っている日本政府が強く働きかけを行った。日本政府の外交努力は、一〇月一六日、米国が英国・スペイン・カメルーンと共同提出した決議一五一一号を国連安保理が全会一致で採択されたことで実った。一〇月中旬の訪日時、ブッシュ大統領は「国連の安保理決議一五一一の全会一致での採択を実現する上での日本の役割は賞賛に値する」と、日本の外交努力をほめたたえた。(25)

自衛隊のイラク派遣には閣議に基本計画を提出し承認を得るという手続きが必要だった。陸上自衛隊の派遣先として、イラク南東部のサマワが比較的安全と判断され、派遣予定地に内定されたが、一一月になってもイラクの治安はますます悪化していた。五月の終結宣言以降に死亡した米兵は一〇月末時点で一一六人となり、イラク戦争中の一一五人を上回った。陸上自衛隊の派遣が予定されているサマワから約一〇〇キロしか離れていないナーシリアでは、イタリア軍に多数の死者が出たテロ事件が起こったこともあり、基本計画の閣議決定は先送りされた。

一一月末、ひとつのニュースが日本中に衝撃を走らせた。イラクのティクリート付近で、米軍主催のイラク復興支援会議に向かっていた二人の日本人外交官、奥克彦参事官と井ノ上正盛三等書記官が銃撃され死亡したのである。日本政府はイラク特措法の審議過程で、戦闘行為を「国または国に準じるものによる組織的、計画的な攻撃」と定義し、小集団のテロ行為は戦闘行為には当たらないとしてきた。だが、二外交官に対する銃撃は、非戦闘地域でも決して安全ではないという事実を突きつけた。イラクに自衛隊を派遣しようとする日本政府の覚悟のほどが問われる事件となった。

小泉首相は動揺を表しながらも、「日本のイラク復興支援の方針に変わりはない」と強調した。その言葉通り、一二月八日には小泉内閣は基本計画の骨子を明らかにした。基本計画ではイラク人向けの復興支援のため、陸上自衛隊は医療・給水・学校等の公共施設の復旧をサマワのあるムサンナ州を中心としたイラク南東部で展開する。また、航空自衛隊を中心に米英軍などへの「安全確保支援活動」として輸送などを担当する。その派遣期間は二〇〇三年一二月一五日から一年間とされ、実際にどの時期に派遣されるのかは明らかにされなかった。翌九日にイラク支援の基本計画は閣議承認された。

これを受けてまず一二月一九日に航空自衛隊先遣隊に派遣命令が下され、二六日に同隊はイラクへの物資空輸のために日本を出発した。二〇〇四年一月一六日には陸上自衛隊先遣隊が派遣され、二月八日には陸上自衛隊本隊がサマワで先に現地入りしていた先遣隊と合流した。これによって、日本の自衛隊がまだ完全に停戦していないイラクで復興支援活動を本格的に開始することになった。二〇〇五年二月時点で、派遣後二年たっても心配された死傷者を出さず、陸上自衛隊はイラク復興で成果をあげた。経済支援についても、イラクに対する直接支援を約九億ドル、国際機関経由で約一億ドル提供するほか、イラク復興関連基金に約五億ドル拠出し、国際社会の高い評価を得ることができた。

イラク特措法の事例においても、新法整備について初めて公表されたのは五月後半の小泉首相訪米時で、その二週間後には閣議決定されるという迅速な対応がとられたが、どうしてそれが可能だったのか。この問いに答えるためにも、政策過程モデルによる分析が必要である。

5　ブラックボックス分析の成果と限界

本章では、一九九〇年の湾岸危機から、二〇〇三年のイラク特措法までの四事例について、合理的行為者モデルによる分析を進めた。

「何もしない」から、「憲法解釈を変えて集団的自衛権を行使する」という幅のある選択肢のなかから、常に日本は「憲法解釈を変えず自衛隊派遣の道を開く」という決定を行った。戦後の経済復興を経て、世界第二位の経済大国になり、米国経済を脅かすまでの存在になった日本に対して、安全保障でも応分の負担を求める「バーデン・シェアリング」の要求が米国を中心に国際社会から高まっていた。そんな時に起こった湾岸危機であるが、これに対して、日本政府は経済援助以外にも人的貢献を追求したが、必要な立法化が間に合わなかった。また、一二〇億ドルという巨額の資金援助をしたにもかかわらず、国際社会からは酷評された。

この批判に対応して、日本政府は憲法の枠組みの範囲内で国際的な安全保障に貢献すべく、次々と法的枠組みを確立していった。一九九二年六月にＰＫＯ協力法を成立させ、国連平和維持活動に向けた自衛隊の海外派遣の道を切り開いた。同法に基づいて同年九月に自衛隊をカンボジアにおけるＰＫＯ活動に参加させ、人的な国際貢献を実現させた。また、一九九三～九四年の朝鮮半島の核危機や一九九六年の中台危機などを受けて、日本が周辺事態にも対応できるよう、憲法の枠内で自衛隊が米軍支援するためのガイドライン関連法も成立させた。二〇〇一年にはテロ対策特措法を、米国同時多発テロからわずか二カ月以内に立法化し、インド洋に海上自衛隊を派遣、多国籍軍を支援し、高い評価を受けた。二〇〇三年には、米国のイラク攻撃を支持し、経済復興のために治安に不安が残るイラクに陸上自衛隊を派遣し、復興活動を展開させた。

一九九〇年代以降、日本では安全保障政策で目覚ましい展開が繰り広げられたわけだが、指摘したように、それぞれの事例において合理的行為者モデルでは説明できない部分が残る。その解明には政治過程モデルによる分析が必要であるが、具体的な事例分析に入る前に、最も研究の進んだ米国を中心に政治過程モデルにはどのようなものがあるのかを次章で概観する。

第3章　対外政策の政治過程モデル

前章では、日本という国家をブラックボックスとして扱い、それを閉じたままで冷戦期以降の安全保障政策を分析した。しかし、合理的選択モデルは国際政治のなかでの国家の行動を分析するために単純化した手法であり、現実の政策決定過程を反映しているものではない。また、国家が必ずしも合理的な選択をしているとは限らない。合理的行為者モデルでは説明できない行動を国家がとることもある。

そこで謎として残る部分を解明するには、これまでブラックボックスとして扱ってきた国家ないしは政府の内部を覗かなければならない。箱の中に何を見出すかによって、政治過程の見方が変わってくる。グレアム・アリソンはまずボックスを開けてみて、政府が多くの組織から成り立っていることに着目した。

1　組織過程モデル

アリソンが合理的選択モデルに続く、第二モデルとして提示した組織過程モデルは、政府にはいくつもの組織があり、それぞれが独自の組織原理を持って行動するという、責任と力の分散を想定したものである。政策は組織のアウトプットとして実行されるが、それは個々の組織の独自の価値観や優先順位に大きく影響される。日本政府についてもよく「省益あって国益なし」といわれるが、組織の利益追求のために国益が軽視されることもある。

トップの政策決定者はこれらの組織の上に存在するが、受け取る情報は組織からもたらされたものであり、政策のオプションについても組織による分析の結果もたらされたものである。このモデルでは政策決定者は連合体を調整する立場であり、各組織からのフィードバックに応える形で政策は進められることになる。

組織は行動を効率的にするため、標準事務手続き（SOP : Standard Operating Procedure）を持ち、多くの場合それに基づいて自動的に対応する。組織の行動は硬直的であり、前例主義をとることが多い。そのため、t＋1の時点でどんな決定が下されるかについてはtの時点での決定が参考になり、tの時点での決定についてはt－1の時点の決定によって説明がつく。(1)

アリソンによれば、キューバ危機には合理的行為者モデルでは説明できないいくつかの謎があるとする。そのひとつは、ソ連がミサイル基地建設の際に、一切カモフラージュを施さなかったことである。ソ連は米国によるU2偵察機の飛来を予測できたはずであり、ミサイルの運搬が極秘裏に行われたことと照らし合わせて、どうしてなのかが説明できない。これについてアリソンは、ミサイル基地の建設は常任幹部会で決められたが、作戦実行は防空軍が担当した。建設管理者は国外でミサイル基地を建設した経験がないため、国内での基地建設と同様のSOPに沿ってカモフラージュなしで建設を進めたと、組織過程モデルを使用して説明している。

他方、ジョン・スタインブルナーは、情報のフィードバックによる行為制御に関する行動工学の概念である「サイバネティック理論」を政策決定理論に導入し、組織過程モデルを説明した。スタインブルナーがそこで強調したのは、政策決定者の認識過程である。組織に属する政策担当者は、安全保障問題を所属組織の利害関係に立って判断する。例えば、国務省の担当者は担当国との良好関係維持を重視し、担当国の指導者の言動に重大な関心を払う。そうした情報源から発せられた信号に対して、習慣的・条件反射的に、予定された対応策で対応しようとする。それをスタインブルナーは「サイバネティック型政策決定」と呼んだ。(2)

サイバネティック型政策決定がうまく作用するためには、複雑な政策を高度に細分化する必要がある。細分化された政策が連続的に処理されれば、それぞれの組織が限定的な部分に焦点を当てて、それに対して予め決められた対応をしても、政府全体としてうまく対応できるようになる。(3)だから、政策決定の有効性は、複雑な政策決定をどれほど細分化できるかによって決まる。しかし、往々にして新しい事態に対応する際には、そのような細分化ができていないことが多く、サイバネティック型の対応が失敗する事態が生じる。

例えば近年日米間で起こったある事件も、サイバネティック型ないしは組織過程モデルで説明が可能である。二〇〇二年二月、米国国防総省が「対テロ戦争への国際社会の貢献」と題するリストを公表した。支援国六八カ国のうち二六カ国の国名と支援内容を「部分的なリスト」として発表したが、その中には米国のアフガニスタン攻撃の際に洋上補給作業に努めた日本が含まれていなかった。前章でも触れたように、一九九一年三月の湾岸戦争終了後クウェートが貢献国のリストに、一三〇億ドルもの資金提供をした日本を含めなかったことで、日本政府はクウェート政府に対して厳重に抗議したことがあった。国防総省、とくに日本に基地を展開する太平洋軍には親日派が多く、そういった状況をよく知っていたにもかかわらず、国防総省が作成したリストから日本が外されていたことは意外と捉える専門家も多く、合理的行為者モデルでは説明できない。

国防総省は米軍の世界展開に当たって、太平洋軍のほか、欧州軍、中央軍、北方軍、南方軍と地域的に五分割した統合軍を持つ。対アフガン戦を担当したのは、アフリカ北東部から中東を経て中央アジアまでをカバーする中央軍であり、貢献リスト作成も同軍が担当した。中央軍の司令部はフロリダ州タンパにあるが、通常、軍事支援の提供国は同司令部に連絡官を送り、自国の軍司令部と密接に連絡をとることになっている。それゆえ、同司令部に派遣されている連絡官の出身国を調べ、それぞれの貢献内容を聞いて、貢献国リストを作成することが同司令部のＳＯＰであった。日本はこの時点で連絡官を派遣していなかったため、中央軍司令部が作成した貢献国リストから洩れた。また、リスト作成後から発表までワシントンの国防総省にはリストが伝えられなかったため、太平洋軍や国防長官室も洩れをチェックすることができなかった。国防総省は陳謝し、日本を含めるようリストを修正した(4)。また、日本もこの事件後、連絡官を送るようになった(5)。このリスト洩れ事件は組織過程モデルで説明可能な典型例といえよう。

2　政治過程モデル

合理的選択モデルが国家を擬人化したものと捉えると、組織過程モデルは政府内の組織を擬人化したものである。国家のブラックボックスを開けてみると、いろいろな組織の小さな箱が出てきたというわけである。

これに対して、政治過程モデルは、箱を開けてみると、いろいろな政策決定のプレーヤーが出てきて、それぞれの行動や駆け引きによって政策決定が行われると見る。

(1)　第一世代の政治過程モデル

それまで合理的選択モデルを中心に議論されてきたのに対して、一九六〇年代以降、政治過程モデルを提唱する研究者が現れた。その第一世代ともいえるのが、リチャード・ニュースタッド、ロジャー・ヒルズマン、ワーナー・シリング、サミュエル・ハンチントンらである。

ニュースタッドは、コロンビア大学で教鞭をとったが、それ以前にトルーマン政権下のホワイトハウスで特別顧問を務めており、政権中枢の政策決定過程を直接体験した。自分自身の体験を踏まえて、政策過程における国家指導者のリーダーシップと政策決定における役割について、一九六〇年に金字塔的な地位を占める研究『大統領の権力』を発表した。ニュースタッドの描く大統領像は、決して絶対権力者ではなく、有力ではあっても政府内政治過程の一員という位置づけである。ニュースタッドは、「(大統領の椅子)に座って、これをしろ、あれをしろと命令するだろうが、何も起こらない。かわいそうなアイクよ。陸軍とは全然違って、フラストレーションがたまることだろう」という、トルーマン大統領がアイゼンハワー次期大統領に向けた言葉を引用して、大統領の力の限界を強調した(6)。

ニュースタッドは対外政策の政治過程について、いくつかの重要な議論を提供している。第一に、米国憲法は権力分立の政府を作ったのではなく、政府内の異なる機関が権力を共有するようにしたのだと指摘する。政府内の政策決定者はそれぞれに独自の権力基盤を持ち、異なる責任を分担しているため、常に大統領の命令に服従するわけではない[7]。第二に、そのため、大統領の権力は「説得する権力」といえる[8]。米国憲法上、行政権は大統領に属すわけだから、トップであることは間違いない。しかし、その権限は広範囲な職務を有する「事務官（clerk）」というものにすぎないとニュースタッドは主張する[9]。そのため、大統領は公式、非公式な力の源泉を用いて、影響力を及ぼす必要がある。第三に、影響力を及ぼすプロセスにはパターンがあり、要所要所で大統領は選択を迫られる。第四に、大統領の権力は結果としての行為ではなく、どれだけ政策に影響力を与えたかによって測られる[10]。第五に、大統領の決定には国内だけではなく、外国に対する配慮も加味される[11]。

また、ケネディ政権の極東担当国務次官補を務めたロジャー・ヒルズマンも、一九六七年の著書『国家を動かすには』で、大統領を中心とした政府内政治モデルを提示している。そこでは政策過程は、一連の同心円として捉えられている。このモデルは、円の中心に近いアクターほど、政策決定に及ぼす影響力を相対的に強めるということを基本的前提にしている。最も内心の円には大統領と対外政策決定に関与する省庁の中心的な役職者がいて、そのすぐ外側の層を形成するのは他の行政府の省庁と担当省庁の下部組織、そしてさらにその外側にあるのが議会、メディア、利益団体などからなる「関心層」である。政策過程は政治そのものであり、これらの層に属するプレーヤー間の対立や駆け引きから生まれるとしている[12]。

ヒルズマンが政治過程の四つの特徴として挙げているのは、(1)意見の不一致と対立、(2)合意形成への圧力と共通の価値観、(3)対立する集団、(4)権力である。決定に関係するアクターはそれぞれの目的と利害関係を持っているが、同時に何らかの政策結果を出す方向への圧力を感じている。ヒルズマンがいう集団は、官僚組織内のサブグループや議会内の派閥なども含む広い定義のものである。

ワーナー・シリングは、一九五〇会計年度の国防予算の決定過程を事例にした研究（一九六二年）を発表しているが、ヒルズマンと同様に政治過程の特徴を挙げている。シリングが提示したのは、(1)正解のない問題（例えば国防費をいくらにすべきかに正しい答えはない）、(2)異なる知性や所属組織から生まれる政策の違い、(3)合意に向けての妥協やコンセンサス、(4)対立や連合形成、駆け引きの結果としての政策結果という特徴である。[13]

サミュエル・ハンチントンは『コモン・ディフェンス』(一九六一年)という著書で、第二次世界大戦から一九六〇年までの防衛政策と軍事力態勢を分析した。ハンチントンが焦点を当てたのは、軍事努力と兵力、兵器全体的規模がどのように決められたかであるが、それらは「異なった利害関係や見方を持つ役職者や団体間の論争と交渉、駆け引き」によって決まると、シリングやヒルズマンと同様の見解を述べている。ハンチントンの研究の特色は、政策過程に「行政的」過程と「立法的」過程があると指摘していることである。行政的過程では、(1)参加者の影響力は異なり、階層が生じている、(2)基本的な目標や価値観についての争いはない、(3)可能な選択は限られている、という特徴がみられるという。他方、立法的過程では、(1)参加者の影響力は比較的に差がない、(2)政策目標に重要な意見の不一致がある、(3)可能な選択肢が多い、という特徴がある。[14]

これら第一世代の政治過程研究をまとめ、ロバート・アートは五つの共通論点があると指摘している。第一に、ワシントンには一人の「主権者」がいるわけではなく、政治権力は政府内の多くの組織に分散している。第二に、これらの組織を代表する政策決定者は、政策に対して異なった見解を持つ。第三に、組織間で行使される政治リーダーシップは、限定した権力を行使するスキルを駆使した説得作業を通じて行われる。第四に、対外政策決定は、影響力を及ぼすことができ、どのような政策アウトプットにするかについて異なった意見を持つ参加者のコンセンサスと支持形成する政治過程である。第五に、政策過程の結果は明快であり、プロセス自体が政策の内容に影響する。[15] これらの論点は、合理的行為者モデルのように他国の行為に対して国家がどのように反応するのかを分析するのとは違い、対外政策の政治的側面を強調するものである。そこには対立と駆け引きがあり、その政治的成果が対外政策を生むのである。

(2) 第二世代の官僚政治モデル

ニュースタッドら第一世代の研究を包含する形で、外交政策決定を国内政治過程の一領域と見なし、ミクロ的に政策決定過程を分析する研究が次々と出てきた。グレアム・アリソン、モートン・ハルペリン、I・M・デスラーらが、いわば第二世代といえる。

第二世代の代表者であるアリソンは、第一世代の研究を発展させて精密化し第三モデルとして、政府内政治モデル（Governmental Politics Model 別名、官僚政治モデル）を提示し、ひとつのパラダイムを築いた。そこではアウトプットとしての政策は、政策決定に関わるプレーヤー間の駆け引きを含む相互作用の産物であるとされている。[16]このモデルで重要なのは、(1)誰が政策決定に関与し、(2)どのような関心を持っており、(3)どのような影響力を持っていて、(4)どのようなゲームがプレーされるかという、四点である。[17]

第一の誰がプレーヤーになるかについては、大統領が中枢のゲームプレーヤーとなる事例も認めているものの必ずしも、常に中心的存在であるとはアリソンは考えていない。このモデルでの主要なアクターは大統領以外に、閣僚および閣僚級の補佐官で、アリソンはそれらをチーフ（酋長）とよび、その側近をスタッファー、チーフの下で働く政治任命官や官僚たちをインディアンと呼んでいる。

第二のプレーヤーの関心については、国家安全保障上の関心のほかに、組織的利益、国内政治上の利益、個人的な利益や自分の役割に対する考え方がプレーヤーの目標と関心を設定するとしている。どの要因を重視するかはプレーヤーによって異なり、例えば、官僚は自分の組織の利益を追求する傾向が強く、大統領や閣僚などの政治任命の高官は官僚よりも強く国内政治要因を意識する。プレーヤーの関心には個性が大きく物を言うとしながらも、プレーヤーの属する組織的地位に基づく特性を重視している。また、現実の政策決定には、締め切りが随時設定されるため、時間や予算の制約を受ける点が指摘されている。

第三のプレーヤーの影響力について、(1)組織的地位からくる権限や、資源、情報、知識などから生まれる交渉時におけるアドバンテージ、(2)それらのアドバンテージをうまく利用する交渉能力、そこには個人的な関係やカリスマなどプレーヤー独自の個性も入ってくる、(3)前者の二つの要素に対する他のプレーヤー認識、という三つの要素が絡んでくる。それぞれのプレーヤーは政策決定のゲームで負け戦を経験したくないので、勝てるゲームを選ぶ傾向がある。

第四のゲームの性質は、対立する利害関係がいかに調整され政策というアウトプットになるかが問題となる。そこでは、どういった行為チャンネルを経由するかや、法律上や慣習からくるルールが決定過程に大きく影響するが、決定やそれに基づく行為は政治過程の結果であるという点では第一世代のモデルを踏襲している。

外交政策決定過程の分析に画期的なパラダイムを提供したアリソンの研究だが、アリソン以降、モートン・ハルペリンやI・M・デスラーらが官僚政治モデルを応用した著作を発表している。例えば、ハルペリンはアリソン同様に、参加するプレーヤーは属する組織の利益の影響を強く受け、利益の異なる組織間の駆け引きで政策が決まっていくと見る。[18]ハルペリンは、安全保障問題には「共有されたイメージ」が確立していると主張する。例えば、国際政治は自由世界対共産圏の争いであり、共産主義国が増えることは共産圏勢力の拡大を意味するので、米国は共産圏に対峙しなければならない。ソ連や中国は拡張路線を取っており、国際紛争や内戦は共産主義者の影響によるものである、などの七〇年代の冷戦構造時に存在した政府内のコンセンサスを紹介した。しかし、こういったコンセンサスにもかかわらず、政府内の各組織の国益に対する見方は一定ではなかったと論じている。

各組織は、それぞれの「任務（mission）」、「能力（capability）」、「影響力（influence）」に即した利害関係を持つ。各組織は異なった任務内容を持っており、政策決定に参画する官僚は、どのような提案についても所属官庁の任務遂行に役立つかどうかを重要な目安とする。また、それぞれの組織は軍事遂行能力や予算などを通じて、自分たちの能力を維持、もしくは向上させようとする。特定の任務や能力を持たない企画部門、例えば国防長官直属の国際安全保障問題室や国務省政策企画室などは、政策に対する自分たちの影響力を確保しようとする。

こうした組織の利害関係のため、政策に対する組織の対応には次のような特徴が見られる。(1)各組織は自己の重要性を高めると考えられる政策を支持する、(2)各組織は必要だと考える能力の確保に最大の努力を払う、(3)各組織は自己の機能を失わせるような政策には反対する、(4)各組織は自己の本質に関係のない機能には無関心である、(5)各組織は自己の本質に害する機能が大きくなりすぎれば排除することもある。

ハルペリンは政府内にこのような行動様式を持った組織があるが、その中心となるのは大統領だと考える。大統領とその側近は、国内政治的側面を重視する。とくに第一期目の政権の場合は、常に政策判断が再選にどう影響するかを考慮に入れながら、政策決定を行う。大統領は自分の政策目的がはっきりしているときは、プレーヤーによって構成される「サークル」を縮小して、反対者を除外しようとする。他方、自己の目的がはっきりしていないときは、特定のプレーヤーが先走りして反対勢力を排除しないように、サークルを拡大する場合もある。政策決定の際、どこかの組織が実際の企画立案を行うわけであるが、それを担当する組織の影響力は自然と大きくなる。ハルペリンはニクソン政権の国家安全保障会議の上級スタッフを務めた経験から、報道機関の利用方法や大統領へのアプローチなど、具体的・現実的な手口なども紹介している。

他方、デスラーが主張するのは対外政策が官僚政治の結果の産物になるのは仕方がないという点である。どんなに優秀で有力な政策決定者でも、行政府の数多くの政策をすべて立案決定するような権力や知識、時間を持つことは不可能である。政府内で影響力を持つ官僚たちは、それぞれ問題解決について異なる見解を持つ。これら二つの条件を考えると、官僚政治を巻き込まずに政策は決定されない[19]。

デスラーは官僚政治の特徴として、以下の四つの要素を挙げている。第一に、権力はプレーヤー間に平等に振り分けられているわけではなく、ものの考え方も異なる。価値観や目的、選択肢などはそれぞれのプレーヤーによって異なるし、ポジションが低くなればなるほど、偏狭な見方をするようになる。第二に、外交案件には流れがあり、ひとつの大きな問題が一度に解決されるわけではない。毎日のように少しずつ連続して政策判断が求められることや、同時に並行して複数の問題が起こる場合があり、その場合は組織間に星の貸し借りの関係が生まれることもある。第三に対外政策のゲームにもルールがあり、それがプレーヤーの影響力を規定する。まず、政府全体が共通で持つ考え方に著しく反する政策はできないし、政策は一定のチャンネルを通さなくてはならない。第四に、対外政策は外交問題に対する「政策」というよりも、政府内の官僚政治過程によって決まる「結果」にすぎない[20]。

これら第二世代の政治過程モデルは官僚政治を重視しているが、それに対してロバート・アートは第一世代によるものに比べると五つの問題点があると指摘した。第一に、官僚政治モデルは行政府内の政治に焦点を置くあまり、議会の役割を軽視しすぎている。第二に、その肩書きや属する組織の関心が、プレーヤーの視点や政策に対する態度の決定要因として重視されすぎている。第三に、第二世代は国際環境に対するプレーヤーのイメージを強調しすぎている。第四に、官僚政治モデルではプレーヤー間の政治駆け引きによって結果がどうなるかわからないとしているが、現実では想定範囲内の落とし所に収まることが多い。第五に、(ハルペリンは例外だが)大統領再選のプレッシャーなどの国内政治面を軽視しすぎている。[21]

そのうえで、アートは実例を挙げて、官僚政治モデルの命題に対して鋭い批判を展開した。第一に、プレーヤーの立場が組織的地位によって決まるという命題について、プレーヤーの地位で立場が決まるなら誰がその地位に就こうが変化はないはずだ。パーソナリティも影響するという論点と矛盾している。また、共有するイメージが重要な決定要因だというのなら、地位と同様に拘束要因として扱う必要がある。第二に、政府の決定は一人のプレーヤーの利益を代表するものではなく、プレーヤー間の政治駆け引きによる予想不可能な結果だという命題については、官僚間の駆け引きがどれだけ大統領の決定に影響を及ぼすのかと疑問を呈し、大統領の役割を軽視しすぎていると批判した。大統領は全能ではないが、かといって無能でもない。大統領が重要視する軍事介入のような政策決定においては、官僚政治モデルは適切ではないとアートは主張する。第三に大統領が政策を執行する際に、組織のルーティンやSOP、既得権がその阻害要因となることが多いという命題については、大統領の政策がサボタージュされるときはそれほど大きな問題ではない場合が多い、大統領がコミットした政策の執行がサボタージュされる可能性は小さいことを実例を挙げて指摘した。

合理的行為者モデルが国家をひとつの決定行為主体だと考えた単純化されたモデルなのに対して、政治過程モデルは多くのアクターを包含した複雑なモデルである。しかし、それを精密化しようとすれば、いろいろな側面で単純化しなければ、モデルとして機能しない。第二世代のモデルが第一世代の比較的ルーズなモデルを精密化する過程で切り捨てた点や、矛盾が出てきた点をアートは、現実的ではないと批判したわけである。

(3) 議会重視の研究

官僚政治モデルが議会の役割を軽視しすぎているという批判があった一方、一九七〇年代に議会が影響力を拡大したのにあわせて、対外政策決定過程における議会の役割に注目した研究が数多く現れてきた。

ジェームズ・L・サンドキストは、一九八一年の著作『議会の凋落と復活』で、議会と大統領の力関係の推移を「振り子」のように描写する。米国憲法上、議会は宣戦布告の権限を有しており、安全保障の分野でかなりの影響力を行使できる。ところが、大戦間期に議会は強い孤立主義をとるようになっていった。第二次大戦直前には、経済制裁や武器貸与の権限を大統領に与える立法を行い、対外政策における監視機能を放棄していった[22]。第二次大戦後、朝鮮戦争、ベトナム戦争が続いたが、米軍の大規模な投入が行われたのにもかかわらず、宣戦布告は行われていない。米軍最高司令官としての大統領の権限を利用して、議会の権限を無視した形で、戦争参入が行われたのである。一九四〇年ごろから三〇年間、対外政策における大統領の影響力が高まったが、ベトナムでの敗戦とウォーターゲート事件で大統領の権威が失墜すると、議会が大統領に対するチェック機能を強め、立法府強化のために様々な議会改革を行った。その結果、三〇年間大統領のほうに振り切っていた「振り子」が議会の方に振れていった、とサンドキストは分析する[23]。

トーマス・M・フランクとエドワード・ワイズバンドは、『議会による対外政策』（一九七九年）という著書のなかで、一九七〇年代に議会が対外政策における影響力を回復していった過程を「革命」と呼んでいる。本の冒頭で、一九七五年のインドシナ半島からの米軍の完全撤退、またトルコやアンゴラへの経済支援打ち切りなど、フォード大統領の強い反対にもかかわらず、議会が対外政策で押し切った事例を紹介し、議会も「ワールド・パワー」の一員になったと高らかに宣言している[24]。

議会の最大の成果は一九七三年の「戦争権限法」の制定で、これは憲法で保障された議会の権限を取り戻し、大統領の戦争権限を制限するものである。具体的には大統領による軍事力の投入を米国に対する攻撃など国家の緊急事態が起きたときだけに制限し、その場合も四八時間以内に議会に報告することが義務付けられている。議会が宣戦布告しない場合には六〇日以内に、展開した米軍の安全を保証する必要があることを大統領が議会へ立証した場合には九〇日以内に、兵力を撤退させなければならない。九〇日が過ぎれば、議会は共同決議案の可決によって撤兵を強制できる。

戦争権限法以外にも、議会は国政監視権を強化することで、対外政策での影響力を強めたとフランクとワイズバンドは主張する。それまでの国政監視が行政府ですでに決定済みの問題に議会がクレームをつけるという事後監視であったのに対して、七〇年代以降は議会が政策の作成段階から参加するという能動的なものになった。特に、人権問題や軍事援助、核輸出問題、情報機関の監視については、議会の役割は強まった[25]。

こういった対外政策における議会の役割は恒常化されており、大統領に「振り子」が振り戻されることはないだろうと、フランクとワイズバンドは主張した。その理由として、第一に議会の権限強化は一度限りのものではなく、恒久法化されている。第二に行政府に匹敵するような政策調査機関、例えば議会予算局や調査局、会計検査院などを議会が持つようになった。第三に、議会が民主化を進め、多くの議員が対外政策に参画するようになった結果、行政府が少数の有力議員を懐柔することでコントロールすることが難しくなった。第四に、対外政策が重要な政治問題となったため、メディアや圧力団体の影響力も強まった。第五に、行政府も議会の影響力拡大に応えて、議会対策の部署を置くようになった。第六に、議会参画によって対外政策の内容が公表され、吟味されるようになったことを国民が歓迎している。これらの理由から、議会の対外政策への関与はそれほど弱まることはないとフランクとワイズバンドは予想している[26]。

この予想通り、一九七〇年代以降も議会はさらに対外政策への関与を深めていった。一九八〇年代の対外政策における行政府と議会の関係を分析した代表的なものには、セシル・V・クラブとパット・M・ホルトによる『抗争への招待』（一九八九年）とトーマス・マンらによる『バランスの問題』（一九九〇年）がある。どちらの研究書も、ABM条約（弾道弾迎撃ミサイル制限条約）や、戦争権限、兵器輸出、情報機関監視、貿易問題などにおける議会の影響力拡大によって、行政府と議会間に新しい緊張関係が生まれたことを指摘している[27]。

（4） 多元主義モデル

対外政策のなかでも、貿易問題は圧力団体の活動が活発化し最も多元主義的な性格が強まる。米国の政治過程の研究は圧力団体に関するものから始まったといっても過言ではない。その先駆的研究ともいえるアーサー・F・ベントレーの『統治過程論』（一九〇八年）は、漠然とした公共の利益というものは存在せず、政策は政府内外の団体の相互作用や利害関係の調整によって決まると主張する。ベントレーは、「人民による政府というのは単なるスローガン」にすぎず、社会というのはそれを構成する集団の複合体以外の何ものでもないという見方をとっている[28]。

その後、デビッド・トルーマンが『統治過程』（一九五一年）で、多くの実例をもとに圧力団体の一般理論を構築した。トルーマンは、政府の諸機関は政府内の機関同士に加えて、政府外の様々な集団と相互に影響しあう集団の集積であると捉え、個々の市民は何らかの形で、いくつかの集団に属しており、集団がどれだけ政策決定へのアクセスを持っているかが影響力を決定すると考えた[29]。

貿易政治の分野で古典的な研究といえるのが、E・E・シャットシュナイダーによる『政治・圧力・および関税』である。この研究は、二〇〇〇もの品目の関税を引き上げ貿易戦争を起こすことで大恐慌を加速し、第二次世界大戦を招く一因となったとして悪名の高い、一九三〇年のスムート＝ホーレー法の成立過程を分析したものである。不況のあおりを食った国内産業の圧力団体からの政治圧力が高まった結果、関税を引き上げる法律が定まったと指摘し、「政策を転換し、低関税や自由貿易のシステムに戻すような勢力の団結は見られない」と論じている[30]。一九三四年に互恵通商協定法が成立し、その後関税が引き下げられたことを考えると、予言としては正しくなかったが、シャットシュナイダーの指摘どおり、その後も国内の圧力団体からの政治圧力のため、産業救済を目的とした短視眼的な政策が採られるという傾向は続いた。

ところが、一九七二年のレイモンド・バウアーら三人の研究者が著した『米国産業と公共政策——貿易政治』では、これとは異なった指摘がされている。そこでは、圧力団体の影響はそれほど強くなく、議員は利益団体の圧力とまったく関係なく行動すると主張している[31]。この研究にも一面の真理はあるが、セオドア・ロウィは違う見解を提示している。米国の貿易政策は、それぞれの圧力団体がお互いの影響力を打ち消しあっている部分が大きく、分かりにくいが、圧力団体間の力関係によって決まっているというのがロウィの主張である[32]。

現代の貿易政治について金字塔的な研究は、I・M・デスラーの『米国貿易政治』（一九八六年）である。そこでは議会は常に利益団体や選挙区の圧力にさらされていて、長期的な効果や広範な政治的影響を無視した短視眼的な政策を作り出しやすい性質を持っていると描かれている。しかし、スムート＝ホーレー法の教訓があるので、圧力団体の影響を受けて保護主義政策を支持するのはためらわれる。そこで生まれたのが、行政府への権限委譲による「議会の保護」である。しかし、このシステムも貿易を重視しない大統領にしびれをきらせた議会が、一九八〇年代に入って貿易政策の主導権を握ろうとしたため崩れ始めたとデスラーは分析する。[33]

ロバート・パスターは『議会と対外経済政策の政治』（一九八〇年）で、議会と行政府の相互作用に注目し、五つの仮説を立てている。(1)対外政策過程において、行政府と議会の言動は外国だけではなく、お互いに向けたものであることがある、(2)行政府と議会間には激しい駆け引きが行われる、(3)議会は包括的な貿易法案に選挙区の利益を反映した個別的な修正案をつけようとする、(4)保護主義法案をコントロールするには行政府が議会のニーズをどれだけ把握しているか、議会が行政府をどれだけ信頼しているかがカギとなる、(5)政策決定には行政府と議会の対立によって最善の政策がとられなくなる場合もある。[34]

第一世代の政治過程モデルの代表者、ニュースタッドは大統領が対外政策を考える際に外国のことを考慮に入れる点を指摘したが、外国との交渉と国内政治過程を同時進行の形で分析したのが、ロバート・パットナムの二レベルゲーム・モデルである。[35]パットナムは外国との交渉の過程をレベルⅠ、各国の国内批准過程をレベルⅡとし、この二つのレベルが相互に関連していると論じた。このモデルの中心概念は「ウィンセット」と呼ばれる、国内の政治過程で受け入れられる交渉結果の範囲である。ウィンセットが大きければ、レベルⅠにおける交渉妥結の可能性は高まる。しかし、問題が政治化すれば国内アクターが多く参加し、ウィンセットを小さくする可能性も出てくる。二国間交渉の場合、お互い自国に有利な条件を得ようとするが、最終的には両国のウィンセットが重なる部分で交渉が妥結することになる。二レベルゲームは貿易交渉を分析するのに効果的なモデルであるが、安全保障問題や南北問題を事例に扱った研究も発表されている。[36]

（5）日本の政治過程モデル

ここまで政治過程モデルの研究が最も進んでいる米国の研究を中心に扱ってきたが、それらが日本の対外政策にそのまま当てはまるとは限らない。細谷千博は、(1)首相と大統領、(2)外務省と国務省、(3)議会と政党、(4)財界、(5)軍部という五つの点において、日米間の政策決定過程で大きな非対称性が存在することを指摘している[37]。第一に大統領は強大な権限と充実したスタッフ、有能な側近を持ち、政策の大転換を迅速に行うことができるが、日本の首相が独自で大きな決定を下すことはできない。第二に、国務省は規模や情報分析能力について、日本の外務省よりも優れているが、ニクソン訪中のような重要な対外政策決定で蚊帳の外に置かれることもあり、また高官ポストが政治任命者で占められることから、外務省の職員ほど士気が高くない。第三に、憲法上対外政策決定に権限を持つ米国議会は、日本の国会よりも大きな介入能力を持つ。また、日本の国会には党議拘束が存在する一方で、与党内の派閥抗争が対外政策に大きな影響を与えることもある。第四に、経済団体は両国で政治的影響力を持つが、米国には経済界のコンセンサスをまとめる財界の存在はない。第五に、米国における軍部の政治的影響力は強大だが、日本では自衛隊の政治的影響力は限定的である。

これらの非対称性を考慮しながら、細谷は「三脚柱モデル」を提唱した。自民党、官僚、財界を柱として、その中心に首相と内閣が存在する。三集団の間には水平的な相互作用があり、最終決定者である首相や有力閣僚、与党幹部とは垂直的な相互作用があるとする。また福井治弘が対外政策における官僚優位を主張したのに対して[38]、細谷は国民の関心が高い場合や党内の派閥抗争を巻き込む「政治化」された問題においては、自民党の影響力は高まると反論している。

三つのエリート集団によって政策がまとめられているとする細谷モデルは、パワーエリートモデルの一類型だといえる。これに類似しているのが、コーポラティズムのアプローチであるが、日本の政策過程をコーポラティズム的に見る代表的なものは、T・J・ペンペルと恒川恵一による研究である[39]。ペンペルと恒川によると、日本の政策は政府と経団連や全農などの各領域を代表する「頂上団体」によって決められているという。ヨーロッパでは労働組合の政治的影響力が強いのに対して、日本ではそれが弱いので、日本のシステムを「労働なきコーポラティズム」と呼ぶ。

こういったパワーエリートモデルに対して、あまりにも単純化しているという批判が生まれた。日本政府は一枚岩ではなく、各省庁はそれぞれの省益を追求しようとする。また、一九七〇年代以降、各分野での政策に影響力を持つ族議員が出てきたために、自民党内も多元主義化してきたと指摘する多元主義論者が多く現れた。しかし、これらの論者は米国のような分散化の著しい多元主義に比べて、日本の多元主義が限定的である点を認め、様々な条件付きの呼び方をしている。例えば、村上泰亮は「仕切られた競争」と呼び、村松岐夫とエリス・クラウスは「パターン化された多元主義」、猪口孝は「官僚主導大衆包括型多元主義」、佐藤誠三郎と松崎哲久は「仕切られた多元主義」と描写している。[40]

福井治弘は、日本の対外政策決定過程が多元主義的に分散化されるかどうかは、問題の性質によって異なると論じた。「日常型モデル」においては、参加者が多く分散的になる。しかし、「非常時型モデル」では、一般的論争に政党や圧力団体、マスコミ、市民グループなどが広範に巻き込まれる一方で、政府部内における政策決定の参加者は非常に少なくなると分析する。非常時型モデルでは、主要な決定は最高責任者である首相によって発せられ、上級官僚や政府部外から寄せ集められた助言者は、自分の意見や判断に逆らっても上からの決定に従う。そこには日常型よりも、「明確かつ効果的な権力序列と命令系統」が示される。[41] 福井は、一九五一年のサンフランシスコ講和条約締結、一九五六年の日ソ国交回復、一九六〇年の日米安保条約改定、一九六五〜六九年の沖縄返還交渉、一九七二年の日中国交正常化では、この非常時型モデルが当てはまるという。

草野厚は『日米オレンジ交渉』において、日米のアクターが連合を組み、もう一方の日米連合と対峙していた点を指摘し、相互浸透モデルを提唱した。国際社会で相互依存が深まった結果、外国のアクターが日本の政治決定の重要なアクターとなることを論じている。[42] 著者は逆に、日本の団体がロビー活動を展開し、米国の政治過程のアクターとなる事例を紹介した。例えば、一九八〇年代前半のローカルコンテント法案の事例では、日本の自動車業界が米国の圧力団体と連合を組み、保護主義的な法案を葬るのに成功している。[43]

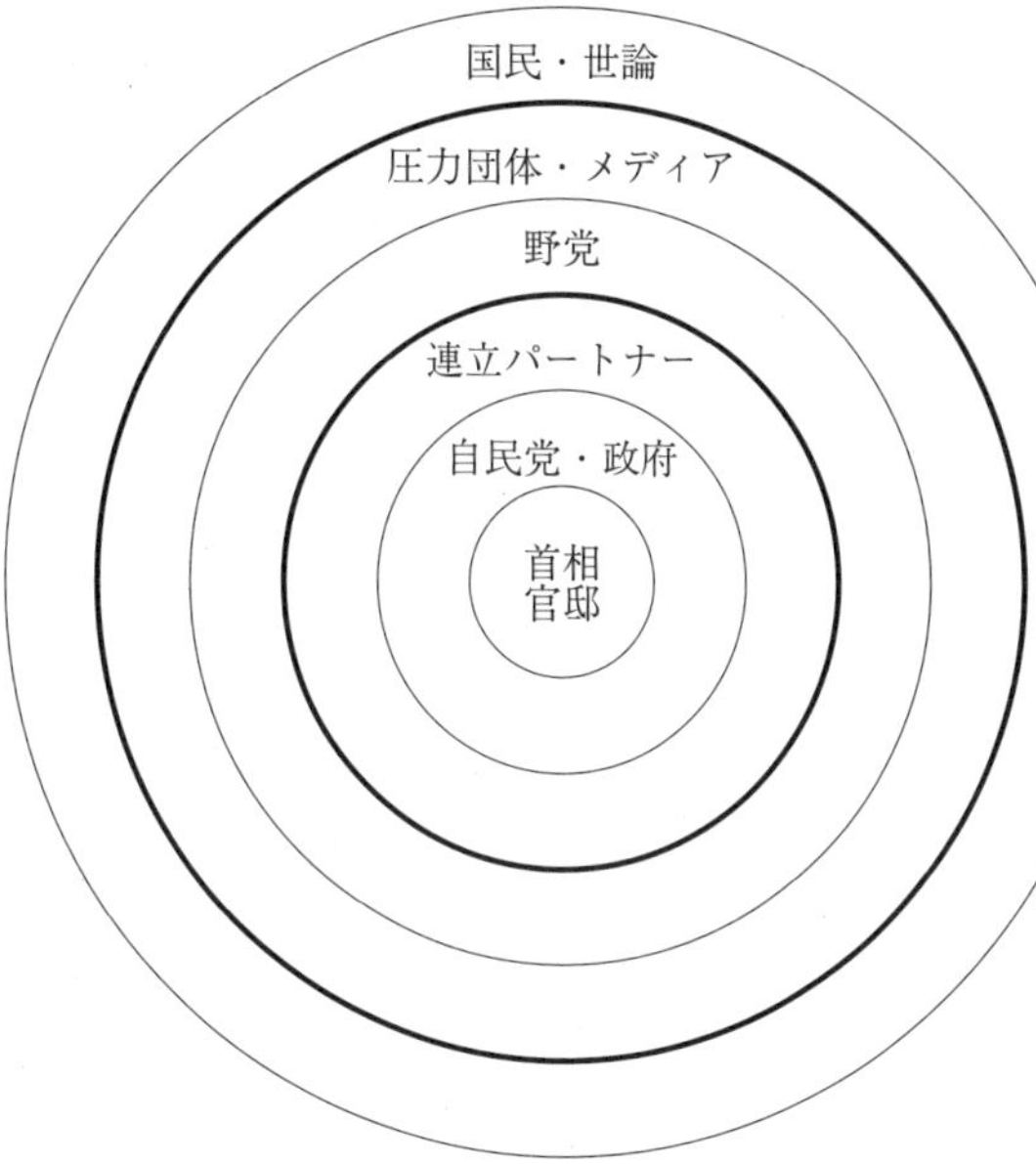

図3-1　日本版同心円モデル

（6）日本版同心円モデル

次章では特定の政治過程モデルを使用して分析を行うのではないが、分析に当たって著者の念頭にあるのはヒルズマンの同心円モデルである。ヒルズマンは、議会を軽視しているというアートの批判を加味して、一九八七年に大統領・スタッフ・政治任命者・議会・官僚を第一の円に、第二の円に利益団体とメディア、第三の円に世論と有権者を位置付ける、包括的な国内政治過程を扱う修正モデルを提示した[44]。細谷が指摘したように日本と米国では議院内閣制と大統領制という政治制度の根本的な違いや、内閣官房とホワイトハウスといった機関の違いなど非対称性があるが、ヒルズマンの同心円モデルは政治制度を加味したものではなく、漠然と政策決定に対する影響力の度合いを中心からの距離で表している。日本政治システムに則して同心円を組み合わせる修正によって、同心円モデルの使用が可能になると考える（著者は同心円モデルで、テロ対策特措法と有事関連法の成立過程を分析した研究を発表している[45]）。

ヒルズマンの同心円の核（コア）となっているのは、大統領とそのスタッフであるが、本書では首相を中心とした核集団として位置するものとして、官邸ないしは内閣官房を置く。コアのすぐ外側の層に含まれるのが、政府全体と自民党とする。もちろん、この層は一枚岩ではなく、様々なサブグループが存在する。その関心の度合いも層内部のグループ間では異なり、特に関心の強いグループには自民党の政策部会や外務省の各局などが含まれる。一九九三年から連立政権が続いていることを考慮して、自民党と政府の外側の層に連立パートナーを位置付ける。連立政権の参加政党にはそれぞれ独立した政策決定過程がある一方で、小泉内閣が閣議決定するためには連立与党間の合意が必要だからである。

さらにその外側の層をなすのが、野党である。立法化の必要な本書の事例において、国会の運営は政策遂行において重要であり、野党の少なくとも一部の同意が得られることが望ましい。他方、連立与党が衆参両院で過半数を占めているため、与野党間の合意が不可欠という状態ではない。そして、この同心円の周りにあるのが、圧力団体やメディアであり、その一番外側が国民および世論となる。

次章では、本章で概説した政治過程モデルを念頭において、ブラックボックスを開けて、第2章で扱った一九九〇年以降の安全保障政策の政策決定過程を再分析することにする。

第4章　ブラックボックスを開けての事例分析

外交・安全保障を含め、従来の日本政府の政策過程は、「ボトムアップ型」のものが多かった。対外政策の場合、外務省の担当局が軸になって進められてきた。局の決定となるまでに、省内の他の局や他省との政策調整、大臣官房を通して法律上の問題がないかを判断する法令審査や、予算が必要な場合は財政当局である財務省の査定を必要とする。官房副長官を長く務め、政府内の政策決定過程を熟知する石原信雄は、「日本の行政の施策や法案は、実質的にはこの局議で決まるといって過言ではない」と言い切る。もちろん局長の上には事務次官や大臣もいて、省内の局長以上が集まる省議、事務サイドの最高決定機関である事務次官会議、その後閣議にかけられる。閣議決定となり国会に送られることによって、形式的で長い政府内の稟議過程に終止符が打たれる。しかし、局議以降の稟議過程は「チェックという意味合いであり、実務のつめは局長段階で終わっているし、それができないようでは局長としては失格である」と、石原は説明している[1]。

このボトムアップの稟議制は政府内だけではなく、自民党内にも存在した。伝統的に、自民党の中で政策を最初に審議してきたのは、政務調査会（略して政調会）の各部会である。各部会に属する議員は特定分野の政策に詳しく、族議員と呼ばれる。政府による政策の原案は、各部会の族議員によって吟味され、時にはその圧力によって内容が変わる。部会の了解後、法案などは政策全般を対象とする政調審議会に諮られる。政調審議会の承認を経て、今度は全会一致を原則とする自民党総務会にかけられ、自民党のコンセンサスとして政策が承認される。自民党単独政権でなく、一九九三年以降続いている連立政権の場合は、連立与党の各党の承認も必要となる。連立与党間の合意ができて、初めて閣議決定されるという手順を踏む。非常に権力分散的な政策過程と言える。

ところが、この伝統的なボトムアップ型の政策決定過程が一九九〇年代以降、変化していった。第二章で扱った湾岸危機からイラク特措法までの事例を政治過程モデルで分析し、合理的行為者モデルでは謎として残った部分をブラックボックスを開けることによって解明していく。

1 湾岸危機からＰＫＯ協力法まで

海部政権下で起きた湾岸危機に対して、日本は一三〇億ドルという巨額の経済援助をしたにもかかわらず、タイミングが遅かったことや、人的貢献がなかった点が批判された。人的貢献をしようとする日本政府の意思は、国連平和協力法案の廃案によって湾岸戦争後の状況には間に合わなかったが、その後自衛隊の海岸派遣を可能にするＰＫＯ協力法の成立によって実を結んだ。

第2章の合理的行為者モデルによる分析では、(1)最初の資金援助が遅れた理由、(2)九〇億ドルの拠出が早く決まった理由、(3)ＰＫＯ活動への自衛隊派遣の法案が海部政権で成立しなかった理由、(4)宮沢政権下の一九九三年六月に成立した理由、などの謎は判明しなかった。これらの疑問点を政治過程モデルを使って分析する。

(1) 大蔵主導の財政支援策

どうせ資金を出すならタイミング良く出したほうが高く評価されるのに、最初の多国籍軍への一〇億ドル拠出に二週間もかかっている。また、追加の三〇億ドルについても、米国議会からの圧力があってからという最悪のタイミングとなった。どうして日本政府の資金拠出が遅れたのか。

まず、海部首相に危機意識が薄かったことが挙げられるだろう。一九九〇年八月二日にイラク軍がクウェートを侵攻した時、海部首相がいたのは夏季休暇中の保養地、長野であった。しかし、海部は事件の情報を受け取っていながら、財界人との会合などの予定を変更することなくこなし、東京に戻ったのは翌日の夕方であった。首相が東京に帰っても、重要な安全保障問題を議論する内閣直属の安全保障会議が開かれることはなかった。これらの事柄も危機という認識が海部内閣で弱かったことの証となろう。海部首相は湾岸危機を「重大緊急事態」と認識せず、内閣官房にある危機管理を専門とする内閣安全保障室に担当させることはなかった。その結果、政策調整がうまく行かず、省庁間の対立を招くことになる。(2)

八月一五日、マイケル・アマコスト駐日大使は栗山尚一外務次官を通じて日本政府に、資金協力と人的貢献を要請した。石原官房副長官の回想によると、外務省は米国の望みなどを探り、多国籍軍への資金協力には二〇～三〇億ドルが必要という意見を伝えていた。しかし、財政当局である大蔵省は根拠のない出費に消極的だった。石原は、「大蔵省が例によって、何がいるんだと査定を始めたわけです。戦争で査定といったって、積算資料が間に合わないわけですよ。結局、資料が十分でないとか何とかいって一〇億ドルと査定したわけです。だから、第一回の資金協力は一〇億ドルだった」と、大蔵省が緊急時にもかかわらず、通常作業に基づいて査定したため、時間がかかり少額になったことを明らかにしている。(3)

八月二九日に日本政府は多国籍軍への財政支援として一〇億ドルの供出を決定し、海部首相がジョージ・H・W・ブッシュ大統領に電話でその報告をした。石原はこの電話の会話をこう証言する。「私はその電話をかけるときに一緒にいたんですけど、ブッシュさんっていう人は何でも非常に喜ぶんですよ。『ありがとう、ありがとう』というタイプの人ですが、そのときはね、『あっ、そうですか』という非常に素っ気無い、要するにディスアポイントメントだったんですよ。アメリカは、後で聞いてみると、おそらく三〇億ドルぐらいは日本がオファーすると思っていたらしいんですね」。(4)

日本による一〇億ドルという拠出額に満足しなかった米国政府は、さらに追加を要請する。九月七日に、ニコラス・ブレイディ米財務長官が来日し、橋本龍太郎蔵相と会談し、多国籍軍に一〇億ドルの支援追加、湾岸諸国への経済援助として二〇億ドルの財政支援を求めた。橋本がその場では決定できないと答えると、ブレイディ長官が「手ぶらで帰ってきた、と大統領に報告してもいいのか」とすごむ一幕もあったという。(5) 九月一三日の午後、外務省の栗山尚一事務次官が大蔵省に小粥正巳次官を訪ね三〇億ドルの拠出を要請したが、小粥次官は回答を控えた。結局、大蔵省は九月一四日に米国政府が要求した三〇億ドルを満額支払うことにしたのだが、いち早く米国政府に伝えたのは、誰あろう橋本蔵相であった。一四日早朝、橋本はブレイディ財務長官に電話で決定を伝え、「あなたから大統領にもお伝えください」と語った。そのため、海部首相からの電話よりも早く、ブレイディ長官経由で大統領にこの知らせが伝わった。橋本の手の込んだ動きに対しては、「日本の政治家の中での米国に対する功名争い」という見方が広まった(6)。

こういった橋本蔵相の政治的な動きが、湾岸戦争開戦後における日本政府の対応を迅速なものに変えた。多国籍軍に対して九〇億ドルという、一回目の九倍の拠出額が要請されたにもかかわらず、一週間という短期間で決定された。一九九一年一月一七日の多国籍軍によるイラク攻撃開始の三日後、ブレイディ財務長官はニューヨークで橋本蔵相と会談を持った。ここでも大蔵省は財政支援支出で主導権を握ろうとした。村田良平駐米大使は、同行した大蔵事務局に同席を強く迫ったが、静かに拒絶された。会談でブレイディは橋本に、多国籍軍に対する九〇億ドルの追加拠出を要請した。前回、即答ができずブレイディを怒らせた経験を持つ橋本は、その場で了承した。大蔵省は自らの大臣の顔を再度つぶさないよう、大蔵主導で迅速に対応する姿勢を見せた。

橋本は海部首相に電話し、米国からの提案が九〇億ドルであり、これは受けるべきだと伝えた(7)。これを受けて、海部は石原官房副長官に自民党執行部の意向を聞くよう指示を出した。「内閣としては、受けなくてはならないと思うがどうだろうか」という石原の問いに、小沢一郎幹事長を中心とする自民党執行部は当然だとひとつ返事で答えた(8)。大蔵省が九〇億ドルという支出をすんなりと受け入れるには財源を手当てしなければならない。それには赤字国債の発行と、短期国債でつないで償還財源を臨時増税で手当てするという二つの方法があった。一五年ぶりに赤字国債ゼロという目標を達したばかりの大蔵省が赤字国債発行に大反対したため、自民党執行部は臨時増税の方針を決めた。

小沢幹事長は公明・民社両党の了解をとりつけるために、衆議院議院運営委員長時代からの付き合いで気心の知れた、市川雄一公明党書記長と米沢隆民社党書記長に接触した。この年の七月にも、小沢は自らを団長、市川と米沢を副団長とする、与野党幹事長書記長クラスによる欧州の選挙制度視察団に参加し、二人といろいろ意見交換していた。ＰＫＯ

協力法案の三党合意をしていることもあって民社党は理解を示したが、湾岸協力に厳しい態度を見せた創価学会の婦人部を抱える公明党は最初難色を示した。小沢は交渉の末、中期防衛力整備計画を一〇〇〇億円削減することを提案、経済界を説得し残りを法人税や石油税などの臨時増税で補うというかたちで公明党の合意をとりつけた(9)。これによって、九〇億ドルの湾岸支援策の国会通過が可能になったのである。その四日後の一月二四日、日本は九〇億ドルの拠出追加を発表、これで日本の財政支援の総額は一三〇億ドルとなる。

以上の政治過程モデルを使用した分析では、第2章で謎として残されていた部分が明らかにされている。湾岸危機という非常時においても、財政当局として、大蔵省が主導権を常に握ろうとしたことがその大きな原因となった。第一の最初の多国籍軍への一〇億ドル拠出に二週間もかかったのか、という問いについては、財政当局である大蔵省が通常の査定業務を行ったため時間がかかり、査定の材料となる書類を外務省が十分に提示できなかったため、一〇億ドルという米国の期待を大きく下回る額になったという説明がされている。

第二の開戦後の九〇億ドル拠出には一週間しかかかっていない理由としては、第一回目の拠出に対する批判を痛切に感じると同時に、米国に対して功名を得ようとした橋本蔵相が大蔵事務局を抑えて、すぐにブレイディ財務長官に応諾したことが大きい。また、大蔵省としては財源を手当てしてもらえれば大型の財政支出に対しても文句はないわけだが、九〇億ドルの拠出を全面的に支持した小沢自民党幹事長が増税による財源確保の根回しを進め、予算修正を可能にした。一〇億ドルと九〇億ドル拠出という二例は、政治家のリーダーシップが存在する場合としない場合で、大蔵省の対応が大きく違うことをまざまざと見せ付けることになった。

(2)　国連平和協力法案とPKO協力法の政治過程

人的貢献について当初、外務省は国連局を中心に法案作成タスクフォースが作られた。多国籍軍への人的貢献は、国連の平和維持活動への協力を名分にしていたため、国連局が担うことになったのである。栗山尚一外務事務次官は、九月一四日首相官邸でいくつかの選択肢を提示したが、ハト派の海部首相が自衛隊派遣には反対の立場をとっていたため、栗山が推したのは自衛隊を別組織化してPKO活動を行う案である。海部首相は「自衛隊の経験者を一応、自衛隊を辞めてもらって、総理府事務官として、これを組織して送り込むという方法を研究してくれ」という指示を栗山に出す[10]。これを受けて、栗山次官は、防衛庁長官の指揮下に置かれない首相直轄の非武装組織である平和協力隊をつくるという外務省案をまとめた[11]。

ところが外務省案に対して、「自衛隊員は部隊として行動することで訓練されている。上官の指揮命令のもとに動くように訓練されている。だから一人一人が制服を脱いで総理府事務官になって参加することになったら、まったく機能しない」と、防衛庁が大反対する。小沢一郎幹事長率いる自民党執行部も防衛庁と同じ考えで、「自衛隊は自衛隊として協力するしかない」と考えていた[12]。石原官房副長官を中心に官邸が調整役となり、自衛隊員が「平和協力隊員」の身分を併任・兼務するという小沢幹事長や防衛庁に近い線で調整が進められた。「国連平和協力法案」の最終草案は「陸海空の三自衛隊を一本化し、自衛隊員の身分で協力隊に参加させる」という、外務省による当初案を否定した内容のものとなった[13]。

国連平和協力法案は政府内では外務省の国連局と条約局が中心となり作成され[14]、与党内のプロセスも従来同様、政務調査会の部会から、同審議会を経て自民党総務会の承認を得るという、ボトムアップのプロセスをたどることになった。一〇月一一日、自民党の内閣・外交・国防三部会の合同会議は、実際の法案を提出した段階で再度検討するという条件で、法案の骨格を了承した。同日、政調審議会と総務会も同様に了承した。一五日朝に同法案の現物が提出されると合同部会はそれを了承、その日の夜には政調審議会と総務会も承認した。

同法案は一〇月一六日に閣議決定され、国会に送られた。しかし、石原官房副長官が語るように「正直いって、法案も十分練れない半煮えのままで国会に提出した」という有り様だったため、政府内の意見の不統一が露呈した[15]。海部首相は法案の可決に政治生命をかけるとまで発言したものの、国会答弁では法案の理想的な面ばかりを強調し、自衛隊が戦闘地域に派遣される可能性を否定した。一方、外務省や防衛庁の政府委員は、野党議員による法案の具体的な文言についての質問に対し、法案の内容から判断すると戦闘地域派遣の可能性はあると答弁した。この、首相と省庁の回答の齟齬に対し、野党は、首相はいつわりの答弁をしたと激しく攻撃した。竹下政権時代のリクルート事件・消費税反対を通じて、一枚岩となっていた野党は、自民党の説得には応じようとしなかったのである。

国会審議が紛糾するなか、小沢幹事長はなんとか野党の協力を得ようとするが、まったくめどが立たず、一一月五日に海部首相に国連平和協力法案の廃案を提案する。同月八日、同法案が廃止されると、海部首相はこう側近に漏らしたという。「だからあれほど言ったじゃないか。俺の言うとおりにさえしておけば……。こんなことにはならなかった[16]」。

国連平和協力法案の廃案前に、小沢自民党幹事長は法案再提出のために野党の民社党と公明党に根回しを開始していた。小沢は側近の平野貞夫に市川公明党書記長と米沢民社党書記長に接触するよう指示を出した。小沢が当初反対していた「自衛隊とは別組織」という、土井たか子社会党委員長のＰＫＯ活動に関する考え方をもとに市川公明党書記長が文章化しまとめ、一九九〇年一一月九日に小沢、市川、米沢の三者によって署名されたのが、(1)憲法の平和原則を堅持し国連平和主義を貫く、(2)国連に対する協力が資金や物資だけでなく人的な協力も必要、(3)そのため自衛隊とは別個に国連の平和維持活動に協力する組織をつくる、という内容の三党合意であった[17]。国連平和協力法案の廃案後の官僚らの助言によって、小沢も自衛隊そのものの派遣をあきらめ実現可能な妥協案を受け入れるようになっていたようだ。防衛官僚の宝珠山昇は、「最善とは言えなくとも、政治的に実現可能な方法を選んだほうがいい。それでカンボジアにも人が送れるようになると（小沢に）申し上げたことがある」と証言する[18]。この三党合意は公明・民社両党から支持を取りつけたというだけではなく、両党に社会党と訣別させ野党の協力体制を分断する政治展開を生むことになった。この与野党協議に社会党が参加しなかったことに対して、支持団体である有力労組も「野党第一党の責任」を果たしていないと批判した。

一九九一年二月末に湾岸戦争が終わると三党合意に基づいて、外務省による新法案作りが活発化した。しかし、三党合意の「自衛隊とは別個の組織」とすることが、法案作りの大きな壁になっていた。大島理森官房副長官（政務）と外務省幹部は、小沢幹事長ら自民党四役と会い、政府の方針として、現役の自衛隊を使わない新組織とするには、(1)退職自衛官を主体とした文民組織にせざるを得ない、(2)任務は軍人主体の停戦監視団の後方支援に限定される、と説明した。

小沢は「三党合意では、兵力引き離しを任務にできないとはなってない」と不満を表明した。これに対し、政府側は現職自衛官を休職や併任の形で起用すれば、停戦監視や兵力引き離しにも直接の参加ができるが、「自衛隊とは別個の組織」とする三党合意に反すると説明した。(19)

この政府の説明に対して、自民党内ではやはり自衛隊を部隊として派遣すべきだという意見が高まった。加藤六月政調会長は記者会見で、武装して戦闘の引き離しなどを行う平和維持軍（ＰＫＦ）に参加できるかどうかがポイントであり、それについて公明・民社両党と論議を進めていくと自衛隊の参加について意欲を表明した。公明党は新組織へは自民党は不参加の方針を確認し、民社党も現職の自衛官の参加は自公民三党合意の趣旨に照らして問題だという立場をとり、この問題は難航する気配を見せた。(20)

ＰＫＯへの人的貢献策が思わしく進まない一方で、自民党内や外務省から、戦争後のペルシャ湾に自衛隊の掃海艇を派遣して、日本の人的貢献を急ぐべきだという意見が浮上してきた。三月一四日の自民党国防部会で、渡辺美智雄・渡辺派会長が派遣論の口火を切った。防衛庁の依田智治事務次官は掃海艇派遣について「国民の保護、世界への貢献から非常に有益なことで防衛庁・自衛隊に検討してくれということであれば、前向きに検討すべき事項であると考える」と、要請があれば積極的に対応するとの姿勢を明らかにした。(21) 同日の衆議院予算委員会で、政府としても掃海艇派遣を検討していく方針を示した。

掃海艇派遣の機運が高まり、事務レベルでの検討が進められるなか、海部首相の政治決断が期待されていたが、首相は慎重な姿勢を変えなかった。一五日の衆議院外務委員会では、「実情がわからないのに、やみくもに派遣というのは無責任」と述べ、自分のハト派イメージの維持に努めた。(22) また、公明党が掃海艇派遣に対して強く反対しており、ＰＫＯの新組織づくりといった重要政治課題で自公民の協力関係を大事にすべきだという政治的思惑もあった。

海部首相の慎重な態度に業を煮やしたのか、財界から強い意見が飛んできた。四月八日に経団連の平岩外四会長が記者会見を開き、(1)平和時に限定する、(2)アジア諸国が理解を示す、(3)法制上も問題がない、という三条件が満たされれば、政府としてペルシャ湾に掃海艇を派遣すべきだとする「会長見解」を発表した。(23) 稲山嘉寛、斎藤英四郎という平岩の前任者は、微妙な政治問題では一切発言せず、政経分離でやってきており、経団連が安全保障問題で正式に見解を発表するというのは、当時非常に珍しいことであった。湾岸危機以降、財界には日本の国際貢献はカネだけではすまないという意見が支配的であり、人的貢献を強く望んでいた。

平岩の意見に呼応するかのように、鈴木永二日経連会長（第三次行革審会長）も四月一〇日、「法的にも問題がなく、日本が世界一の掃海技術を持っているという以上、結構なことだ。浮かんでいるものを掃除するだけなのだから早くやればよい」と意見を表明した。ペルシャ湾の航路安全のために、経団連以外にも船主協会、全日本海員組合、アラビア石油などが公式、非公式に政府に掃海艇派遣を求めた。翌一一日、自民党の国防三部会が掃海艇派遣決議を行い首相に決断を求めると、海部首相はようやく派遣の方針を固めた。

海部首相は、東京都知事選敗北の責任を取って辞任した小沢の後任として自民党幹事長となっていた小渕恵三と会い、公明・民社との幹事長・書記長会談を早急に開くよう要請した。小渕幹事長や梶山静六国対委員長などが公明党に働きかけたが、公明党は自衛艦派遣反対の立場を変えなかった。公明党が反対のまま、四月二四日海部内閣は海上自衛隊掃海艇派遣を正式に決定し、二六日には掃海艇がペルシャ湾へ向けて日本を出発した。自衛隊の掃海舞台はペルシャ湾で機雷の除去に成功し、国際的にも高い評価を受けるようになっていた。国内的にも自衛隊の海外活動に対して評価が高まった。例えば、六月九、一〇日に行われた朝日新聞の世論調査では、七四パーセントの国民が自衛隊の海外派遣を容認、ＰＫＯに自衛隊を参加させることにも五〇パーセントが賛成し、反対の四〇パーセントを一〇パーセント上回った。同新聞が前年一一月に行った世論調査で、自衛隊の海外派遣を盛り込んだ「国連平和協力法案」に対して、賛成はわずか二一パーセント、反対が五八パーセントだったのと比べると、湾岸戦争後の世論は大きく様変わりしていた(24)。

自衛艦の活躍に、自衛隊のＰＫＯ派遣に慎重だった海部首相も意見を変えていく。「『自衛隊を使ってのＰＫＯ協力法が必要だ。それしかないな』という感じを総理自身が持ち始めたようです。私は、海部総理の心境を変化させた動機は、明らかに掃海艇派遣の成功だったと思ってます」と、石原官房副長官は観察を述べている(25)。海部首相の意向を受けて、ＰＫＯ協力のための新組織作りで政府が五月二三日にまとめたのは、その装備や能力を基本にすえ、「武力を伴わない目的・任務」のために自衛隊を参加させるという案を作成した。自衛隊の参加について、(1)掃海艇派遣の成功で、自衛隊の平時の活用に対し世論が変化してきた、(2)公明党も自衛隊活用の党内論議を始めた、(3)国連から監視要員には軍事的な訓練と経験が不可欠との意向が寄せられている、と条件が変わってきたことを説明した。[26]

この政府案を受けて、掃海艇派遣に反対した公明党も態度を軟化させる。五月二八日に開かれた公明党中央委員会の質疑で、市川書記長が「反戦平和主義も重要だが、そこにとどまっていてもいいのか」と発言した。二見伸明政審会長は、ＰＫＯ協力での自衛隊の活用に対して具体的に「ＯＢ自衛官でできるのではないかと考えたが、各国とも軍人をあてている」と、現職自衛官による国際的に通用する組織作りの必要性を訴えた。[27] 自民党と民社党も、現職自衛官の「併任」に大勢の意見が固まっていくなか、公明党も意見を修正していく方針を見せた。

「ＰＫＯ協力法案」の作成が進められた六月ごろ、閣議で橋本龍太郎蔵相から、「この法案をまとめるんだったら、これは外務省ではダメだよ。官邸が引き取らなきゃまとまらないよ」という発言があった。当初、石原官房副長官は「外務省国連局の仕事だから、官邸で取り上げるようにはしたくなかった」というが、中山太郎外相の同意を得て、有馬龍夫外政審議室長の下に法案準備室をつくることになった。[28] 総理府の隣に一階建てのプレハブの建物をつくり準備室を設置、外務省の野村一成審議官が室長となり、外務省や防衛庁を中心に関係省庁から人員を集めた。有馬外政審議室長は「のべ四〇人近く、常時二二〜二三人の人員を集めた。こうした人員の確保から、建物や設備を手配してくれたのは、総理府から外政審議室に出向していた榊誠氏だった。彼の尽力がなければ準備室の設置は不可能だったから、知られざるヒーローといえるだろう」と有馬室長は著者に内幕を明かしてくれた。[29]

こうして法案準備室は夏休みを返上して法案作りに努めることになり、法案作成の主導権が、外務省から内閣官房に移った。官邸がまとめるというやり方は正解だったと石原は述懐する。「国際協力という意味では外務省ですけれども、中身は自衛隊を使う話ですから防衛庁なんです。外務省が起案したら、防衛庁は協力しません。外務省が自衛隊を使う法案を書くわけですから…その後に海上保安庁も入れたんですが、そういうものを入れるとなると、それは官邸でなければまとまらないですよ。外務省じゃ絶対まとまらない」と、石原は語る。[30]

自衛隊活用の問題ではコンセンサスができていたが、次に争点となったのは、武力による裏付けが必要な兵力の引き離しや武器の保管などのＰＫＦへ参加させるかどうだった。海部首相は「議論の多いＰＫＦ活動はこの際はずし、それ以外のもので法案をまとめてほしい」という意向を石原官房副長官に示していた。しかし、自民党側では小渕幹事長が「党内の空気としてＰＫＦをはずすことはまかりならん」と主張して譲らなかった(31)。

両者の対立が激化し、海部首相に最終決断を一任しようと各省幹部が集まっていたときに、栗山外務次官が「スイス方式」を提案した。永世中立国のスイスはＰＫＯに協力しており、当事者間の停戦合意があり中立であるという前提で参加し、停戦状態が壊れれば撤退するという条件で活動している。石原はこのスイス方式を海部首相に進言し、受け入れられた。その後、これが第2章でも紹介した「ＰＫＯ参加五原則」に発展していった(32)。

ところが、武器の使用をめぐって、外務省と防衛庁が鋭く対立した。防衛庁側が隊員の安全を守るために武器の携行を強く主張したのに対して、外務省は武器の携行に反対した。結局は小火器の携行を認めるということで外務省も折れた。しかし、今度は内閣法制局が「武器を使う場合には、正当防衛的なケースもあるが、そうでない場合もあり得る」と、武器使用は憲法違反という見方を示した。石原官房副長官は工藤敦夫内閣法制局長官と議論し、最終的に「護身用に武器の携行を認め、隊員または一緒にいる人たちの生命・身体に危険が及んだ場合、ほかに採る方法がなかった場合は使ってもいい」ということで憲法の新解釈案をまとめた(33)。八月一日、内閣官房はＰＫＯ協力法案の中間報告を自民党に対して行ったが、そこには「武力行使を伴わないものに限る」という条件付きで武器使用に関する新解釈が盛り込まれていた。

ＰＫＦへの参加についても、当初内閣法制局は反対の姿勢を見せていたが、八月二二日の衆議院予算委員会で、「目的・任務が武力行使を伴う平和維持軍でも参加は憲法に反しない」という、これまでの「目的・任務が武力行使を伴うものであれば参加は憲法上許されない」という見解を転換した新解釈を明らかにし、五原則に基づくＰＫＦ参加への道を開いた。八月二九日、自公民の幹事長・書記長会談で、ＰＫＯ五原則が条文化され、派遣に当たって国会承認などの歯止め措置を設けるなら、ＰＫＦの参加を認める方針が確認され、九月九日に正式に合意された。

九月一三日、自公民三党の幹事長・書記長に政府側が加わり、国会内でPKO協力法案提出に向けて最終的な協議が行われた。民社党側が「国会の承認が必要」と主張したのに対し、自民・公明の両党はPKO五原則を法制化すれば、国会に対しては事前・事後の報告で十分」だと「国会報告」だけを義務付ける政府案に賛成した。この問題では物別れに終わったが、民社党は法案提出には実質上同意し、九月一九日「国会報告」を含めたまま「PKO協力法案」が閣議決定され、国会に提出された。

ところが、PKO協力法案と同時期に提出されていた政治改革法案が九月三〇日に廃案になると、海部首相が「重大な決意」があると衆議院解散を示唆し、政界を驚かせた。しかし、衆議院解散には竹下派が反対した。唯一の支えであった竹下派の支持を失った海部首相は、三週間後の自民党総裁選不出馬を表明、事実上の辞意を表明した。そのため、PKO協力法案も海部後継の宮沢喜一内閣に持ち越されることになった。

一一月五日に宮沢内閣が発足し、一八日には衆議院国際平和協力特別委員会で、PKO協力法案の審議が始まった。野党のうち、社会党と共産党が徹底的に反対する姿勢を見せるなか、宮沢政権も海部政権時代と同じく自公民の枠組みで立法化を進めようとした。しかし、大内啓伍民社党書記長が国会報告を事前承認に修正するように強く求めた。政府としては石原官房副長官が語るように「事前承認だと実際問題として、国会でそのつど派遣のいい悪いを議論していったら、国連の要請に答えられないだろう」と結論を出していた[34]。宮沢首相をはじめ、石原官房副長官や有馬外政審議室長は大内委員長説得に努めたが、大内はどうしても聞き入れようとはしない。野党の事情に詳しい衆議院事務員の平野貞夫（のちに参議院議員）によると、大内が強硬だった背景には、(1)党内に抗争がありPKOでは大内委員長の出番がなかったこと、(2)次の参院選の四カ所で社会党との選挙協力の協議が行われていたこと、(3)支持団体の立正佼成会が国会承認にこだわっていたこと、という三つの理由があったと解説している[35]。

内閣官房は、PKO派遣後二年経過した時点でなお継続している場合は国会承認を必要とするよう修正するという妥協案を民社党に示した。しかし、民社党は最後まで納得せず、一一月二七日に特別委員会はPKO協力法案の審議を打ち切り、自民・公明両党だけで修正法案を強行採決した。二日後の二九日に開かれた公明党大会では、同法案の採決のやり方に対する強い批判が飛び出し、公明党執行部も対応を迫られた。公明党の要請を受け、自民党はいったん法案を委員会に差し戻し、補充質問を行うことで打開をはかった。この措置に公明党は納得し、一二月三日には法案は衆議院で可決された。

一二月五日にＰＫＯ協力法案は参議院特別委員会で審議が始まったが、指揮権をめぐって国連と日本政府の判断が異なった場合の対応や、ＰＫＦ活動に対する武力妨害への武器使用など、衆議院で議論されなかった問題が出てきて、野党の質問攻勢に何度も審議が中断されることになった。この背景には、宮沢首相が官邸には加藤紘一官房長官と近藤元次官房副長官、国会対策委員長には増岡博之という自派主導陣容で国会運営を乗り切ろうとしたことがある。しかし、「公家集団」と呼ばれるほど、宮沢派は国会対策が不得意であった(36)。審議は宮沢政権の思い通りに進まず、審議の不手際の責任をとるために宮沢派の後藤正夫委員長が辞任する一幕もでてきた。結局一二月二一日に、臨時国会会期中の成立を断念し、翌一九九二年一月からの通常国会に継続審議されることが決定した。

国会対策がうまくいかなかったことを受けて、宮沢首相は竹下派の梶山静六を口説き、翌年一月一七日に国対委員長に指名した。宮沢も国会対策の重要性は実感したようで、回想録に「このへんで私は初めて、公家集団といわれているのはこのことか、ということと、竹下派がこういうことに手慣れているというのはなるほどこういうことか、ということをつくづく感じました」と述懐している(37)。

参議院でＰＫＯ協力法案が再審議されるのは四月末になってからだが、それまでにいくつかの動きがあった。二月四日の衆議院予算委員会の総括質問で、市川公明党書記長が「ＰＫＦの凍結」を提唱し、民社党を巻き込もうとした。三月一五日には、カンボジア暫定統治機構（ＵＮＴＡＣ）の明石康特別代表が現地に入り、ＰＫＯ協力法の成立による自衛隊派遣がより現実性を帯びてきた。四月二一日の民社党大会で、「ねじれ国会という現実の中で、他党の立場にもできるだけ配慮し、次善の策として法案成立に努力する事もわが党に課せられた大きな使命だ」と、立法化に柔軟な対応を示す姿勢を見せた。

四月二八日に参議院国際平和協力特別委員会で審議入りする。その前日に、社会党が政府案に対して自らの対案を提出した。社会党案では、(1)ＰＫＯ法案は選挙監視などの非軍事分野に限定、(2)自衛隊とは別個の組織、(3)派遣前の国会事前承認、という内容になっていた。五月一二日には、来日中の明石ＵＮＴＡＣ特別代表が特別委員会に出席し、ＰＫＯへの日本の積極的な対応を要請した。その二週間後の五月二九日自公民三党は、ＰＫＦ本体参加の凍結とＰＫＯ協力法施行の三年後の見直しを附則として法案につける再修正を行うことで合意した。これを受けて、六月一日に再修正案を特別委員会に提出、同法案は五日に委員会で可決された。

同法案が参議院の本会議に上程されると、社会・共産両党は強い抵抗を見せる。いろいろな審議引き延ばしの戦術を取ろうとするなか、長田裕二参議院議長が職権で開会し、審議入りするという異例の事態となった。野党両党は、議院運営委員長の解任決議や宮沢首相問責決議案などを次々に提出し、その採決ごとに一九八八年の消費税法案以来の徹底的な牛歩戦術をとった。ようやくＰＫＯ協力法案が参議院を通過したのは、本会議開会から七五時間たった六月九日のことだった(38)。

再修正案は参議院通過後、六月九日夕方には衆議院特別委員会で審議入りされた。社会・共産両党による抵抗が繰り広げられたが、一一日には可決され本会議に送られた。本会議での審議中、社会党と社民連の所属衆議院議員が辞表を桜内義雄衆議院議長に提出するという異例の戦術が取られた。議長がこれを受理すれば、補欠選挙を行わなければならず、解散を誘発することにもなる。しかし、議長は辞表を預かるだけにとどめ、社会党の戦術は不発に終わった。野党の牛歩戦術は衆議院でも展開されたが、六月一五日、ＰＫＯ協力法が衆議院本会議で可決、ようやく成立した。

ＰＫＯ協力法（正式名、国際連合平和維持活動等に対する協力に関する法律）が成立すると、内閣に国際平和協力本部がつくられ、法律の主管は総理府（現在の内閣府）内の同本部事務局が担当することになった。外務省で原案がつくられたが一度廃案になり、内閣官房が新法案を作成、国会答弁はまた外務省が担当し、成立後は総理府が主管するというように、この法律は省庁間を行き来するという異例の道筋をたどった。

合理的行為者モデルでは判明しなかった、海部政権下で国連平和協力法案が不成立だった理由について、政治過程モデルでは法案の内容が十分練れていなかったため、政府側の答弁に食い違いが生じ、それに対する野党側の反発に成立を断念せざるを得なくなったという説明を提供している。

最後の謎である宮沢政権下でのPKO協力法立法化の理由は、まず第一に前法案が廃案になったときに小沢幹事長が公明・民社両党と三党合意をし、次期国会での協力をとりつけたことが大きい。実際には、「自衛隊とは別個の組織」にするという合意事項は変更され、自衛官を併任するという元の案に戻されたが、掃海艇派遣の成功やカンボジアでの平和協力活動の開始など国際環境もあり、PKO五原則を条文化し、PKFを一時凍結するという条件で、公明・民社両党の賛成を得て立法化に結びついた。

2　新ガイドライン関連法

朝鮮半島における核開発危機や台湾海峡危機などが起こった一九九〇年代中ごろ、日米両国が周辺事態における二国間防衛協力を強化させようと防衛ガイドラインの見直しに着手した。一九九六年四月の日米安保協力宣言により、日米交渉が開始され、その合意に基づいて、新ガイドライン関連法が成立した。

この事例でもその成立過程で、いくつかの謎が残っていた。(1)ガイドライン見直しが発表された前月に起こった中国のミサイル演習がきっかけとなったのか、(2)日本有事の法整備が法案化の段階で削除されたのはどうしてか。(3)ガイドライン関連法案の提出から成立まで一年以上もかかったのはどうしてか。(4)ガイドラインの対象範囲は「地理的な概念ではない」とされていたのが、なぜ「地理的な概念も含む」に変わったのか、(5)どうして船舶検査関連法だけが別個に、一年半も遅れて立法化されたのか。これらの疑問に答えるために、政治過程モデルによる分析から答えを探ってみよう。

(1)　ガイドライン見直しの契機

一九九三年からの朝鮮半島の核危機は、日米両政府の関係者に日米同盟の崩壊に対する強い危惧を抱かせた。朝鮮有事の際に日本が基地を利用させるだけという対応では、米国議会が日米同盟無用論を展開するだろうし、そのときに米政府には議会を抑えきれるという自信がなかった。そういった状況を懸念したジョセフ・ナイが国防次官補に就任したのは一九九四年九月だった。政権入りを打診したウィリアム・ペリー国防長官に対して、ナイは日本との安全保障関係の強化をやらせてもらいたいと訴え、ペリーの合意を得ていた(39)。一九九五年二月に米国防総省が発表した東アジア戦略報告（ナイ・レポート）では、日米安保の再定義が提唱された。

それを受けて、九月から一〇月ごろに統合幕僚会議事務局が、日本政府の防衛大綱に「周辺事態対処」挿入を要求した。内閣法制局は集団的自衛権を禁止する日本国憲法に抵触する可能性があると反対したが、防衛庁は自民党の国防族の応援を得て政治的に抑え込み、大綱に加えることに成功した(40)。もともと大綱のこの部分は、一一月に予定されていた、村山・クリントン日米首脳会談後に、「日米安保共同宣言」として発表される予定であった。しかし、クリントン大統領が予算問題で議会と対立し、政府の予算案が可決されず政府窓口が閉鎖されるという非常事態が起こったため、訪日をキャンセルしてしまった。そのため、共同宣言に先駆けて、大綱で「周辺事態対処」が発表されることになった。

この運命のいたずらによって、事態はより一層の進展を見せることになる。村山内閣下では、具体的にガイドラインの見直しにまで踏み込むことには、外務省が躊躇していた(41)。だが、一九九六年一月に橋本龍太郎が首相になると、日米ガイドライン見直しを具体化しようという動きが出てきた。それまでの日米防衛協力ガイドラインは日本有事に関するものしかなく、それにしても国内法による法的枠組みは未整備の状態であった。冷戦後の日本が東アジアの安定に貢献するには、日本周辺事態に対して、憲法の枠内でどのような協力ができるかを示す必要があった。

一月末にサンフランシスコで開かれた、日米安保に関するセミナーに出席した田中均外務省北米局審議官は、日米政府関係者だけの会議で、すでに村山政権下で書き上げられていた日米安保共同宣言を書き直そうと提案した。同会議で、日米政府関係者は日米防衛協力のガイドライン見直しをより明確な表現で書き込むことに合意した(42)。米国側で同見直しに強く関心を示したのは、カート・キャンベル国防次官補代理であった。日本側では三月から四月にかけて田中審議官は柳沢防衛審議官や自衛隊の制服組とともに、ガイドライン見直しに向けて精力的に対応していった(43)。

自民党内でも政権交代に伴って、元防衛庁長官の瓦力が安全保障調査会の会長になった。細川・羽田政権下で野党だった時期を経て、村山政権下では自民・社会・さきがけの連立三党で協議して、政策を進めていくことが多かったので、自民党の安全保障調査会は休眠状態だった。自民党政務調査会において、部会が政務次官クラスの若手議員が部会長を務める省庁から報告を受け質疑応答や意見交換を行うチェック機関なのに対して、各種の調査会は諮問委員会の色彩が強く、自発的に政策を討議する場であり、その会長には閣僚経験のある有力者がつく[44]。調査会においては会長の権限が強く、政策ビジョンの作成などで、かなり独断にイニシアチブが取れる。瓦会長は小選挙区で争う新選挙制度下で初めて行われることになる総選挙では、安全保障問題が焦点になると考え、久々の自民党政権で独自色を出すためには、安保調査会を再活性化し、ビジョンを提示する必要があると考えた[45]。二月八日から外務省や防衛庁担当者を招いてのヒアリングが始まり、四〇日間に一一回の会合を経て、三月一五日に「日米安保体制の今日的意義」が発表された。「ガイドラインの内容を充実させるために積極的に取り組む」という部分は、村山政権下では具体的作業に入るのを躊躇していた外務省や防衛庁にとって、強い追い風となった[46]。

三月八日には中国による台湾へのミサイル演習もあったが、それ以前の二月から自民党内の政治家による動きと日米両国の官僚による作業は始められていた。その結果が四月一七日の橋本＝クリントン両首脳による「日米安全保障共同宣言」であり、中国のミサイル演習ではなく、あくまでも朝鮮半島危機がガイドライン見直しの直接的な契機だった。

(2)　社民党を含む連立政権下での法案化

次に日本有事の法整備が法案化の段階で削除されたのはどうしてか、という疑問について検討してみよう。そこには橋本内閣が自民党単独政権ではなく、社民党と新党さきがけを連立パートナーとしていたことが、大きく影響していた。ガイドライン見直しの日米間交渉と並行して、国内的にも対応策を十分に検討する必要があるとの考えから、橋本首相は緊急事態対応策を研究するよう指示した。検討項目には、(1)在外邦人の保護、(2)避難民対処、(3)沿岸重要施設警備、(4)対米支援措置が含まれた。秋山昌廣防衛庁防衛局長は、この指示の背景には、三月八日に中国が台湾海峡で初の台湾総統選挙を前にミサイル演習をしたことが大きく影響していると見る。「台湾海峡緊張状態の下で、少なくとも在外邦人の保護、さらには大量避難民発生対処について政府内のそれぞれの部署で種々検討がなされた。その経緯を踏まえ対応については国家として事前に十分検討準備していなければならないとの判断の下、内閣安全保障室が中心となって、関係各省庁参加の下、研究は実施された」と秋山は著書で明らかにしている[47]。

日米交渉が続くなか、国内政治にも動きがあった。九月二七日に橋本首相は衆議院を解散し、一〇月二〇日に新選挙制度で初めての総選挙が行われた結果、自民党は五〇〇議席中二三九議席とわずかながら議席数を伸ばした。しかし反自民票が新しくできた民主党に奪われ、自民党の連立パートナーの結果は散々だった。社民党（同年九月に社会党から改称）は三〇議席から一五議席に半減し、さきがけは九議席から七議席を失い二議席に落ちこんだ。自民党は単独で過半数に達しなかったため、自社さ連立を維持することにしたが、社民・さきがけの両党は閣僚を送らず、閣外協力の形で連立与党にとどまることを決めた。

日米政府間のガイドライン見直し交渉に並行して、自民・社民・さきがけの三党は「与党ガイドライン協議会（座長・山崎拓自民党政調会長）」を設けて対応していた。同時に自民党内では、「日米安保体制の今日的意義」を発表し、橋本＝クリントン首脳会談での日米安全保障共同宣言の後押しをした安全保障調査会は、日米ガイドライン交渉においても政治的環境を整えようとした。一九九七年一月三一日、安保調査会はガイドライン問題の検討を開始し、四月一八日には「日米安保共同宣言と今後の安保、ガイドライン見直し推進」という提言をまとめた。この提言では、日米防衛協力に必要な法制の基礎整備の重要性を強調し、九月二三日に発表された新ガイドラインの最終報告を支えることになった。

当初、周辺事態に加えて、日本有事の対応についても日米間の共同計画を進めていたが、閣外協力を行い連立与党の一員であった社民党から、強い反対があった。憲法で認められる私権を制限する有事法制は認められないという意見が社民党では強く、自民党内にも慎重論が少なくなかった。その結果、一九九八年一月一一日に日本有事関連の法整備は先送りされ、本土防衛を欠き周辺事態だけを対象とした「ドーナツ型」の有事法制が作られることに決まった。

（3）立法化にいたる政治過程での障害

一九九八年四月にガイドライン関連法案は国会提出されたが、成立には一年以上もかかっている。その理由を確かめるには、法案完成から立法化まで政治的変化を追ってみなければならない。

有事関連法整備の先送り決定の三カ月後、四月七日関連法案作成チームは、橋本首相に対して、周辺事態法案と自衛隊法改正法案、日米物品役務相互協力協定改正法案の三法案からなる、新ガイドライン関連法案大綱を提示し、同首相がこれを了承した。翌八日、自社さの与党PKO・ガイドライン問題協議会が会合を開き、法案提出に向けた調整を始めることになった。社民党メンバーは政府側が示したガイドライン法案の大綱について、周辺事態の認定の手続きが明確でないこと、支援活動に国会の承認ではなく報告だけにとどまっていることに不安を示した。

同法案の作成は順調に進んでいたが、連立与党の枠組みはぐらつき始めた。土井たか子社民党党首が四月一九日に開かれた社民党全国集会で「避けて通れない決意をすることもある」と発言し、連立与党離脱を示唆した。四日後には、土井は橋本首相と党首会談を行い、「与党協議がないままの閣議決定は認められない」と通告した。四月二六日に山崎拓自民党政調会長が伊藤茂社民党幹事長と協議しガイドライン関連法案に対する了承を求めたが、社民党は閣議決定を認めない方針を固めていた。その一方で、閣議決定と国会提出はするが、実質審議は行わず継続審議とする政治的妥協案を自民・社民両党間で進めていた。七月中旬には参院選挙があるため、どうせ実質審議に入ったとしても立法化には日数が足りないと考えたうえでの妥協案であった。

その頃の橋本内閣の支持率は低迷しており、朝日新聞の世論調査（四月二五、二六日実施）では、景気低迷を反映して最低の二八パーセントにまで下がり、五七パーセントが内閣の交代を望んでいるという結果が出た。社民党としては連立与党に残って参議院選挙を戦い、橋本内閣と心中するという選択肢は考えていなかった。

四月二八日に周辺事態法案、自衛隊法改正案、ACSA改定法案が閣議決定され、その日に国会に提出されたが、社民党との合意通り、参院選挙前の国会閉会まで、実質審議は行われなかった。連立与党の一員として戦った一九九六年の総選挙で大敗を喫した社民党は、参議院選挙を有利に運ぶためには、自民党と一線を画す必要を感じた。翌二九日、社民党は拡大三役会議で国会会期中に与党を離脱する方針を確認した。閣議決定後すぐに離脱しなかったのは、自民党の政策をチェックする影響力をもうしばらく維持したかったのと、七月の参議院選挙に向けて離脱のタイミングを図っていたからである。五月三〇日、社民党は満を持して、正式に閣外協力を解消し与党を離脱することを発表し、自社さ連立体制は崩壊した。

社民党が離脱したものの、七月には参議院選挙が控えているため、橋本内閣はその結果が出てから新ガイドラインの審議入りを行おうと考えていた。七月一二日の参議院選挙で社民党が改選前の二〇議席から一三議席にまで減少したことを考えると、与党離脱の効果はあまりなかったといえよう。しかし、不景気の責任を追及された与党自民党の痛手も大きかった。勝敗ラインを大きく下回る一七議席減少という結果に、七月一三日橋本首相は政治的責任をとって辞任した。七月二四日に自民党総裁選が行われ、小渕恵三が首相に就任した。連立は五月末に崩壊していたから自民党の単独政権となったが、衆議院では過半数を占めるものの、参議院では過半数割れという不安定な政権となった。

八月三一日に、北朝鮮がテポドン・ミサイルを日本領土越しに発射させると、日本政府はＫＥＤＯ（朝鮮半島エネルギー開発機構）に対する拠出金と食糧援助を停止すると同時に、国交正常化協議を打ち切り、すべての航空路線を停止するという厳しい制裁措置をとった。この事件によって、国民は周辺事態をより現実的なものと感じるようになり、日米新ガイドライン法の制定に向けての機運を高めることになった。しかし、一一月二五日から江沢民中国主席の訪日が予定されていた（訪日は中国国内の洪水のためキャンセルとなった）ため、ガイドライン関連法案の提出は一九九九年一月開会の通常国会まで見送られることになった。つまり、社民党との合意事項の存在、参議院選挙、中国主席訪日予定という一連の政治日程のため、同法案の成立が同年四月までずれ込んだのである。

(4) ガイドラインの適用範囲

ガイドラインの適用範囲については、日米政府間交渉でも中心的な問題となった。台湾海峡が範囲内に入れられることを懸念する中国への配慮が早い時期から検討されていた。一九九七年四月初めにペリー国防長官の後任となったウィリアム・コーエン新国防長官が訪日し、久間章夫防衛庁長官と会談で、周辺諸国の懸念を払拭する一助として、プロセスの透明性を確保するためにも中間報告を作成、発表することを決めた。周辺事態における日本の対米協力の内容を具体化した中間報告が出ると、秋山防衛庁防衛局長と田中均外務省審議官は、中国や韓国を訪問し、それぞれの外交・防衛当局に説明した。秋山局長の回顧によると、韓国は朝鮮半島有事の際に日本が協力する枠組みを作ろうとしていることを高く評価し積極的な反応を示したが、中国はガイドライン見直しに対して警戒感が強かったという。中国当局は「冷戦終結後になぜ二国間とはいえ防衛協力を強化する必要があるのか疑問である、ガイドライン見直しが日米二国間を超えるようなことに対しては反対である」と繰り返し秋山に伝えたという[48]。

七月一六日には、加藤紘一幹事長を団長とする自民党訪中団が遅浩田国防相らと会談し、ガイドライン見直しについて「念頭にあるのは朝鮮半島の有事で中国は念頭に置いていない」と明言した。また、七月二二日に加藤幹事長が訪米し、コーエン国防長官に「周辺事態に台湾海峡が含まれないことを日米間で確認すべき」だと発言した。しかし、これらの加藤発言に対して、自民党内から強い反発が生まれた。梶山静六官房長官は、「朝鮮半島が問題なのは間違いないが、他の地域は問題ではないということを無条件で言ってはいけない」と批判、中曽根康弘元首相も「日米安保条約の解釈で台湾は含まれないと言えば間違いだ」と語った[49]。

七月三〇日から自社さの三党による与党ガイドライン協議会が周辺事態の定義について議論を開始していたが、そのたたき台として、山崎拓政調会長は「周辺事態とは、日本の平和と安全に影響を与える事態であり、地理的概念ではなく、あくまでも事態の性質に着目した概念」、「我が国としては中国政府が台湾をめぐる問題の平和解決を目指していると信じており、現在の情勢認識としては、台湾において『周辺事態』に該当するような事態が生起するとは思っていない」と座長案を提示した[50]。山崎案に対して土井たか子社民党党首は、「ガイドラインはファジーでは困る」と台湾除外の明確化を求める姿勢を見せた。

加藤発言に端を発した台湾海峡をめぐる問題は、一層こじれていった。八月一七日に、梶山官房長官が新ガイドラインをめぐって、台湾有事も周辺事態に含まれると明言したことに中国は強く反発した。一九日に唐家璇外相が梶山発言を批判し、日本政府に公式な説明を求める。台湾海峡をめぐる事態の紛糾に与党ガイドライン協議会は二二日に会合を開き、「地理的概念ではない」とする山崎座長案が再度提示された[51]。九月四日の訪中で、橋本首相は李鵬首相と会談し、「日米間で、中国を含め特定の国や地域における事態を議論して言っているものではない」、「中国政府が台湾問題は中国人同士の問題として平和解決を目指していると信じており、現在の情勢認識として、台湾地域をめぐる武力紛争が現実に発生するとは考えていない」という日本政府の立場を説明した[52]。この説明に対して、これまで「含まないと明言しない限り、本当に理解することはできない」としてきた中国政府も一応の評価を示したが、警戒感が払拭されたわけではなかった[53]。

四月二八日にガイドライン法案が閣議決定され、その日に国会へ提出された。五月二二日の衆院外務委員会で、ガイドライン適用の範囲がどんどん広げられるのではないかという質問に対して、高野紀元外務省北米局長が「極東とその周辺を概念的に超えることはない」と答弁した。この発言が、これまで「地理的な概念ではない」と一貫していた日本政府の見解を逸脱したものだと解釈され、物議をかもし出した。

この三日後の二五日、中国政府が外交ルートを通じ抗議すると、日本政府は東京にある中国大使館と北京で中国側にこれまでと方針が変わっていないことを再三説明した。久間章生防衛庁長官も高野発言について、「不正確だ。安保条約の枠を超えることはない、そして地理的概念でないというのが正確だ」と記者会見で反論した。国会での他省庁幹部の答弁を閣僚が明確に否定するのは異例のことであった。しかし中国側はこれではおさまらず、二七日に帰任の挨拶のため自民党本部に山崎政調会長を訪ねた徐敦信駐日大使は「台湾は中国の内政問題だ。周辺事態の対象には含まれないと明確にしてもらいたい」と訴えた[54]。結局、高野局長はこの発言のため、北米局長を更迭された。

七月の参議院選挙で自民党が大敗し、参議院では過半数割れという不安定な状態で小渕政権は始まった。小渕内閣の官房長官になった野中広務が公明党に連立与党参加を打診するが、冬柴鐵三幹事長に「いきなり自民党と手を組んだのでは、支持者にとても説明できない。ワンクッション置いてもらわなければ」と断られた[55]。その後、公明党が連立に参加するためには、自民党がまず他の党と連立を組んでからにしてもらいたいという意向だった。その後、野中官房長官は政敵と見られていた小沢一郎自由党党首に頭を下げて、自由党との連立を推進していくことになった。自由党との連立を目指す野中官房長官は、一一月九日に自自政策協議機関の設置を自民党役員連絡会で決めた。自自両党の政策協議で、ガイドライン関連法案の早期成立を含む基本政策で大筋合意し、一二月二九日には自自両党が同法案を協議するための「安全保障の基本原則に関するプロジェクトチーム」が発足した。両党間には対立点があった。「地理的概念ではない」とする政府解釈であるが、小沢党首はロシアや朝鮮半島、中国、台湾を含む地理的概念だという認識を持っていた。(56)

翌一九九九年一月一四日に正式に自自連立政権が発足し、通常国会が召集された五日後の一九日にガイドライン関連法案が国会に提出された。自自両党の政策対立は解消しないまま、政府案がそのまま提出されたが、自民党は連立パートナーとの妥協法案の修正を強いられることになった。一方、地理的概念をめぐる問題については、外務省の内部でも考えが変わっていた。ガイドライン法案作成の当初から関わり、「地理的概念ではない」という政府見解を強く推し進めた田中均北米局審議官が一九九八年一月にはサンフランシスコ領事館に転出していた。他方、高野局長更迭のあと、北米局長に就いた竹内行夫はかねてから政府見解に疑問を呈し、ワシントンの日本大使館公使時代に「地理的概念ではないというのなら、どう定義するのか」という電報を北米局に送っていた。(57) 外務省内では、日米安保条約の枠内での対米支援実施を明確化するのであれば、地理的要素を含めた説明が必要だという考えが強まっていた。

こういった政府内の考え方の変化もあり、一月二六日の自自政策責任者協議で、周辺事態は「地理的要素を含むが、特定の地域は指さない」と、日米安保条約の枠内であることを明確にする新しい見解でいく方針が決定された。翌二七日には、野中官房長官が記者会見で周辺事態の範囲について、「地理的概念に基づかないが、我が国周辺、近海を指す」と、地理的要素を含むという政策協議の合意を反映させた見解を政府として明らかにした。この発言に対して衆議院予算委員会で、野党側がこれまでの政府見解と食い違いがあると指摘したが、答弁に立った高村正彦外相は「地理的要素を含まないといったことは一回もない」と整合性があると主張した。(58) 二月一日に、自民党はガイドライン関連法案の修正案として自由党に提示したが、そこには「自衛隊の活動を日米安全保障条約の目的の枠内で行う」という内容を明記することが示されていて、これが政府与党の統一見解となった。

一九九九年五月のガイドライン関連法成立に、中国政府は懸念を表明した。七月九日の小渕首相は訪中時に、朱鎔基首相との首脳会談で、「日米安保体制はまったく防御的なものであり、特定の国や地域にむけられたものではない」、ガイドライン関連法は「このような日米安保条約の目的の枠内のものである」と説明し、台湾問題については「話し合いによって解決すべきもので……現実にこの地域をめぐる武力紛争が発生することは想定していない」と発言した。これに対して朱首相は、日米安保協力の問題は「懸念する問題」であり、「台湾を直接、間接に含めることは中国として受け入れられない」とし、「日本は今後、実際の行動でお話の趣旨を実証してほしい」と、懸念を表明しつつも日本側の運用を見守る姿勢を示した(59)。

以上の政治過程の分析によって、中国への配慮から「地理的な概念ではない」とされたガイドラインの対象範囲が「地理的な概念も含む」と変わった背景には、ひとつには外務省幹部の人事配置が変わったことがある。もうひとつの理由は、社民党に代わり連立パートナーとなった自由党が「地理的な概念ではない」というのはおかしいと主張をしたため変更にいたったというものである。

（5）船舶検査条項の扱い

周辺事態法案の柱のひとつとされた船舶検査条項だけが、関連法とは別個に、どうして一年半も遅れて立法化されたのかという問題にも、連立政権内部の事情が深く関係していた。自由党の小沢党首は、国連決議に基づく船舶検査であれば周辺事態の場合に限定するのではなく、より広い範囲で可能にすべきであり、周辺事態法から切り離すべきだ。周辺事態に限定するなら国連決議に基づくという条件を外すべきだという主張を展開していた。

周辺事態の範囲について合意に至った自民・自由両党であったが、船舶検査をめぐっては問題がこじれた。一九九九年三月一八日から衆院日米防衛協力指針特別委員会で、関連法案の総括質疑が開始されたが、政府案では船舶検査について、「国連安保理決議が経済制裁の実効性を高めるよう加盟国に要請した場合、軍艦以外の船を対象とし、任意で積荷検査などを行う」としていた。これについて、自由党を代表して、東祥三議員が、日米安保条約の実効性を確保するための関連法案に、集団安全保障の概念である国連安保理決議を条件にするのは矛盾しており、この条件をはずすべきだと主張した。他方、公明党の遠藤乙彦議員は、国連を重視する創価学会婦人部の意見を反映して、「国連決議は残すべき」と政府の肩を持ち、自民・公明と自由党間の対立が際立った。

関連法案が国会審議中の三月二三日に、能登沖に北朝鮮の不審船が出没し、小渕首相は海上警備行動を発令し、自衛隊の護衛艦で追跡を行うという事件が起こった。この不審船事件はガイドライン関連法案にとっての更なる追い風となった。同日、自民・自由両党は国連安保理の決議に基づくという条件を削除することに合意したが、公明党が強く反対を表明した。二五日、自自公の三党は船舶検査で合意を追求することをあきらめ、船舶検査活動自体を周辺事態法案から削除し、新たに船舶検査に関する法案を別個に提出することを決めた。この最終合意の結果、二七日にガイドライン関連法案は衆議院を通過し、その約一カ月後の参議院での審議を経て約一カ月後の五月二四日に立法化された。

先送りにされた船舶検査の問題については、八月三日に自民・自由両与党が立法化作業を開始することを了承した。ガイドライン関連法案が日米安保の枠組みで考えられた一方、国連安保理決議案を条件にした案件なので、外務省で国連局の機能を吸収した総合政策局を中心に法案作成が行われることになった。しかし、国連決議が必要かどうかで、自由・公明両党の議論は平行線をたどった。一〇月五日に公明党が連立与党に参加して、自自公連立与党となった後も協議は続いたが、翌二〇〇〇年四月一日に自由党が連立を離脱するまで合意に達することはなかった。連立離脱時に自由党が分裂し、その一部が保守党を結成し与党に残ることで、連立の枠組みが自民・公明・保守と組み替わった。この自公保体制で、国連決議に基づくという条件の船舶検査関連法案の作成が進められ、ようやく一一月三〇日に船舶検査関連法が成立した。

船舶検査関連法がなぜ別個の法案として提出されたのかという疑問に対する答えは、国連決議を条件とするのはおかしいとする小沢自由党党首の反対があり自自公連立与党で合意できなかったため、自由党が連立を離れた一年半後に立法化されたというものであった。

3　テロ対策特措法

二〇〇一年四月首相の座についた小泉純一郎は、就任後五カ月で米国同時多発テロという大きな試練に直面した。小泉内閣は迅速に情報収集や周辺地域支援など支援策の方針を出し、それを一カ月以内に「テロ対策特別措置法案」にまとめ上げ、三週間ほどで成立させた。どうして、これほど早く立法化が可能だったのだろうか。法案作成作業と、与党内調整、国会審議という三段階の政治過程を分析し、その謎を解明してみる。(60)

(1)　内閣官房主導の法案作成作業

二〇〇一年九月一一日の同時多発テロを小泉首相は、いち早く「国の安全に関わる重大緊急事態」と位置づけ、その対応を内閣官房の所掌とした。これは一九九〇年八月に海部政権が経験した湾岸危機からの教訓に負うところが大きい。当時の海部俊樹首相はこれを緊急事態として位置付けなかったため、緊急時に省庁間を調整する目的で内閣官房に設置された「内閣安全保障室」を活用できなかった。その結果、外務省を通じた通常の外交問題として扱われ、何事にも決定に時間がかかり対応が遅れた。(61)この苦い経験を経て、政府が速やかな決断と実行に迫られるような出来事に遭遇したとき、それを内閣官房が主導すべきだという認識が政権内の多くの関係者に共有されていた。

一方そのころ、外務省は田中真紀子外務大臣と官僚との対立で、その機能を十分に発揮できていなかった。そのうえ、田中外相は事件直後に米国国務省の緊急避難先を記者団に漏らす一方で、パキスタン訪問を女性だから危険だと断るなど、外相としての資質を疑問視される振る舞いを少なからず示した。その結果、田中外相は政策決定への関与が制限されるようになり、対応における首相と内閣官房主導が強まることになった。

内閣官房では、古川貞二郎官房副長官が緊急な対応を検討するために、防衛庁出身の大森敬治、外務省出身の浦部和好という二人の副長官補に、外務省から谷内正太郎総合外交政策局長と藤崎一郎北米局長、防衛庁から佐藤謙事務次官と首藤新悟防衛局長、それに内閣法制局からも秋山收次長を加えた勉強会を発足させた[62]。政策過程で法案を審査する役割を分担する内閣法制局次長をこの会に含めたのはスピードを最優先したからに他ならない。「何しろ迅速に決定する必要があった。何かを決めてから法制局に諮ったのでは間に合わない。そのため法制局次長に初めから議論に加わってもらった」と、古川前副長官は力を込めて語ってくれた[63]。

この勉強会で決められた方針に従って、古川はすでに内閣官房に設けられていた「有事法制検討チーム」に、具体的な日本政府の対応を検討するよう指示する。就任後初めて行った五月の所信表明演説で、小泉首相は有事法制の「検討を進めていく」と明言していた。それを受けて内閣官房に防衛、外務、警察など関係省庁から出向してきた課長補佐クラスからなる検討チームが発足していたのだった。有事法制チームは、首相官邸向かいにある内閣府庁舎脇のプレハブ建築物で活動していたが、そこがテロ対策新法を生む場所ともなった。

小泉首相の就任に先立つ二〇〇一年一月に内閣官房の機構が改組されたことも、この検討チームの作業に大きく影響することになる。中央省庁再編の一環として、横断的包括的な立場から判断を下さなければならない内閣の補助機構でありながら、他の省庁と同じように機構が縦割りで業務にも支障が出ていると批判されていた内閣官房の構造的な弊害を取り除くための機構改革であった。それまで大蔵官僚を室長とし国内政策を扱う「内政審議室」、外務官僚を室長とし外交問題を扱う「外政審議室」、防衛官僚を室長とし危機対策と安全保障問題を扱う「安全保障危機管理室（通称、安危室）」の三つの政策室が内閣官房にあったが、それらが廃止された。そして、それぞれの室長の代わりに三人の副長官補が置かれ、そのスタッフは「副長官補室」として統合された[64]。

外政審議室が実質的に廃止になった一方、制度上廃止されたはずの安危室は内閣府ビルの別館一階に独立して存続していた。この事務室は通称「旧安危室」と呼ばれ、防衛庁出身の大森副長官補が室長的な役割をしていた。テロ対策検討チームはこの旧安危室の下に設けられたのである。必然的に、外務官僚はチーム内で補助的な役割にまわった[65]。田中外相と外交官僚との軋轢や機密費や一連の不祥事によって外務省の地位が低下していたことが、結果的に外政審議室と安危室の間で頻繁に見られた安全保障政策における主導権争いをなくし、旧安危室主導の作業を円滑にした。古川官房副長官は「法案作成について大森副長官補が中心になったが、各省庁との調整作業を含め大森氏は実によくやってくれた」と著者に明かしてくれた[66]。その成果が九月一九日の「七項目の措置」であった。こうした諸政策を練り上げる中心となったのが、前述の「古川勉強会」である。「官房主導でなければこれほど迅速にできなかったろう。自画自賛になるが、この会の大きな成果だといえる」と古川は誇らしげに語った[67]。

この勉強会に対して旧安危室のチームが事務局的な役割を果たすことで、テロ対策特措法案の作成の中心的な存在になった。すでに、有事法制の検討という実務作業に携わっていたことで、すぐに同法案の作成に取り掛かることができた。また、内閣官房主導で各省幹部を巻き込んだ政策決定過程だったので、各省庁との政策調整を別途する必要がなかったことは、迅速化に大いに役立った。このチームは、テロ対策特措法が立法化されると元の有事法制作成の作業に戻った。安全保障政策ではPKO協力法案で内閣官房主導の法案政策が初めて導入されたが、この事例によって各省庁との調整が必要な重要な安全保障政策において、官邸主導のパターンを定着させたといえるだろう。

(2) 党内根回しの軽視

テロ対策特措法案の与党内調整で、小泉首相が真っ先に説明に赴いたのは連立政権のパートナーである公明党と保守党の党首に対してであった。党首会談直後には、与党には説明する機会のないまま、記者会見で公表している。外務省に対して強い影響力を誇っていた鈴木宗男衆議院議員は「自民党の了解を得ていないのはおかしい」と外務省に抗議したが、テロ対策がすべてに優先する雰囲気のなか、抗議は無視された[68]。

九月二五日の小泉首相訪米に際しては、ブッシュ大統領に貢献策を約束するが、野党や自民党内の一部には、国内での了解も得ないで先に国際公約したことに対して批判の声も上がった。しかし、世論の支持がそういった批判をかき消した。九月二一、二二日に行われた日本経済新聞社の世論調査によると、七〇パーセントの国民が米軍への支援を支持していたし、小泉内閣支持率は七月の六九パーセントから七九パーセントに上昇していた。小泉首相に対する高い世論の支持が、迅速な政策実行を可能にしたのである[69]。

高い内閣支持率は、変則的な政策過程をも可能にした。米国に対する支援策を実行するためには立法化が必要となる。実際に戦闘が終わった後に立法化しても仕方がないという思いから、小泉首相が重視したのは迅速性である。通常の政策は、まず自民党内の政調部会、そして総務会の承認を経て、連立与党の合意後に閣議決定、そして国会提出、国会における野党との法案審議後に立法化という手順を踏む。もし、それぞれのステップで対立が起これば、政策実行が遅れる可能性がある。そこで、政策過程を迅速にするため、小泉首相は通常の政策過程を無視して、逆の手順を踏んだ。自民党の部会に諮る前に公明党・保守党と協議し、法案の骨子について先に連立与党間で合意したのである。こういった異例の政策過程を小泉首相が選んだのには、個々の自民党議員が圧倒的な支持率を誇る首相を敵に回す形で、特に緊急を必要とする安全保障問題に関する連立与党の合意案を覆すことは困難なはずだ、という計算があったのに違いない。そもそも小泉首相は自民党総裁選で地方支部の圧倒的支持を得て選ばれたのであって、党内に強い勢力基盤を持っていたわけではない。ある内閣官房の官僚は、「党内の根回しが得意とは思えない小泉首相にとって、このやり方が性にあっていた」と内情を語ってくれた(70)。

小泉首相は現行の憲法解釈の枠内での法案作成をいち早く公言したが、それは連立与党対策でもあった。平和憲法擁護の立場をとってきた公明党の顔を立てることで与党内の合意を迅速化したわけである。九月二五日、連立与党三党は、難民救済のための人道的支援とインド洋での米軍支援を法案の骨子とすることで合意した。与党合意の翌日に行ったのは野党首脳に対する説明であり、自民党に初めて説明されたのはさらにその翌日、それも総務会の席であった。本来ならばいち早く説明される政務調査会の関連部会に対する説明は、九月二八日の内閣・国防・外交部会の合同会議で初めて行われ、一番後に回される形になった。

テロ対策特措法は三部会の管轄にまたがる重要な問題であり、それぞれの部会に諮られなければならないのだが、このときは時間節約のため合同会議が開かれた。結果的に、このことが強力な族議員の影響力を制限することになった。外交部会の実力者だった鈴木宗男議員は、「自民党内の手続きより、野党との折衝を先にするのか」と「部会軽視」の不満をあらわにする(71)。他方、国防部会の若手議員は国会の事前承認を義務付けるよう要求した。しかし、本来なら各部会で重視されるこういった意見は、三部会が合同で開かれたため、多数意見にはならなかった。

内閣官房の検討チームがテロ対策特措法案の細部を固めると、小泉首相が最初に協議を進めたのも連立与党首脳に対してであった。一〇月一日に与党三党の幹事長と政調会長は法案を基本的に了承、それぞれの党内の意見をまとめることで同意する。翌日、大森副長官補が自民党三部会の合同会議で法案の細部を説明した。これに対して国会の事前承認を要求してきた国防部会は、事前承認抜きの法案を了承すると同時に、事前承認を求める決議案を採択するという異例の対応を行った。政策過程を妨害する責任を回避しつつ、政府に対する不満を表したわけである。

法案は一〇月四日に自民党総務会で了承され、その翌日に内閣決定、そして国会提出と迅速に処理された。従来なら真っ先に説明が行われるべき、自民党の政調部会を後回しにし、連立パートナーからの合意を先に取り付けるやり方で、小泉内閣は迅速な法案の承認作業を可能にしたのである。

（3）迅速な国会審議

テロ対策特措法が国会に提出されたが、興味深いことにこの法案を担当したのはこれまで安全保障関係の法案を扱ってきた外務省ではなかった。官僚が答弁を行うことを許した政府委員制度は一九九九年に廃止され、官僚ではなく担当大臣か副大臣が国会答弁を行わなければならなくなったが、問題の多い田中真紀子外相では国会で野党の批判をかわしきれないと考えられた。そのため同法案は内閣官房の所管とされ、国会答弁の担当大臣は福田康夫官房長官となった。

法案が国会に提出されると、野党は批判を開始する。社会民主党は米国の行動は報復であり、自衛隊の海外派兵は軍事化につながると非難した。保守派サイドからは、小沢一郎自由党党首が、自衛隊派遣には湾岸戦争時のように国連決議案による武力行使の承認が必要であるという立場をとり、集団的自衛権と憲法解釈変更の議論を避けた小泉首相のやり方は「一時しのぎで中途半端」だと批判した。

野党の批判のなか、与党単独採決を避けるために、小泉政権は協力を求める相手として最大野党である民主党に的を絞った。民主党内部には、テロ対策や改革などでの小泉路線の支持者が多くいたし、民主党は九月二七日に可決されたテロ事件を非難する国会決議に唯一賛成した野党でもある。一〇月一一日に開かれた衆議院国際テロ防止・協力支援活動特別委員会で、小泉首相が野党を含めた幅広い支持を国際社会に示したいと発言すると、それに呼応するように鳩山由紀夫民主党党首は国会の事前承認と武器弾薬輸送禁止という条件を提示する。二日後にはいち早く、自衛隊による武器弾薬輸送は海上輸送に限るとする妥協案が与党・民主党間でまとまった。

特措法は民主党との協力関係が維持されたまま可決されるかに思われたが、国会の事前承認に関して、与党内の公明党が強い反対に回ることで、事態は急展開する。民主党との提携がこれ以上深まれば、小泉首相が公明党を捨て、連立政権のパートナーとして民主党と提携する可能性がある、と公明党幹部は恐れたのである。この時点で与党三党を分裂させて法案採決を遅らせることを嫌った小泉政権は、一〇月一五日、与党三党の間で国会の事前承認抜きの最終修正案を決定し、その結果、小泉・鳩山党首会談は決裂した。

したがって、国会の採決は与党単独で行われることになったが、そこには国民の反発は小さいという小泉首相の計算があったのだろう。そのとおり、翌一六日付の朝日新聞に掲載された世論調査によれば、五一パーセントの国民がテロ対策特措法に賛成、反対はわずか二九パーセントという結果だった(72)。与党単独採決の方針が決まると、国会運営は順調に進んだ。一〇月一六日修正法案が衆院特別委員会で可決、二日後には衆院本会議を通過、一〇月二九日には参院本会議で可決され立法化された。

小泉内閣の高い支持率が背景にあり、テロ対策特措法において政府内、与党内、政府内および国会での特異な決定過程を可能にした。具体的にいえば、官邸主導の法案作成と自民党内根回しの軽視、迅速な国会審議によって迅速な立法化が行われたというのが、政治過程モデルで明らかになった。

4　イラク特措法

二〇〇三年三月一九日、イラク周辺に配備されていた米軍がついにイラクへの攻撃を開始した。日本でも米国のイラク攻撃の正当性に疑問を持つ国民は多く、米国のイラク攻撃を支持すべきかどうか、国論を二分する問題となっていた。ジョージ・W・ブッシュ大統領による武力行使決断の発表後、小泉政権は速やかに支持を表明し、日米同盟の堅持を図った。

五月二日にブッシュ大統領がイラク戦争の戦闘終結宣言を行うと、これを受けて日本政府は、イラク復興支援の具体策を本格的に検討することになった。新法整備の方針発表が五月後半で、その二週間後には閣議決定されるという迅速な対応がとられたが、どうしてそれが可能だったのかを政治過程分析によって明らかにする(73)。

(1) 内閣官房主導パターンの踏襲

テロ対策特措法同様、イラク復興・人道支援に関する新法についても、内閣官房の旧安危室を担当する大森副長官補が中心となって法案準備が進められることになった。内閣府ビルの脇に立てられた三階建てのプレハブ建物、通称「有事法制室」に、法案作成スタッフが外務省と防衛庁を中心に十数人集められていた。イラク復興問題は事前から予想されていた問題であり、攻撃開始以前からも旧安危室や外務省、防衛庁でも半年以上も前から非公式に検討が進められていた。

外務省の対応体制は総合外交政策局の安全保障政策課が中心となり、内閣官房との窓口を務める。このほかには、同局の国連政策課が国連の決議関係と国連代表部を通した諸外国への働きかけを担当し、条約局法規課が蓄積した法的なノウハウを活かし法的側面を補佐するという体制だった。イラク新法については、日米同盟ではなく、国際協調という枠組みで対応することになったため、北米局の日米安全保障条約課が前面に出て参画することはなかった。

防衛庁では、長官を本部長とする「イラク関連事案等緊急対策本部」が、イラク攻撃が開始された三月二〇日に設置された。同日の同会議では、閣議決定を受けて石破茂長官から、情報収集態勢、艦艇・航空機による警備態勢の強化などの指示が行われた。イラク新法法案作成に向けての体制としては、防衛局の防衛政策課と、陸海空の各幕僚監部の防衛課が中心的に対応した。

(2) 対立勢力が一矢報いた与党内調整

法案作成の事務作業を内閣官房で進め、自民党内よりも与党三党の合意を進めるという政策過程のパターンは、イラク特措法の過程でも踏襲されることになった。そのために自民・公明・保守の三党が作ったのが、「与党イラク・北朝鮮連絡協議会」である。与党各党とも、小泉首相による米国のイラク攻撃支持に対して賛意を示す公式発表はしていたものの、与党内では必ずしも賛成しない党員や、イラク復興に対して自衛隊を派遣することに消極的な者は少なくなかった。中東の安定は日本にとって重要だといっても、身近にそれを感じられる国民も少ない。例えば二〇〇三年一月の内閣府による防衛問題に関する世論調査では七四・四パーセントの国民が「朝鮮半島」に関心を持っているのに対して、「中東情勢」への関心はイラク情勢の影響で高まったものの（二〇〇〇年の前回調査では一四・八パーセント）三三・九パーセントにとどまっている(74)。

三月一〇日の政府与党連絡会議で、麻生太郎自民党政調会長は「大量破壊兵器の開発阻止」という共通の目的を持って、イラクと北朝鮮の情勢を切り離さず協議していく与党体制を作ることを提案した。この提案にとびついた山崎拓自民党幹事長は同日、党役員会で承認を得た後、与党三幹事長で話し合い、同協議会の設置を決めた。北朝鮮問題なら国民の大部分は身近に脅威を感じているし、北朝鮮問題で協力を得るために、イラク問題で日米同盟関係を強化する必要があるという議論は現実論者の多い与党内をまとめるのに役立つ。二日後には、初会合が国会内で開かれ、イラク戦後の復興支援新法をにらんだ与党側の受け皿が作られた。

六月四日に、内閣官房の法案作成チームは、(1)一連の国連決議を法的根拠とする、(2)活動地域を非戦闘地域に限定する、(3)早期成立のため武器使用基準は見直さない、というイラク新法の骨格を固めた。これを受けて、政府・与党はイラクへの自衛隊派遣の道を開く新法を国会に提出する方向で調整に入った。有事関連法が成立した翌日の六月七日に、小泉首相は福田官房長官とともに与党三党幹事長と会談し、イラク新法を国会会期中に提出する意向を正式に伝えた。この会談では、前記三点の新法骨格が確認されたことに加えて、四年間の時限立法とすること、一一月で期限が切れるテロ対策特措法を二年間延長する法案を併せて提出することが合意された。同時に、わずか六日後の六月一三日に閣議いってよいだろう。

決定を目指した協力を要請したというから、内閣官房を中心に法案準備が着々と進められていたこと、その用意周到ぶりがうかがえる。それまでに与党の関係者に根回しが行われていたとしても、かなり強引な官邸主導の政策プロセスといってよいだろう。

六月九日の政府与党連絡会議で、小泉首相は与党三党幹事長に、「国連決議に基づき、イラク復興支援に関して国力・国情にふさわしい貢献を行ないたい。今国会に法案を提出して成立させたいので与党側のご協力をお願いしたい」と要請する。(75) 同日、内閣官房から与党側に「イラクにおける人道復興支援活動等の実施に関する特別措置法案（イラク特措法案）」の説明があった。今回も初めに説明があったのは自民党の政調部会ではなく、与党三党の代表者が参加する与党イラク・北朝鮮問題連絡協議会と緊急テロ対策本部の合同会議であった。内閣官房を代表して、安全保障担当の大森官房副長官補は、自衛隊と文民を派遣し、その活動として(1)イラク国民に対する人道・復興支援活動、(2)イラク国内の治安維持活動に従事する米英などに医療・輸送・補給業務を行う安全確保支援活動、(3)フセイン政権が残したとみられる大量破壊兵器等処理支援活動を提示すると同時に、前記の幹事長協議で確認された要点が説明された。与党三党はイラク特措法案を了承し、それぞれ一三日の閣議決定を目指して党内手続きに入った。

与党会議の翌日には、大森官房副長官補から自民党の内閣・国防・外交の政調会三部会の合同会議に、イラク特措法の説明があった。大森からの説明で自衛隊の活動地域を「非戦闘地域」とした点について、河野太郎議員が「戦闘は終結したといわれるが手榴弾などで米兵が死んでいる。（非戦闘地域という）地域はあるのか」と疑問を呈した。これに対し大森副長官補は「報告ではバグダッド以南は治安が回復している。出すとなれば、十分な調査をし、米軍とも調整する」と答えた。(76) このほかにも「安全ならば自衛隊を出さなくて良い。危険ならば武器使用基準を緩和すべきだ」と、基準緩和を見送った政府案に批判などが相次ぎ、法案の手続きは翌日の会合に持ち越された。

部会の合同会議の後、イラク特措法への意見聴取のために開かれた総務懇談会では、小泉首相や山崎幹事長ら自民党執行部への不満が噴出した。特に強い不満を訴えたのは、反小泉勢力と目されていた橋本派の幹部である。同派の野呂田芳成元防衛庁長官は極端な官邸主導の手続きを「一三日の閣議決定など無理な話だ」と非難した。また、野中広務元幹事長も「戦闘地域と非戦闘地域の線をどこで引くのか」と批判した(77)。

翌日に引き続き開かれた内閣・国防外交合同部会では，質問の相次いだ「非戦闘地域」の問題で，内閣官房側は新しい回答を用意した。それは「戦闘・非戦闘に色分けするのではなく，現地の調査や情勢を踏まえて（基本計画で）地域を決める」と説明し，イラク特措法案で非戦闘地域を特定するのではなく，具体的な派遣地域を「基本計画」作成時に絞り込むという方針である。これを受けて，合同部会側は翌日の部会での了承に向けて，意見集約に動いた。三日連続となった合同部会は一二日午前中に会議を開き，政府案に対して不満を示しながらも，「国際的基準に合致した武器使用権限の規定を含む恒久的な法制の早期整備」という決議をまとめ，条件付きで了承した。合同部会の決議にはこのほか，(1)現地調査など周到な準備，(2)自民党との十分な事前協議・調整，(3)自衛隊活動に関する分かりやすい言葉での国民への説明責任，といった条件も加えられた(78)。

合同部会の了承後，イラク特措法案をめぐる自民党内の調整は同日午後の臨時総会に持ち込まれた。そこでの議論は，三カ月後に自民党総裁選を控えて，米国との強固な関係を再選の武器としたい小泉首相・山崎幹事長と，それを牽制したい反小泉勢力との対決の前哨戦のような様相を呈した。反小泉勢力の先鋒と見られた橋本派の野中元幹事長は，「先に自衛隊派遣ありきという法案を出すのは不見識だ。人道復興支援は民間でもできる」と持論を展開し，「会期のどさくさにまぎれてこんな法律を出していいのか」と執行部の手続きに痛烈な批判を浴びせた。同派の野呂田元防衛庁長官も，イラクで大量破壊兵器が発見されていない状況下で「大量破壊兵器の処理業務を法律に明記するのは，明らかに行き過ぎだ」と政府案を批判した(79)。批判が相次いだため総務会における意見集約は見送られることになり，政府としては急遽，閣議決定を予定していた一三日当日の午後に開かれる総務会で了承を取り付ける方針をとらざるを得なくなった。この日には，公明党も保守新党も党内の了承プロセスをすませており，党内調整が終わっていないのは，首相のお膝元の自民党だけとなった。

紛糾する総務会の了承を取り付けるには，妥協が必要となった。報道によると，大量破壊兵器の処理業務に強く反対していた野呂田議員と同じ橋本派に属する久間章生自民党政調会長代理が，この項目を削除すれば了承は得られるという感触を麻生政調会長に伝えた。麻生会長は内閣官房の大森官房副長官補に「大量破壊兵器処理の削除なしにはとても総務会を通すことはできない」と訴えた。しかし、大森の上司の福田官房長官から麻生会長へ返ってきた答えは、「ノー」だった。福田長官が提案した妥協案は、法案ではなく基本計画から大量破壊兵器処理を削除するという方向で、「山崎幹事長と相談してほしい」というものだった。

ところが、野呂田、野中両議員は「条項の削除は譲れない」と主張した。そのため、最後は麻生政調会長と堀内光雄総務会長が山崎幹事長を説得する形で、大量破壊兵器処理条項が削除されることがぎりぎりで決まり、ようやく一三日午後の総務会でイラク特措法案が了承されることになった(80)。総務会という党内調整の最後の関門をくぐると直ちに、小泉内閣はイラク特措法案を閣議決定し、国会に提出した。難航はしたものの、日程的には予定通りの進行となった。

(3) 与野党が対立した国会審議

イラク特措法案の国会提出三日後の六月一六日、小泉首相は与党三党党首会談を開き、一八日に会期切れとなる通常国会の会期を七月二八日まで四〇日間延長する方針を公式に決定した。この延長合意を受けて、与党三党の幹事長が衆参両院議長に延長を申し入れた。しかし、積み残し法案処理のためではなく、会期末に提出した重要法案のための延長は、決められた会期内で法案を処理するという議会運営の原則に反すると、野党四党は一致して反対した。その結果、与党三党は会期延長を強行採決することになった。

最初から強行採決という波乱の幕開けで、イラク特措法案の審議が始まった。しかし強行採決という強権を行使したにもかかわらず、その直後の日本経済新聞の世論調査によると、小泉内閣の支持率は四九パーセントと堅調で、不支持率の三八パーセントを上回った。イラク開戦直後に比べ、支持率は七パーセント高く、不支持率は三パーセント低くなっている。イラク特措法案をめぐっては賛成が四三パーセントと、反対の四一パーセントをわずかに上回った(81)。小泉政権としては、強気の国会運営に臨める環境だったといえる。

六月二四日に衆議院本会議でイラク特措法案に関する趣旨説明と質疑が始まり、審議入りした。七月二八日の閉会までに成立させるには、七月上旬までに衆議院通過を目指したいというのが、政府側の思惑だった。二週間ほどの短期間でまとめるには、政府としては直ちに最大野党の民主党と修正協議に入りたい。できれば有事関連法案のときのように、民主党と修正で合意に達し、圧倒的大多数で法案を通し、国会の総意に近い形で自衛隊を派遣したい、という考えであった。

民主党との修正合意をにらんで、イラク特措法案には、譲歩のためのいくつかの「削りしろ」が設けられていたという。第一に、自衛隊派遣の基本計画の国会承認は、法案では事後承認となっているが、修正協議によって「事前」に変更する余地が考えられた。テロ対策特措法案のときも、自衛隊派遣に関して国会の事後承認を事前に変更するよう民主党が要求した経緯がある。第二には、イラク支援法案は四年の時限立法となっているが、それを二年に短縮する。政府側も四年という時限期間に根拠はないと明言しており、柔軟姿勢を明らかにしていた。第三に、陸上自衛隊による武器弾薬の輸送業務を除外する。テロ対策特措法では禁止されている武器弾薬の陸上輸送がイラク特措法案に盛り込まれたのは、民主党との修正協議を強く意識したという見方が強い。第四に、イラク戦争の正当性を前提としない。イラク特措法案では、国連決議六七八、六八七、一四四一号に基づいた国連加盟国による対イラク武力行使に引き続く事態のため、国連が加盟国に要請した一四八三号に基づいて自衛隊を派遣するという、イラク戦争から復興までの一連のプロセスが国連の枠組み内で行われているという論理構成になっている。前半部分を削除すればイラク戦争が国連の枠組みで行われたという正当性を認めずにすむ。

これらの点については、自民党内の調整過程においても異論が投げかけられた。しかし、久間政調会長代理が「与党で修正してもいいが、幅を持たせたい」と、野党との協議材料にすることを示唆して収めた経緯がある。こういった交渉の余地を残して、政府側は民主党との早期修正協議を望んだが、民主党は審議を見てから判断するという慎重な姿勢を崩さなかった。

逆に六月一九日の民主党の「ネクストキャビネット」の会合では、自衛隊派遣に否定的な「イラク復興支援のあり方に対する考え方」と題した、イラク問題等プロジェクトチームの報告を了承した。それは六月上旬にイラクに派遣された民主党の調査団の報告に基づいたもので、そこには、(1)自衛隊でなければ果たせない緊急ニーズは特定できない、(2)戦闘区域と非戦闘区域の区別が困難、(3)反米勢力から標的として攻撃される可能性がある、(4)派遣期間の見通しが不透明、などの理由から、民主党が自衛隊派遣には反対する姿勢をうかがわせている(82)。衆議院イラク復興支援・テロ防止特別委員会の中谷元自民党筆頭理事が民主党側と水面下の折衝を展開したが、民主党は修正すべき点を明言せず、協議は物別れに終わった。

審議入りから一週間後に民主党が国会に提出することを決定した修正案は、国連決議六七八、六八七、一四四一号を根拠としない、時限期間を二年に短縮するといった、政府与党側が秋波を送った内容に加えて、自衛隊の派遣を削除するという、与党には受け入れられない条項も入っていた。戦闘地域と非戦闘地域の区別は困難であり、戦闘地域に自衛隊を派遣することは憲法違反になるという理由からの修正案であった。そこには当然、政府案に反対するだけでは復興支援そのものに反対という、「責任政党」としてふさわしくない印象を与え、秋にも行われる総選挙に不利という計算もあった。民主党案を提示した有事関連法案のときと同様、菅直人民主党代表は政権担当能力を示すことにこだわった。復興支援には賛意を示しながら、自衛隊派遣に反対することで総選挙における自民党との対決姿勢を明確にすることができる。他方、自衛隊の派遣はイラク特措法案の基盤であり、政府与党側としては妥協の余地のない要求であり、事実上の修正拒否と受け取った。

民主党が修正案を提出したことで、圧倒的大多数での国会通過は不可能となったが、民主党の審議拒否という最悪の事態は回避できることになった。ところが、テロ対策特措法と同時成立を狙っていた政府与党側にとって、障害は自民党内に存在した。二〇〇四年夏の参議院改選時期に衆参同日選挙を期待する参議院議員勢力が、テロ対策特措法改正法案の分離採決を求めたのである。同法案の採決が秋の臨時国会に先送りされることになれば、日程的に秋の衆議院解散が難しくなり、衆参同日選挙の可能性が高まる。同日選挙では、県会議員などの選挙マシーンによる選挙運動が活発になり、自民党候補が参議院で有利となると考えられている。小泉内閣にとって、イラク特措法案を予定通り会期内に可決するためには参議院側の協力は必要不可欠である。七月二日、山崎自民党幹事長は、青木幹雄自民党参議院幹事長に二法案の採決を分離することを伝えた。その結果七月四日、与党三党などの賛成多数でイラク特措法案が単独で衆議院本会議を通過することになった。

イラク特措法案の参議院での審議でも、野党側は内閣不信任案を提出することで抵抗姿勢を見せた。参議院本会議での採決の前日である七月二五日、民主党の菅代表は内閣不信任案の提案理由説明で、用意してきた原稿をほとんど見ず、三五分間の熱弁をふるった。イラクのどこが非戦闘地域か分かるわけがないという、小泉首相の発言を引用し、小泉政権の無責任さを強調し、イラク特措法案は阻止できなくとも、秋の総選挙に備えての対決姿勢を鮮明に表した。翌二六日、参議院本会議で与党三党の賛成多数で採決され、まだ完全に停戦していない地域に初めて自衛隊を送ることになるイラク特措法が成立した。

米国のイラク攻撃開始後に、日本のイラク支援策について本格的に法案作成作業が始まった。テロ対策特措法と同様、内閣官房に法案作成チームが編成され、官邸主導の作業が展開された。しかし、危険の多い陸上勤務に自衛隊を派遣することには、与党内にも大きな抵抗があったため、作業は非公式に進められた。新法整備について初めて公表されたのは五月後半の小泉首相訪米時で、その二週間後には閣議決定されるという、官邸主導の傾向が強い過程がとられた。

与党内ではいろいろなルートを通じて根回しが行われていたというものの、自民党の国防関連合同部会と総務会では三日続けての協議という異例の対応で、党内の議論をまとめた。自民党総裁選も控えていたため、反小泉勢力は一矢報いるため、大量破壊兵器の処理条項の削除を強く求めた。その結果、自民党執行部は党内世論をまとめるため、同条項を削除することを決めた。そのほかにも、できれば最大野党である民主党の賛成を得ようと、イラク特措法案には国会対策用にいくつかの妥協の余地を残していた。しかし秋の総選挙を前に、自民党との対決の争点を明確にするためにも、民主党は妥協するのではなく、対決姿勢を明確に見せた。そのため、イラク特措法には与党だけで可決せざるを得なくなった。

テロ対策特措法と同様、短期間でイラク特措法が立法化されたのには、ひとつには内閣官房主導の法案作成が再度うまく機能したことがある。しかし、テロ対策特措法の事例とは環境が異なり、内閣支持率が下がっていることから、党内の反対を押し切ることが政治的に難しかった。そこで大量破壊兵器条項を削除するという政治的妥協を行い、自民党の事前審査を乗り切った。国会でも野党の抵抗があったが、与党単独の採決を小泉内閣は決断した。危険の大きい陸上勤務への自衛隊派遣は、内閣の支持率を低下させるものであり、小泉内閣にとって大きな政治リスクを伴う問題であった。しかし、小泉首相はそのリスクをあえて冒し、これらの手法によって短期間に成立させたのである。

第5章　行政府におけるパワーシフト

前章では政治過程モデルを使って、湾岸危機からイラク特措法までの事例を分析した。本章では、政策決定に関係したアクター別の分析を行い、一九九〇年から二〇〇三年までで、どのようにダイナミクスが変化していったかを説明してみる。アクターは大きく分けて、行政府と政党、非政府という、三分野に分類できる。まず最初に、外交と安全保障の行為主体である行政府について分析する。

憲法第七三条は内閣に外交の権限を与えており、それに対する憲法上の制約は少ない。首相が内閣を代表して「外交関係について国会に報告する（第七二条）」ことと、条約の締結に当たって「事前に、時宜によっては事後に、国会の承認を経る（第七三条）」ことだけである。渡辺昭夫が指摘するように「明らかに対外政策については、立法的手続きを必要とすることの多い国内諸施策に比べて、行政部に対してより大幅な自由が法制上認められている」[1]。だから、外交政策の主体は行政府だと言える。ここでは、そのアクターとして、(1)官邸、(2)外務省、(3)防衛庁、(4)その他の省庁を取り上げる。

1　官　邸

第3章の最後に紹介した同心円モデルで描かれているように、対外政策決定の中心に位置するのは首相と官邸である。重要な外交問題には必ず内閣の長である首相の判断が要求される。また、首相は国家を代表して各国の首脳と会談し、毎年恒例の首脳サミットに出席する。こういった会合が国家政策の方向を決めることもある。だから、外相という主務大臣がいるにもかかわらず、外交問題は一般に首相の専権事項と考えられており、与党も政府も首相の権限を尊重する。首相が外交問題に深く関与するため、日本の外務省には「二人の外務大臣」がいると言われてきた。第一外相が首相で、外相はいわば第二外相というわけである。

さらに、首相は首席外交官であると同時に、自衛隊の最高指揮官でもある。自衛隊法第七条は、「内閣総理大臣は、内閣を代表して自衛隊の最高の指揮監督権を有する」と定義し、同七六条で外部から武力攻撃があったときや、同七八条で治安を維持することができなくなったときに自衛隊を出動する権限を首相に与えている。

そのため、歴代の首相は、対外政策や安全保障政策に関する関心と関与の度合いは個々によって異なるとはいえ、外交分野における自らの重責を認識してきた。例えば、吉田茂による平和条約締結、鳩山一郎の日ソ国交回復、岸信介の日米安保条約改正、佐藤栄作の沖縄返還、田中角栄の日中国交回復などの事例では、首相が強い指導力を発揮した。国内利益を犠牲にしてでも、外交問題に対処しなければならない時には、決定を下せるのは首相だけであり、与党も政府もそういった首相のリーダーシップを強く期待するのである。後藤田正晴元官房長官が言うように、「対外関係を頭に置きながら、日本の憲法の枠内で、踏み切るべきところは、政治的な決断によってやる。そうでなければ、この厳しい国際社会では生きていけない。いうまでもなく、こうした政治的な決断をするのは総理大臣」なのである。(2)

戦後長い間、対外政策においては外務省が直接に首相を補佐してきたために、官邸の役割というのは限られていた。しかし、中曽根政権時代に内閣官房が改組され、外政審議室と安全保障室が設置された。これは、一九八三年九月の大韓航空機撃墜事件のときに、「秘書官以外の補佐官もなしで、関係省庁の調整、米ソ韓など国際外交関係、マスコミ対策、国会対策などその処理に全力を費やした」後藤田官房長官が、「内閣中枢に危機管理を司る国家安全保障の機構を設置することの必要性を痛感」し、作ったものである。(3)当初後藤田は、次官相当の官職経験者五人を内政・外政・安全保障・情報・広報担当のいわば、「第二、第三、第四といった具合の官房副長官として任用し、ともすれば国家行政組織法の法定職務分担に従って縦割り行政となりがちで、とかく横の連絡調整を欠く諸省庁の行政に、アメリカ大統領特別補佐官に似た総理補佐官制を導入する」ことを考えていた。(4)つまり、官房長官が中心となり、その補佐官を動かしなから危機に対処していくという体制を築くという構想であった。

しかし、外務省と防衛庁を中心とする官僚組織からの強い反対にあい、それまでにあった内閣官房の補佐スタッフを集めた「内閣審議室」の機能を、内政・外政・安全保障の三室に分けて担当させるという代替案が実行された。それに加えて、総理府広報室の長に「内閣広報官」を兼務させると同時に、情報の総合調整を中心としていた内閣調査室に対して自ら情報を調査するという機能を付与して「内閣情報調査室」に強化した。これによって内閣官房に、内政審議室、外政審議室、安全保障室、広報官室、情報調査室、という「五室制度」が一九八六年七月に誕生したのである。

後藤田の強い意志で設けられた内閣五室制であるが、「陰に陽に」各省庁の抵抗にあう。安全保障室については、防衛問題を扱う防衛庁と、災害対策を扱う国土庁と消防庁、ハイジャック事件などの犯罪行為を扱う警察庁が強く反対姿勢を示した。国会審議においても、安全保障室の任務について質疑が集中した。野党やマスコミは、安全保障室の新設は非常時における「中央集権化の動き」であると批判した。国会で同室の任務を問われたときに、後藤田長官は、それを「重大緊急事態」の対処である、と回答した。そして、「例えば」と前置きして挙げたのが、(1)ハイジャック、(2)ミグ25亡命類似事件、(3)大韓航空機撃墜事件のような特殊国際重大事件、(4)治安問題を伴う大災害、と四つの例だった。しかし、野党や各官庁はこれを例示列挙とはとらえず、限定列挙と捉えた。つまり、それ以外の任務を行うのは許されないと考えたのである。

外政審議室の発足について、外務省は外交一元化の原則から警戒的だった。外務省は外交上の政治・安全保障政策については、内閣官房の助けを借りずに自分たちで総理、官房長官との間で処理しようとした。ただ、経済問題は外務省と各省の所轄にまたがるので、内閣官房が調整するのに適すると考えられ、「その仕事の大部分は、経済摩擦に費やされることになった」と初代室長を務めた国廣道彦は明かす(5)。その結果、外政審議室には、外務省に加えて、通産、大蔵、農水各省と経済企画庁から一人ずつ五人の課長クラスの審議官が、室長の下につき、貿易問題の対処にあたる体制が整えられた。

貿易問題で外政審議室の活躍が目立つようになるのは、内閣五室制設置一年後に生まれた竹下政権下である。竹下登首相も小渕恵三官房長官も外交問題の詳細について口を挟むことはしなかったため、外交問題に積極的に関与したのが官房副長官として官邸入りした小沢一郎であった。小沢は国廣室長とともに、日米貿易摩擦の解消に努め、建設交渉やFSX（次期支援戦闘機）問題、電気通信交渉など数々の難題を克服していった(6)。

一九八九年八月に海部政権で主要な対外問題に日米構造協議が上がってきた時も、官邸が調整で主導権を握ることになった。当初、日本政府は、外務・大蔵・通産省の審議官三人を日本政府の代表とする体制を整えたが、協議の内容がほとんど省庁に関わるものだったため、官邸が乗り出した(7)。石原官房副長官が自民党幹事長となっていた小沢一郎の助けを借りて、大店法や独占禁止法改正で調整し、一九九〇年六月末に日米構造協議はまとまった。

同協議の合意後まもなく起こったのが、事例研究としても扱った湾岸危機である。第4章でも述べたように、海部首相はこれを「重大緊急事態」と認識せず、危機管理を専門とする内閣安全保障室ではなく、外務省が問題の対応にあたることになった。その結果、財政支援などで大蔵省の抵抗にあい、迅速な対応ができず、その後の日本の対処が「遅すぎる」という批判を招いた。人的貢献についても外務省の国連局を中心に「国連平和協力法案」が作られたが、自衛隊員の身分について防衛庁と外務省とで激しい対立が見られ、同法案は十分に練られない状態で国会に提出された。そのため野党から法案の不備な面を追及され、同法案は廃案となった。ただ廃案になる前に、小沢自民党幹事長は公明・民社両党と、国連のPKO活動に限定し自衛隊を派遣するという三党合意を結ぶことに成功した。

一九九一年六月頃、三党合意に基づいて新法案である「PKO協力法案」が作成されることになった。橋本蔵相から新法案は官邸がまとめるべきという助言があり、内閣外政審議室に法案準備室が作られ、内閣官房が安全保障政策の分野で法案作成を主導するようになった。一九九二年六月に宮沢政権で「PKO協力法」が成立したことで、内閣官房主導による初めての法律が生まれ、中曽根政権の官邸強化は安全保障の分野でも一応の結実を見たわけである。

しかし湾岸戦争で首相がリーダーシップを取れず、多額の経済援助をしたにもかかわらず、国際社会から評価されなかったことは日本政府に大きな傷を残した。それ以後も地下鉄サリン事件、阪神大震災などを経て、危機管理や安全保障などで首相がリーダーシップを発揮することが強く期待されるようになった。それを受けて進められた橋本内閣によ

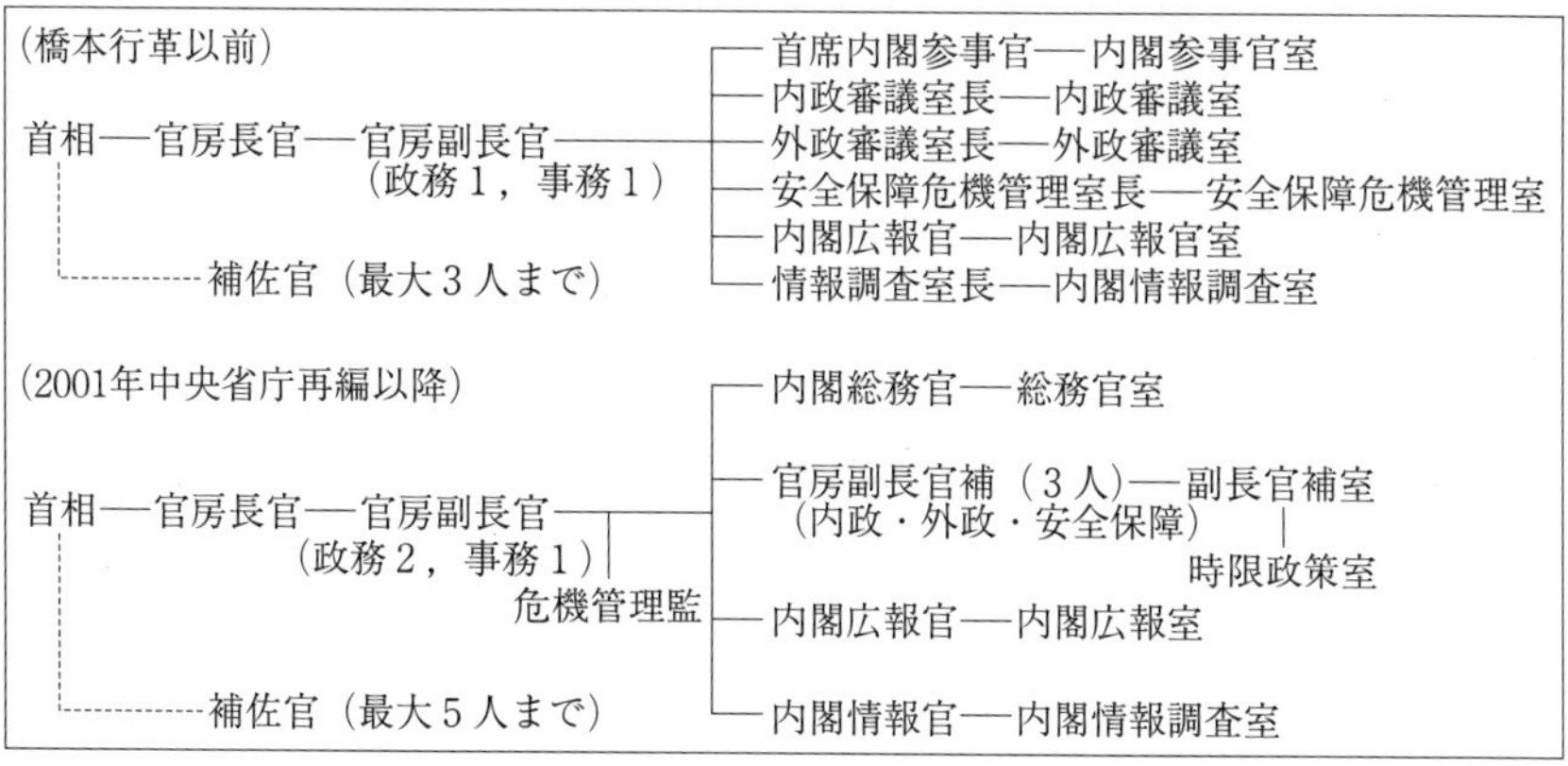

図5-1　内閣官房の組織図

る行政改革のおかげで、二〇〇一年一月の中央政府再編の一環として、内閣機能が制度的に著しく強化された[8]。

内閣官房を強化するため、図5-1のような組織再編が行われた。中曽根政権で生まれた内閣官房の内政審議室、外政審議室、安全保障室（後に安全保障・危機管理室）については、縦割り行政の弊害が内閣官房に持ち込まれているとの批判があり、三つの政策室とそれぞれの室長ポストが廃止され、三人の官房副長官補というポストが新設されることになった。同時に、三人の副長官を支えるスタッフは「官房副長官補室」という部署にまとめられることが決まった。

橋本行革では三政策室の廃止に加えて、内閣官房がより柔軟的に重要政策課題に対応するために、時限を設けた政策室を副長官補室の下に設置することが決められた。二〇〇六年四月時点で、一五の時限政策室が設けられている。

(1)　情報セキュリティ対策推進室
(2)　情報通信技術（ＩＴ）担当室
(3)　行政改革推進事務局
(4)　遺棄化学兵器処理対策室
(5)　都市再生本部事務局
(6)　構造改革特区推進室
(7)　拉致被害者・家族支援室

(8) 知的財産戦略推進事務局
(9) イラク復興支援推進室
(10) 地域再生推進室
(11) 大陸棚調査対策室
(12) 空港・港湾水際危機管理室
(13) 郵政民営化準備室
(14) 地方分権推進室
(15) 司法制度改革推進室

こうした時限政策室が副長官補の下に設けられたため、内閣官房の人員は小渕政権時の一八〇人から四倍近くに膨れ上がり、二〇〇五年度末時点の定員は六六五人とされている。内閣官房のスタッフは数が増えたばかりでなく、質も大きく改善しているようである。官房副長官を長く務めた古川貞二郎は、「内閣官房に重要な政策課題が集中するようになって、各官庁も優秀な人材を送るようになった」と語っている(9)。現に、谷内正太郎副長官補は、外務省に戻り官僚のトップである事務次官に上り詰めた。橋本行革の重要課題である内閣機能強化は、内閣官房スタッフの質と量の向上によって、少なくとも補佐機構の充実という点ではうまく展開している。

橋本行革では組織改革に加えて、首相と内閣官房の政策主導能力を高めるための制度改革も行われた。閣僚が全員顔をそろえる閣議は、日本政府の最高の意思決定機関である。首相は内閣法で閣議の主宰者とされていたが、その役割は明確ではなかった。旧内閣法第四条の「閣議請議権」によって、首相や閣僚には政策を主導する「発議権」は認められていたものの、この請議権が行使されることはめったになかった。そのため橋本政権下の行革会議に有識者として呼ばれた石原信雄元官房副長官は、予算編成や外交・防衛問題など重要な政策方針について、首相のリーダーシップが発揮しやすいように発議権を明確化すべきだと意見を述べた。石原をはじめ有識者の意見が反映された結果、一九九九年七月に改正された内閣法第四条で首相は、「内閣の重要政策に関する基本的な方針その他の案件を発議することができる」と、首相の発議権が明確化された。

首相の政策主導をさらに強化するために、その補佐機構である内閣官房の権限も強化された。旧内閣法第一二条に定められた内閣官房の政策執行における権限は、「閣議に係る重要事項」と「行政各部の施策に関するその統一保持上必要な」場合の総合調整しかなかった。つまり、閣議に諮る重要事項に関する政策以外には、複数の省庁が調整を求めてきた場合のみに限定された「消極的調整」の権限しかなかったわけである。もちろん、省庁側はできるだけ、内閣官房の干渉を避け自分たちの省で問題を処理しようと努めた。

改正された現在の内閣法の第一二条では、内閣官房に「内閣の重要政策」に関する「企画及び立案並びに総合調整」の権限が明確に与えられている。これに加えて、二〇〇〇年五月三〇日に閣議決定された「政策調整システムの運用指針」では、内閣官房の役割として政府全体の政策方針を示すと同時に、「戦略的かつ主導的に」政策調整を行う権限が付与された。さらに、内閣官房が内閣の下で「最高かつ最終」の調整機関であると定義された。これによって、内閣官房の存在が政策調整のうえで各省庁よりも上位の存在であることが明確化された。この閣議決定と内閣法の改正によって、首相のリーダーシップの下、内閣官房は政策を主導し、積極的に調整する権限が明確に与えられたのである。

橋本行革前には、内閣官房が積極的な政策主導を行うことが少なかったことは、二〇〇〇年までその所管の法律が内閣法と安全保障会議設置法の二つしかなかったことからも明らかである。どちらも、内閣の制度に関するもので、政策主体のものではない。ところが二〇〇〇年一二月のＩＴ基本法以降、この二法に加えて、内閣主導で作成され、その所管に置かれている法律が国内政策分野で一〇、安全保障分野で六も生まれている（二〇〇六年四月現在）。

国内政策
ＩＴ基本法（二〇〇〇年一二月施行）
特殊法人改革基本法（二〇〇一年六月二一日）

都市再生特別措置法（二〇〇二年四月六日）
知的財産基本法（二〇〇二年一二月四日）
構造改革特別区域法（二〇〇二年一二月一一日）
地域再生法（二〇〇五年四月一日）
e-文書法（二〇〇五年四月一日）
e-文書関連法改正法（二〇〇五年四月一日）
コンテンツ基本法（二〇〇四年）
拉致被害者支援法（二〇〇二年）

安全保障

テロ対策特別措置法（二〇〇一年一一月二日施行）
武力攻撃事態法（二〇〇三年六月一三日）
イラク特別措置法（二〇〇三年八月一日）
国民保護法（二〇〇四年六月一八日）
米軍行動円滑化法（二〇〇四年六月一八日）
特定公共施設利用法（二〇〇四年六月一八日）

本書の事例では、このなかのテロ対策特措法とイラク特措法が内閣官房主導で法案作成が行われたことを説明した。それが可能になったのは、以上述べてきた内閣官房の改変と権限強化という二〇〇一年の内閣強化策によるところが大きい。これらに加えて二〇〇三年の有事関連法と、小泉政権下で日本の安全保障の法的枠組みが整備されてきたが、これらはすべて自衛隊の活動を規定するものなので、防衛庁、とくに現場を知る制服組の政策決定における関与が必要になる。有事関連法は海上保安庁を監督する旧運輸省や、中央政府と地方自治体との関係を規定するため旧自治省なども関連してくる。外務省ではなく、内閣官房が主導で政策を作成する必要があったのである。ある外務省政策担当者は、官邸主導の安全保障政策過程について、こう語る。「これまで日本は、外交を安全保障と切り離して考える、いわばユートピアのような国であった。それが、同時多発テロ事件を契機に、外交と安全保障を一緒にして真剣に考えるようになった。それには、外務省や防衛庁単独ではなく、内閣官房が主導をとるのがふさわしい(10)」。

それに加え、テロ対策特措法とイラク復興支援特措法の場合、すべてが終わった後で自衛隊を派遣してもしかたがないという考えから、迅速性が要求された。これらの法律の政策決定においては、内閣官房の主導がうまく作用し、異例の速さで政策が決定された。事例研究でも述べたようにテロ対策特措法については政策立案から成立まで二カ月以内という、重要な安全保障法としてはそれまでには考えられない迅速性である。また、イラク復興支援特措法については法案作成の準備段階がその前にあったとしても、政府・与党内の了承にわずか一週間、引き続き国会審議で六週間と、二カ月弱の短期間に成立させている。内閣官房が主導でなければ達成不可能だったといえる。

2　外務省

戦後長い間、外交・安全保障問題で政策作成の中心となってきたのは外務省である。それぞれの地域担当局が外交交渉を展開する一方、法案作成の中核を担っていたのが条約局である。同局は憲法や条約の解釈に精通していたため、安全保障政策でも防衛庁を差し置いて中心的な役割を果たした。ところが、第4章で見たように一九九一年の湾岸危機で、人的貢献策をまとめるよう指示された外務省は、国連局と条約局を中心に「国連平和協力法案」を作成したが、外務省内部や首相官邸、防衛庁、小沢一郎幹事長を中心とする自民党幹部らの意見対立が原因により法案作成に手間取った。しかも、国会答弁で政府側答弁に混乱があったことが原因で、廃案になった。そのため、ＰＫＯ協力法案については、内閣外政審議室が中心になって作成作業を担当することになった。

この一連の条約局の働きについて、外務省に詳しいジャーナリストの薬師寺克行は、「条約局は条約の解釈や説明を得意とする、基本的に静的な部署であり、守りの部署である。したがって、状況の変化に合わせて積極的に新しい政策を企画立案し、実現に向けて霞が関や永田町を走り回る能動的な部署ではない。そんなことは苦手なのである」と分析し、「そもそも、これほどの大きな状況の変化に対応するだけの力量が外務省にはなかった」と評価する。(11)

外務省を中心にした湾岸戦争の対応は、大きな失態だと評価された。その反省から、外務省は機構改革を行い、「総合外交政策局」を一九九三年八月に発足させた。将来の次官候補を局長に起用し、その名のとおり総合的な外交政策を企画立案する局として、他の局より一段上という位置づけで、省内の総合調整を行うというのが本来の意図であった。ところが、省内の調整に加え、関係省庁との調整もあり、日常のルーティンの作業が膨大になり、最初に考えられていた総合的な外交政策や戦略の構築が困難になった。例えば、第二の事例として扱ったガイドライン関連法の場合、日米の同盟関係の根幹に関わる問題として、北米局が中心となり、総合外交政策局が交渉や法案作成を主導することはなかった。

さらに二〇〇一年九月の米国同時多発テロが起こった時には、外務省には度重なる不祥事が明らかにされていた。同年の年初から外交機密費の流用問題がマスコミをにぎわし、三月には松尾克俊元要人外国訪問支援室長が機密費搾取で逮捕されたのを序の口に、金銭スキャンダルによる外務官僚の逮捕者は四人を数えた。外務省は一部職員の不祥事という姿勢で対応しようとした。しかし、後に同省の多くの部署が「プール金」という、経費の水増しによりプールした裏金を貯めるという慣行を行っていたことが発覚し、一部の不祥事ではなく、外務省の体質に対する問題が指摘されるようになった。

これらの不祥事のさなか、第一次小泉内閣で外相に就いたのは、田中真紀子であった。田中外相は外務省を「伏魔殿」と呼び、多くの外務官僚を敵に回し、攻撃的な発言をマスコミ注視のなかで繰り広げた。外相と外務官僚との対立は、組織改革や人事などの日常の作業と、外交政策決定を滞らせた。その一方で、リチャード・アーミテージ米国国務副長官との会見キャンセルや、テロ事件直後における米国務省の緊急避難先情報の記者団への漏洩、女性だから危険だという理由でのパキスタン訪問拒否など、外相としての田中の資質が疑問視される事件がたびたび起こった。田中外相のもと、外務省は「機能不全」に陥ったと言ってよいだろう。

さらに輪をかけるように湧き出したのが、鈴木宗男議員と外務省との特殊な関係である。鈴木議員は自民党外交部会の実力者で、自分の選挙区に関係の強い北方領土問題や政府開発援助（ＯＤＡ）に深く関与するようになっていた。さらに外務政務次官、北海道・沖縄開発庁長官、内閣官房副長官というポストを歴任することで、外務省に対して多大な影響力を持っていた。その関係が、日本で開かれたアフガニスタン復興支援国際会議へのＮＧＯ団体の出席を鈴木議員が妨害したと言われる事件が契機となって、マスコミに浮き彫りにされた。この問題は、鈴木議員の関与を強く主張する田中外相と、それを否定する鈴木議員の対立の構図として描かれ、その結果鈴木議員の自民党離党と田中外相の更迭につながった。さらに、鈴木議員と外務省の不明瞭な関係は、同議員と二人の外務官僚の逮捕に発展した。

こういった状況下で、機能が強化された内閣官房がテロ対策特措法やイラク特措法で主導権を握り、外務省はその下請けの役割に甘んじた。これらの法案作成作業では、外務省では総合外交政策局の安全保障政策課が中心となり内閣官房との窓口を務めた。

二〇〇三年三月、外務省は機構改革の最終報告をまとめ、対外政策で中心的な働きができるよう、再び総合外交政策局の強化策を発表した。同報告では、「総合外交政策局を筆頭局として強化し、政策立案・総合調整の中枢組織として機能させていく」ことが打ち出されている。具体的な措置として、⑴重要政策の立案と政策の優先順位の変更には総合外交政策局長が企画段階から決定段階まで関与する、⑵外交政策の総合調整・戦略策定機能強化のため審議官クラスを増強する、⑶同局総務課に省内各局を担当する企画官が長となるユニット制を導入し、担当の企画官を通じて総務課が重要政策を調整していく、という改革案が発表された[12]。

二〇〇四年七月に発表された「行動計画を中心とする外務省改革の進捗状況」を見ると、これらの改革は直ちに実行に移された。総合政策局長は重要政策と優先順位の変更については企画から決定段階まで関与するようになったし、審議官と企画官クラスの増強が行われ、企画官は担当する局の会議に出席し、地域別・分野別政策の調整機能を確保できるようになった。

この改革の措置によって、総合外交政策局の外務省内における権限は大いに高まったと言えよう。しかし、他省庁を巻き込む安全保障政策の法案作成作業については、テロ対策特措法、有事法制、イラク特措法が前例となり、内閣官房主導が続いていくものと思われる。

3 防衛庁

対外政策、とくに安全保障政策における外務省の影響力が相対的に低下しているのに対して、防衛庁の役割は大きくなっていると言えよう。七〇年代の研究によると、沖縄返還交渉という安全保障に大きな影響力を持つ政治過程でも、米国側では国防総省が重要なアクターだったのに対し、防衛庁は大きな役割を果たすことはなかった(13)。日本有事の際、自衛隊の活動を規定する有事法制さえ二〇〇三年までなかったのだから、防衛予算や装備に関するもの以外で、防衛庁が関与する対外政策そのものがあまり存在しなかったと言える。

しかし、一九九〇年の湾岸危機を契機に、自衛隊の海外派遣が議論になると、状況は変わった。国連平和協力法案・PKO協力法案の事例に見たように、外務省が主張した別組織による派遣に真っ向から反対し、防衛庁は自衛隊そのものを派遣するように主張した。その後、紆余曲折はあったものの、自民党執行部の支持を得た防衛庁の主張が通り、自衛隊員は身分を併任とすることで、部隊として送られることが正式に決まった。

一九九一年の湾岸戦争後の掃海艇派遣が成功裡に終わったことで、自衛隊の役割は大きく見直されることになった。また、PKO協力法案に基づいて、カンボジアをはじめ、モザンビーク、ゴラン高原、ホンデュラスなどに自衛隊が派遣され、平和協力活動を展開したことは、国際社会の高い評価を受けた。これらによって、自衛隊が日本の対外政策の重要なツールとして認識されるようになったと言えよう。

また、日米防衛ガイドライン交渉の場では、具体的に自衛隊が周辺事態においてどういう協力ができるかという議論が不可欠とされたため、自衛官が直接交渉の場で重要な役割を果たすことになった。また、一九九七年九月から、日米両政府間で外務、国防担当大臣が一同に会する「日米安全保障協議委員会（通称、二プラス二）」が定期的に開かれることになり、そのメンバーである防衛庁長官を通じて、日米安全保障協力で防衛庁の役割が確保された。この委員会の下には、局長レベルや審議官レベルの事務方の会議があり、防衛官僚や自衛官が参加し重要な役割を果たしている。

テロ対策特措法の事例で中心的な役割を果たしたのは、古川貞二郎官房副長官が組織した「古川勉強会」であったが、そこには防衛庁から内閣官房に派遣された大森敬治官房副長官補のほかに、佐藤謙防衛事務次官と首藤新悟防衛局長が参加し、重要な役割を果たした。法案作成の事務作業を担当したのは大森の下に組織されたチームだったが、そこにも防衛官僚が派遣された。

有事法制の作成過程では、内閣官房の法案作成チームへの参加に加えて、防衛庁にも対応する体制が作られた。二〇〇一年九月に防衛局長を議長とする「有事法制検討会議」と、防衛局と各幕僚監部からの計二六人（専任七人、兼任一九人）で編成された作業部会が設置され、自衛隊法改正などによる自衛隊の任務を円滑にする措置を検討した(14)。イラク特措法の事例では、イラク攻撃が開始された三月二〇日に長官を本部長とする「イラク関連事案等緊急対策本部」が設置され、情報収集態勢、艦艇・航空機による警備態勢の強化などを検討した。イラク特措法案作成においては、防衛局の防衛政策課と、陸海空の各幕僚監部の防衛課が中心的に対応し、内閣官房をサポートした。

一九九〇年代からPKO協力法、ガイドライン関連法、有事法制、テロ対策特措法、イラク特措法と自衛隊の活動を規定する法律が次々とできてきたが、そこには自衛隊と政府との綱引きにも似た関係があった。陸上自衛隊の北部方面総監を務めた志方俊之が言うように、自衛隊とは「作戦目的を達成するために、なるべく短い時間に最も少ない損失で最も大きい成果をあげようと、物理的な合理性を追求するものである。したがって、できれば行動上の制約を少なくし、現場における自由裁量の幅をなるべく広くしておいてほしいと思うのが常である。これに反し、軍事は政治目的を達成するための一手段にすぎないし、できれば使わないですませようと考えるのが政治の常である」。だから、「行動の幅を広くしてほしいという部隊と、狭くしておこうとする政治の相反する二つの要求」のバランスをとりながら、政策が決

定されることになる。(15)

その典型的な例が、自衛隊の海外派遣時の武器使用規定である。初めて自衛隊の海外派遣が決められたPKO協力法では、まず派遣を実現することが最優先され、武器使用は非常に限定的なものとなった。自分自身と同じ部隊に派遣された隊員の生命と身体の保護に必要不可欠な自己防衛だけに武器の使用は許され、使用する武器も小型火器に限定されていた。一九九九年に施行された新ガイドライン関連の周辺事態法においても、同様の武器使用規定が課せられている。しかも武器使用については、自己防衛であるから個々の隊員の判断によるとされ、現場に上官がいたとしても武器使用の命令を出すことができなかった。

しかし、実際にPKO活動のために海外派遣された自衛隊員から、個人判断による武器使用について、その正当性の判断がむずかしく、個々の隊員の精神的負担が大きいという問題点が指摘された。そのため、一九九八年にPKO協力法が改正され、現場に上官がいるときには、原則として、その命令によらなければならないこととされた。上官命令による武器使用は、国際常識ともいうべき「部隊使用」を可能にし、日本のPKO協力の質を高めることとなった。

さらに二〇〇一年一〇月のテロ対策特措法では、武器使用の対象が拡大された。それまでのPKO協力法と周辺事態法では自衛隊員自身とその同僚の生命の安全を守るためだけであった。例えば現場で野戦病院を設営し、医療行為を行っているときに襲撃にあったとしても、その患者を守ることは許されなかった。同法によって、「自己の管理の下に入った者の生命または身体の防護」でも、認められるようになった。

また二〇〇一年一二月にPKF本隊業務への参加が凍結解除された際には、PKOにおけるテロ対策特措法と同様の対象拡大に加え、武器使用規定がさらに緩和された。それまでの法律では、保護の対象は隊員の生命と身体だけで所有物は対象にならなかった。PKO協力で派遣された部隊の食糧や武器が窃盗グループに盗まれる事件があったが、盗難の現場に居合わせても威嚇射撃すらできなかったのである。武器などの奪取を看過すれば隊員の緊急事態への対応能力が低下するし、治安の悪化にもつながる点が指摘された。こういった窃盗行為に対して、武器による威嚇を行ったとしても事態を混乱させることはないと判断され、武器などの保護のために武器使用を可能とする改正が行われた。

イラク特措法の政治過程においても、武器使用規定のさらなる緩和が議論された。いろいろな国がイラク復興のために現地に派遣されているのに、自衛隊だけが国際基準から離れた武器使用規定に沿って行動すれば、円滑な協力は行えないという主張がされた。例えば、国連や他国の要員が攻撃されても、自衛隊員が武器使用することは、憲法が禁じる集団的自衛権の行使だと考えられるためできない。また、国際基準では任務遂行を実力で妨げる行為を排除するためには武器使用が認められているが、こういった使用は憲法によって許されている最小限の自衛の範囲を超えるとされ、現行の憲法解釈では禁じられている状態である。こういった問題点が指摘されたにもかかわらず、イラク特措法の迅速な立法化を目指したために、小泉内閣は武器使用基準の緩和を見送った。日本の武器使用規定を国際基準と同等にするためには、集団的自衛権を認めるような憲法解釈の変更が必要とされよう。

こういった武器使用規定の緩和は防衛庁とくに自衛官の要求によるものであり、その緩和の経緯をみると、安全保障政策において彼らの発言力が強まっていることがうかがえる。

4　その他の省庁

対外政策には、外務省や防衛庁以外の官庁が関係する場合が多い。多くの対外政策や安全保障政策は予算を必要とするため、財務省（旧・大蔵省）が強い影響力を及ぼす。例えば、湾岸危機のときに、海部内閣が経済支援策を決めたが、そこでは大蔵省が財政支出の主導権を握った。同省が査定作業をしたために多国籍軍への拠出金が削減され、しかも時間がかかったために、国際社会から強く批判される事態を招いた。

さらに国際経済・金融の分野では、財務省には国際局がある。同局は一九六四年に日本がＯＥＣＤとＩＭＦに加盟したときに、国際金融局として発足した。同局は、ＩＭＦや世界銀行などの国際経済機関への政府窓口となっているだけでなく、為替政策や経済援助政策も実施している。以前には日本のＯＤＡ（政府開発援助）政策では、外務省・通産省・経済企画庁に大蔵省（いずれも旧省庁名）を加えて「四省庁体制」と呼ばれていたが、財務省は今も財政当局として大きな影響力を持っている。

安全保障の分野でも、防衛庁に財務官僚が出向し、影響力を行使している。一九八八年に西広整輝が初めて防衛庁の生え抜きの事務次官となったが、それ以後も秋山昌廣や佐藤謙など、大蔵出身の事務次官が出ている。事務次官以外にも会計担当課長や局長クラスにも、財務省は官僚を派遣している。例えば、二〇〇四年一二月に決定された防衛計画の大綱の政策過程では、財務省が大幅な防衛予算の削減をしたが、大綱作成を担当する防衛局長と防衛予算を作成する管理局会計課長がどちらも財務省出身だったのが影響しているとも言われた。それまでの防衛大綱では一六万人だった陸上自衛隊員について、防衛庁が二〇〇〇人の増員を要求したのに対して、財務省は四万人の削減を要求し、メディアの注目を集めた。結局、新大綱では五〇〇〇人の削減に抑えられたが、中期防衛計画の予算は財務省の意向が強く反映し二五兆円から約一兆円の減額となった。

対外経済政策の分野で財務省と並んで大きな役割を果たしてきたのは、経済産業省（旧・通商産業省）である。同省で対外政策を担当するのは、通商交渉やWTO（世界貿易機構）、G8会合、APEC（アジア太平洋経済協力）などの窓口となる通商政策局と、貿易保険や経済協力などを担当する貿易経済協力局である。それに加えて、外郭団体としてJETRO（日本貿易振興機構）を持っており、外務省に頼らずに外国との関係を築いている。JETROの海外事務所は五八カ国に八〇カ所あり、海外だけで七〇〇名、国内をあわせると一五〇〇名の職員が海外の経済事情などの情報収集・分析に努めている。

財務省や経済産業省以外にも、ほとんどの省庁が対外関係の部署を持っている。例えば、総務省には外国との電気通信政策を担当する総合通信基盤局国際部があるし、法務省には入国管理局、文部科学省には初等中等教育局国際教育課、農林水産省には大臣官房国際部といった具合である。外国との交渉などにおいては、外務省や国内団体・企業と調整しながら、これらの担当部署がそれぞれ政策決定に関わっていく。

安全保障政策においても、例えば、有事関連法の制定においては、海上保安庁を持つ国土交通省、地方自治体関連の法制を所管とする総務省、治安を担当する警察庁、緊急時の医療提供を担当する厚生労働省など、多くの省庁が関与した。これからの対外政策や安全保障政策においては、複数の省庁にまたがるような案件がますます多くなるだろう。そのため、各省庁間の政策調整が必要になるという意味で、内閣官房が主導権を握る傾向は続いていくものと思われる。

第6章　現実路線の強まる政党

次に行政府から舞台を立法府に移す。国会では、「一九五五年体制」と呼ばれる、自民党と社会党の対立の構図があった。これは冷戦期の米国とソ連、自由主義国と社会主義国という国際的対立を反映したものであった。この五五年体制下において安全保障政策の議論は、戦後長い間、自衛隊は合憲か違憲か、日米安保条約は必要かという対立点が繰り返された。日米安保体制の周辺的な問題である非核三原則などのほかは、防衛予算の増減や国防の装備が必要か、といった予算がらみの議論があったが、日本の安全保障を現実的な立場から真剣に議論することは避けられていた。例えば、日本の防衛を可能にする有事法制すら、長い間政治的タブーとして扱われていた。

冷戦構造が崩壊した後、一九九三年に自民党が下野し、社会党を含む細川連立政権が誕生した。与党となった社会党は、これまで自衛隊の存在は違憲だという立場から、自衛隊と日米安保容認に政策を転換した。これによって五五年体制という擬似冷戦構造が崩壊し、実質的な安全保障の議論が可能になった。一九九〇年代以降を中心にして、対外政策アクターとしての政党がどう変化したのかを本書執筆の二〇〇六年春の時点で存在する政党（国民新党を除く）を対象に分析する。

1　自民党

自民党が政策に深く関与し始めたのは、与党による事前審査制が確立してからだと言える。池田政権下に一九六二年二月二三日付の自民党総務会長である赤木宗徳から大平正芳官房長官宛の書簡で、「各法案提出の場合は閣議決定に先立って総務会に御連絡を願い度い。尚政府提出の各法案については総務会において修正することもあり得るにつきご了承を願い度《た》い」という、総務会による事前審査の申し入れがあった。大平長官はこれを了承したが、これが後に政策決定における内閣の力の空洞化につながるとは考えてもみなかったに違いない。

同書簡には「別紙の通り書類を発送したので御承知願い度い」と備考を書き添えているが、これが与党の事前審査権を強めている。別紙の政調部会・各委員長宛の書簡では、総務会の最終決定の前に政務調査会の審査があることを明言している。そこでは、「部会→政調審議会→総務会→国会対策委員会」という党内手続きを経ることを規定し、各部会の段階において「法案修正の場合は、改めて、その修正点について総務会の承認を受けられ度い」と、まず部会の段階で修正することを認めている。さらに「法律案については、与党の機関に付しその了承をえた後閣議決定」することを政府に申し入れしたと書いている。書簡本文では「閣議に先立つ連絡」と「修正の可能性」について言及しているだけで、総務会が内閣と異なる意見を持った場合の措置については触れていないが、別紙の書簡では総務会の最終決定が閣議決定の事案だということになる。

この結果、自民党の総務会は党の最終決定機関であり、コンセンサス形成のための機関となった。党則で過半数による議決を謳っているにもかかわらず、総務会は全会一致を慣行とするようになり、反対があった場合には反対者が退場することでこの慣行を維持してきた。他方、政調会の各部会が実質的な審議を行うようになった。政府による政策の原案は、各部会のいわゆる「族議員」によって吟味され、時にはその圧力によって内容が変わる。石原信雄元官房副長官は、立法府の実質的審議が部会レベルで行われてきたことについて、「戦後長い間、自民党は政権を維持してきたので、官僚にすると、この自民党の部会で了解されることが実質的に国会での了解に近いことであり、部会の実力者と部会以外の党の実力者に根回しをすれば、国会での審理はセレモニーに近いという状態が続いた」と証言している(1)。これによって、与党内に非常に権力分散的な政策過程が生まれた。

一九九三年までは、自民党政策調査会の各政策部会はメンバー登録を行っていた。個々の議員は国会で所属する二つの委員会と同分野の部会に入部することが義務付けられ、それ以外希望で一つか二つの部会に入部し、多くの議員が計三つないしは四つの部会に登録していた。[2] 中選挙区制度では同選挙区から複数の自民党議員が選ばれていたため、同じ選挙区に有力な建設族議員がいた場合はもう一人が農林族を目指すといった、役割分担が可能であった。自民党議員は特定の部会に頻繁に出席することで、顔を売り、政策について学習した。政調会の部会が、特定分野の政策に強い族議員の育成を促進したのである。

選挙区からの要望が強い「農林」「商工」「建設」といういわゆる「御三家」と呼ばれた人気の高い部会に比べて、「外交」や「国防」族は票にも選挙資金にもつながらないため、自民党議員の間では関心の低い部会であった。猪口孝・岩井奉信の『族議員の研究』（一九八七年）では、最も不人気な内閣・法務・科学技術・環境といった部会に次いで、外交と国防の部会の登録メンバーが少ないことが明らかにされている。[3] さらに同研究では、防衛庁長官経験者を中心に「国防族」が形成されていることは指摘されているが、「外交族」についてはまったく言及されていない。[4]

外交問題に特化した自民党有力議員がいなかったことから、「外交族」は存在しないという見方もある。安藤優子の研究（二〇〇五年）では、外交部会の有力者だった鈴木宗男議員とのインタビューで、「外交族は存在しない」という証言を引き出し、その理由として、外務省出身の議員が少ないこと、「フダとカネ」につながらないことから熱心な議員がいないこと、外務省の人脈形成能力が弱いことを挙げている。[5]

しかし他方で、佐藤誠三郎・松崎哲久『自民党政権』のように、外務省についても外相経験者など常に「事前協議」や「根回し」の対象とし、協力を必要とする議員は存在していることから、それを「外交族」とする研究もある。[6] 例えば、椎名素夫などは外相を経験していないが、外務省が頼りにしていた議員であり、日米関係における貢献度から米国の国務省から最高レベルの「特別功労賞」を受賞しているほどである。また最近では、海外留学を経験した若手議員が増加しており、外交問題に対する自民党の関心は高まっていると考えられる。例えば、二〇〇四年二月に自民党の山本一太ら若手議員を中心に作成した北朝鮮制裁法が議員立法で成立したが、これに参加した議員などは「新外交族」と呼べる存在ではないだろうか。

ところが、一九九三年の細川非自民党政権の発足で下野した自民党の部会は活動が不活発になり、翌年に自民党が政権に復帰した後も部会の影響力が完全に復活することはなかった。部会長や副部会長などを除いてメンバー登録はなくなり、自民党議員ならどの部会にも出入り自由になった。そのため、自民党本部ビルの売店で隠れたベストセラーとなっていた部会メンバーのリストも販売されなくなった。外交部会では、声の大きい一部の議員が数人の応援部隊を率いて、政府案に対して賛成や反対を叫び、部会の決定とすることが多くなった。一九九六年に初当選した河野太郎は、「当選前の状態を知らないから、一部の議員が牛耳るのが外交部会の常態なのだと感じていた」と著者に語った(7)。

部会がチェック機関であり声の大きい者の意見が通る現象が顕著に現れたのに対して、政調会内でも閣僚経験者を会長に据え、諮問委員会の色彩の強い調査会では、自発的な政策討議が行われる。第4章で見たように、日米防衛ガイドラインの事例では、安全保障調査会が大きな役割を果たした。そのころは細川政権での野党の時期を経て、自社さ連立政権でも与党三党で政策協議を目的として、プロジェクトチームを編成し政策を進めることが多くなっていた。そのため、自民党政調会の役割が限定されていた。だが、一九九六年に初めて小選挙区を戦う総選挙を控えて、久々の自民党単独政権の成立を目指して独自性を出そうと、瓦力調査会長が率先してビジョンを提示し、政府の議論を先取りした。

ところが、一九九六年総選挙では自民党は単独過半数を取れず、自社さの連立枠組みを継続した。翌年の参議院選前に社民党とさきがけが連立を離脱したが、小渕政権は一九九九年一月に自由党、そして同年一〇月に公明党が参加して自自公政権という連立政権ができると、与党の代表者による協議によって政策が進められる現象がよみがえった。二〇〇一年に自公保連立で始まった小泉政権では、テロ対策特措法の政治過程で、連立与党の党首会談でまず合意をとりつけ、自民党内の審議を無視するという手法がとられた。その後、この手法は有事法制やイラク特措法でも踏襲された。鈴木宗男議員など外交部会の実力者は「部会軽視」に不満の声を上げたが、小泉内閣はそれを無視して政策を進めていった。

最近では、政調会に加えて自民党総務会の承認プロセスもその重要性を低下させた。これまで総務会は党のコンセンサス形成機関であり、全会一致の慣行のため、政府が党の反対を前に政策をごり押しすることが難しかった。例えば第4章で紹介したイラク特措法の事例では、総務会で反対勢力が抵抗し、政府案から大量破壊兵器条項を削除させている。

なることが予想される。

ところが、外交とは違うが二〇〇五年六月の郵政民営化法案の政治過程では、これまでの慣行を無視し、採決を強行し過半数による承認を行った。これが先例となり重要な外交問題においても、少数の反対意見を押し切る場面が今後多くなることが予想される。

与党事前審査の影響低下だけではなく、細川政権下で制定された小選挙区制度は、自民党内の力関係を大きく変えた。まず、第一に当選回数による序列構造が崩壊した。中選挙区制度では同じ選挙区から複数の自民党議員が選ばれ、陳情に訪れる選挙区民は新人議員ではなく人脈と政治力を持つベテラン議員に頼った。しかし小選挙区で選ばれた代議士は誰もが一国一城の主であり、陳情先は原則として一人しかいない。若手議員もベテラン議員と同レベルで仕事をしていると感じるようになった。その結果、活発に自己主張する若手議員が増え、自民党内の民主化を要求する声が高まった。

党内民主化の成果のひとつが、総裁選のルール変更である。二〇〇〇年四月に自民党幹部が密室で森喜朗を後継指名したことに批判の声が上がり、若手議員がより開かれた総裁選挙を要求した。その結果、自民党各県の支部に与えられていた票が一票から三票に増やされ計一四七票と、議員票の四割近くに及ぶようになった。二〇〇一年の総裁選で下馬評の高かった橋本龍太郎元首相を破り、小泉純一郎が総裁に選ばれたのは、この地方票のほとんどを獲得できたからである。その後、地方票は二〇〇三年の党則変更で三〇〇票に増やされ、小泉の総裁再任をさらに容易にした。

それまで派閥の合従連衡によって総裁に選ばれてきたため、首相は閣僚を各派閥の推薦リストから派閥均衡で選ぶことが慣習化していた。しかし、派閥力学とは関係なく選ばれた小泉首相は、総裁選で派閥の影響力排除を公言し、派閥の意向を無視して本人に直接交渉する「一本釣り」を行って、五人の女性閣僚、三人の民間人を含む異例の組閣を行った。一九九四年の選挙資金規正改正によって派閥の集金能力が制限されてから、閣僚人事は影響力の衰える派閥が最後の拠り所としていた機能であったが、それをも小泉首相は奪ったのである。

その結果、首相による内閣のコントロールが一段と高まった。それまでの内閣は、首相よりも所属派閥への忠誠心を強く持つ閣僚が多く、首相のコントロールは限られていた。例えば、一九九一年九月海部俊樹首相は政治改革法案が廃案になったときに衆議院解散を図ったが、解散詔書に署名してくれる閣僚がほとんどおらず、解散を断念した。二〇〇五年八月、小泉首相が島村宜伸農水相を罷免して解散を断行できたのは、派閥ではなく自らが選んだ閣僚で構成された内閣だったからである。憲法は外交を含む行政権を内閣に与えており、内閣に対する強いコントロールを持つ首相は外交問題において、強い影響力を行使できる。

また、自民党の総裁としての影響力も強まった。派閥の均衡によって選ばれていた総裁は、そのバランスを反映させるため、総裁派閥からは幹事長を出さないという総幹分離が原則化していた。その結果、大きな派閥が幹事長ポストを握り、党内を掌握するという権力の二重構造が生まれることが多かった。しかし、派閥の影響を排除する小泉総裁は、少数派閥の山崎拓や武部勤、自派閥の安倍晋三を幹事長に据えた。先の総選挙では、郵政民営化法案に反対した元自民党議員に対立候補を擁立することで、総裁と幹事長が候補者の選定権限を握っていることを誇示した。小選挙区制度で発言力を増した若手議員が党を民主化させたことが、派閥の影響力を排除し、内閣と党に対するコントロールを強化した小泉政権を誕生させた。このことが、テロ対策特措法やイラク特措法におけるトップダウン型の政策過程を可能にしたのである。

2　公明党

公明党は宗教団体である創価学会を背景に一九六四年に結党され、三年後に衆議院に初進出してから中央政界に地歩を確立してきた。結党以来、「平和・人権・福祉」を基本理念とし、市民相談で汲み上げてきた庶民の声を政治に反映させることを目指した政党である。対外政策において大きな役割を果たしたのは、田中角栄政権での日中国交回復で、竹入義勝委員長が田中首相の密使として重要な橋渡し役を果たした。

しかし、田中首相が一九七三年四月に小選挙区制導入を発言すると、田中政権と袂を分かち、社会・民社両党と共闘する、いわゆる「社公民路線」を選択するようになる。七〇年代半ばから八〇年代半ばにかけての与野党伯仲時代に、イデオロギーにこだわらない公明党がキャスティングボートを握ることが多くなり、政界における公明党の影響力が強まったが、全体としては社公民路線が継続された。

ところが、竹下登政権による消費税導入の際、小沢一郎官房副長官の入念な国会対策の結果、公明党は民社党とともに「自公民路線」に転換するようになった。海部政権における国連平和協力法案の審議では、平和主義の強い創価学会婦人部による自衛隊海外派遣反対の意向を反映して、他の野党とともに廃案に加担するが、同時に自民党幹事長を務めていた小沢の顔をつぶさないよう政治的配慮も行った。それが一九九〇年一一月の自公民による三党合意であった(8)。これは、それまで平和政党を標榜してきた公明党にとって、外交・安全保障問題という国家の基本的政策において、政治協力枠組みを「社公民」から「自公民」に転換する大きな出来事となった。

しかし、一九九一年四月の海部内閣による自衛隊掃海艇派遣の際には、再び婦人部の強い反対があり公明党は派遣に最後まで反対した。公明党が反対のまま海部内閣は掃海艇を派遣し、自衛隊の活動が国際社会に高く評価されると、公明党は自衛隊海外派遣に対して、民社党よりも柔軟な姿勢を見せるようになった。さらにＰＫＯ協力法案の成立過程では、民社党が国会承認に固執し反対に回ったのに対して、公明党は参加五原則を明記することを条件に自民党案に賛成した。公明党のホームページでは、「湾岸危機・湾岸戦争での教訓から、旧公明党は世界の中の日本、どう生きるべきかの課題に正面から取り組み、一国平和主義ではなく世界平和主義の立場に立つべきだ」という観点から協力したと説明している(9)。

公明党は一九九三年の政界再編時には、細川非自民党政権に参加し、初めて与党の一員として石田幸四郎委員長をはじめ四人の閣僚を送った。翌年六月、自社さ政権が成立すると、公明党は再び野党になり、一二月には新進党結成に合流した。だが、党内の意見の食い違いから新進党が解党されると、また公明党として復活した。日米ガイドライン法案の国会提出後、社会党とさきがけが連立政権を離脱すると、自民党は公明党に連立形成を呼びかけたが、公明党は自由党と連立を組んだ後にするよう要請する。一九九九年一月に自自連立政権が発足するが、自民・自由両党だけでは参議院で過半数に届かず、同年五月のガイドライン法成立には公明党の協力が必要であった。

そして一九九九年一〇月の自自公連立政権が発足、それ以来、政権党として返り咲いた公明党は外交・安全保障政策の分野で現実的な対応を示している。ガイドライン法から除外された船舶審査の問題では、連立与党内で自民党と自由党が対立していた。周辺事態において自衛隊の行う船舶検査に国連安保理決議が必要かどうか、というのが対立点であったが、自由党は日米安保の枠内で行われる周辺事態に国連決議は必要でないという主張を政権離脱まで譲らなかった。国連を重視する公明党は政府案どおり「国連決議は必要」という姿勢を続け、自由党が連立を離脱した後、自民・公明・保守による、いわゆる「自公保政権」で二〇〇〇年一一月に船舶検査関連法を成立させた。

二〇〇一年に発足した小泉政権下においては、公明党はさらに重要な役割を果たすようになる。九月一一日の米国同時多発テロ事件に対応して、小泉内閣は米国に対する支援を講じるため迅速な新法成立を図った。そこで、小泉首相が取った手法は、時間のかかる自民党内の根回しよりも先に、公明・保守両党と基本的な合意を形成することであった。与党党首会談における合意後に自民党にテロ対策特措法案を承認させることで、小泉内閣が重要法案を一カ月未満で閣議決定へと導けることができたのは、公明党の協力があったからである。さらに国会審議では、民主党の賛成を得ようとした小泉首相が妥協案を進めようとしたときに、小泉政権の民主党接近を恐れた公明党は、自民党内に画策し、自公保与党三党で最終修正案を決定するよう進め、存在感を示した。

イラク特措法の事例でも、テロ対策特措法と同様、自公保の与党三党で合意を進める手法がとられた。二〇〇三年六月の同法成立で公明党は与党として重要な役割を果たしたが、同年一一月の総選挙で保守党が自民党に吸収されたことで、連立政権における公明党の重みがさらに増した。実際の自衛隊派遣には基本計画の閣議決定と国会承認が必要である。混乱するイラク情勢のなか派遣の時期などを日本政府は秘密にするようになったが、公明党は「説明が十分ではない」と不満を伝えた。その結果、小泉内閣は公明党の了解を得ることを最優先することで、最終的には陸上自衛隊本隊の派遣を実現した。小泉連立政権の重要な与党として現実的な対応を見せることによって、公明党は安全保障問題で影響力を強めることになったのである。

3　民主党

一九九六年九月に菅直人と鳩山由紀夫の二人を代表として結党された民主党は、一九九七年末の新進党解党後、そのメンバーの多くが参加した結果、翌年四月に最大野党となった。元自民党や元社会党議員が混在していて、イデオロギー的には日本で一番バラつきのある政党だと言え[10]、外交や安全保障政策で党内に意見の対立が見られることが多かった。例えば、一九九八～九九年の新ガイドライン関連法に関する国会審議では党内が割れ、民主党としての統一された対応ができず大きな役割を果たすことができなかった。

民主党の主要な意思決定機関として、執行機関である常任幹事会と政務役員会があり、前者が主に選挙対策や組織などの党務、後者が政策と国会対策を扱っている。政務役員会の下に政策調査会（政調会）が属し、それぞれの分野ごとに部会が置かれ、政策立案を行っている。これら執行機関のほかに、議決機関として議員総会と総務会があり、以前は旧社民党系議員が多数を占める総務会が政調会で決めたことに介入することがあり、政策決定手続きを混乱させていた[11]。

そのため一九九九年九月の代表選後に党組織が再編され、政策全般を検討・決定する機関として「ネクストキャビネット」（二〇〇三年から「次の内閣」に名称変更）が創設された。政権交代の際に、すぐに政権担当能力を持てるようにとの配慮から、党代表を「陰の首相」とし、その下に専門的なメンバーをそろえ、政策全般を迅速に処理することを狙いとした。

実際、この制度ができてから、民主党は政策をまとめることが比較的容易になったと言える。次の内閣のメンバーは「陰の大臣」としてそれぞれの政策分野を担当し、政調会の部会長を兼ねる。大臣は担当した政策分野について政調会の事務局スタッフと政策立案し、法案として提出する際には衆議院法制局の助けを借り法案作りをする。そして、「次の内閣」で「法令審査」と「閣議合意」を兼ねる意思決定を行っている。

次の内閣への意思決定の一元化によって、民主党は外交・安全保障問題において現実路線を示すようになった。特に小泉政権下においては、民主党内にテロ対策や改革などでの小泉路線の支持者が多くいたため、実質的な政策議論を展開しようという動きにつながった。二〇〇一年九月二七日に、同時多発テロ事件を非難する決議案が国会で可決されたとき、民主党は同決議に唯一賛成した野党となった。

テロ対策特措法の国会審議では、二〇〇一年一〇月一一日に小泉首相が野党を含めた幅広い支持を国際社会に示したいと発言すると、それに呼応するように鳩山民主党代表は法案支持の条件として、国会の事前承認と武器弾薬輸送禁止を提示した。同月一三日には、自衛隊による武器弾薬輸送は海上輸送に限るとする妥協案が与党・民主党間でまとまった。一時、民主党との提携による連立の組み替えまで話題に上るほど協力関係は進んだが、公明党が国会の事前承認に強硬に反対し、与党単独の採決を要求したため、最終的に同法案には反対票を投じることになった。

本書では扱っていないが有事法制関連法案の事例では、民主党はより積極的な対応を見せた。二〇〇二年末に党代表に就任した菅直人は、安保問題で積極的な姿勢を示すことによって政権担当能力を有権者にアピールしたいと考えた。菅執行部は次の内閣で「安全保障大臣」を務めた前原誠司を座長にした「緊急事態法制プロジェクトチーム」を発足させ、政府案に対する民主党案を作成するように指示した。民主党が国会に対案を提出すると、与党側も即時修正協議に応じた。一週間に及ぶ修正協議の結果、民主党修正案にあった防衛出動の国会議決と政府による情報提供の義務付け、国民保護法制の整備などで合意された(12)。この合意を受けて、二〇〇三年五月の衆議院本会議の採決では与党三党に加えて、民主党と自由党を合わせて出席議員の九割の賛成を得て可決されることになった。

二〇〇三年のイラク特措法の事例でも有事法制の例にならって、小泉内閣は民主党との修正合意によって、与野党協力の形で法案成立を望んでいた。そのために、政府案には民主党への譲歩のための「削りしろ」が設けられていた。ところが、数カ月後には総選挙における自民党との戦いを控えた民主党は、自民党との違いを示す必要があった。そのため、自衛隊派遣には反対しながらも、自衛隊以外による復興支援を行うという独自案を国会に提出した。これは自衛隊派遣を基盤とする政府案と真っ向から対決した。だが、テロ対策特措法、有事法制、イラク特措法と続いて、民主党は政権奪取を目指す責任政党として、安全保障問題で自民党と同じ土俵に乗って現実的な対応を示すようになったと言える。

4　社会民主党（一九九六年に日本社会党から改称）

一九四五年の敗戦後に社会主義勢力として結党された社民党の前身である日本社会党は、一九五一年に左派の鈴木茂三郎委員長が「青年よ銃を取るな」という就任演説を行って以来、党是として「非武装中立」「平和主義」を掲げてきた。党内右派には支持されなかったが、非武装中立論を唱えた左派社会党は勢力を伸ばし、社会党内に左派優位の体制が確立した。日本の単独講和と日米安全保障条約の締結後も、社会党は「非武装中立」という看板を掲げ、日米安保体制に反対し、自衛隊を違憲とする立場をとり、「一九五五年体制」における自民党の反対勢力としての立場を確立したのである。

一九八三年に中曽根康弘首相が社会党の非武装中立論に対する批判を強めると、石橋政嗣委員長は「自衛隊は違憲だが、手続き的には合法的に作られた存在」だと、いわゆる「違憲・合法」論を発表した。しかし、これは党内で正式に受け入れられることはなかった。

一九九〇年の湾岸危機において、米国政府から人的貢献の要請を受けて、海部内閣が国会に提出したのが「国連平和協力法案」である。「非軍事・平和解決」を強く主張する社会党は、自衛隊の海外派遣への道を開く同法案に強く反対した。その後、同法案は廃案となるが、「自衛隊とは別個に国連のＰＫＯに協力するための常設隊をつくる」という骨子で、民社・公明両党が自民党と合意文書を取り交わしたのに対して、社会党は自民党とは一線を画するという方針を貫いた。

一九九一年一月の党大会で「非武装中立論」を堅持する意見が続出し、国連平和協力法案を廃案に追い込んだ実績に期待を込めて同年四月七日の統一選挙に臨んだが、結果は社会党の惨敗に終わり、その責任を取って三カ月後に土井たか子委員長は辞任する。社会党の内部では、地方選での惨敗はＰＫＯ問題で野党第一党としての責任を果たしていなかったのが原因だとする分析もあり、党内右派を中心に安全保障問題を見直そうという動きがあった。そのため海部内閣によるペルシャ湾への掃海艇派遣について協力を求められたときに、派遣容認を支持する声も上がった。しかし、「自衛隊を違憲とする党の立場を危うくする」という意見が強く、党の大勢を占めることにはならなかった。[13] 海部内閣が掃海艇派遣を閣議決定すると、社会党は国会の議論も国民の理解もない派遣は「憲法の精神を踏みにじる暴挙」だと反対声明を発表した。

宮沢政権になってから国会提出された「PKO協力法案」についても、PKO参加五原則の明記を条件に民社・公明両党が協力姿勢を見せたのに対し、現職の自衛隊員を派遣するのは軍事協力だという判断から社会党は反対を貫いた。それでもPKOに人的貢献には賛成する姿勢を見せるために、社会党案として「国際平和協力活動法案」を作成した。その骨子は、(1)PKO活動は選挙活動まででPKFには参加しない、(2)自衛官の参加は退職後以外には認めない、(3)派遣は国会の事前承認を要する、というものであったが、当然これは廃案となる。[14] 一九九二年六月初めの参議院本会議での政府案の審議では、消費税法案以来の牛歩戦術を展開し、徹底的な反対姿勢を示した。国会での対決姿勢を鮮明にしたことで社会党が自信を持って臨んだ翌七月の参議院選挙では、改選議席の二二議席を確保しただけで、自民党に改選議席の過半数である一二七議席獲得を許すという結果となった。社会党は冷戦後の自らの位置づけの見直しを迫られることになった。

一九九三年八月に細川連立政権が誕生し、社会党は与党の一翼を担うことになったが、連立政権参加の前、七月二九日に「八党派覚書」という文書に調印した。そこには「確認すべき基本政策」として「外交・防衛政策についてはこれまでの政府の政策を継承」と「日米関係の基軸としての日米安全保障条約の継承」が挙げられていた。[15] 社会党は連立参加のためにこれに合意したが、党として方針転換したとは言いがたい。というのは、同年九月の党大会において山花貞夫委員長が起草した、「固有の自衛権に基づく最小限の自衛力と日米安保条約を許容する」という条項を含む「九三年宣言」に対して、党の護憲派が激しく反発し、採択を見送ったからである。

社会党が自衛隊違憲の立場から自衛隊と日米安保容認に政策を正式に転換したのは、一九九四年に村山富市社会党委員長を首班とする自民・社会・さきがけ三党による連立政権が成立した後である。村山首相は自衛隊の合憲性を明言し、党大会でもそれを追認させた。これによって、五五年体制が完全に崩壊した。

村山は以前筆者に「一九八〇年代から国際情勢が変わってきたのに加えて、社会党内に政権を目指すべきだとの議論が強くなってきた。そのためには同じ土俵に立って議論する必要がある。現在の規模の自衛隊であれば、憲法の理念に反すると言えないのではないか。社会党には自衛隊容認までの過程に、違憲合法論というものがあったが、私個人としては憲法違反のものがなぜ合法だと言えるのか、すっきりしないものを感じていた。自衛隊の責任者である総理が自衛隊は違憲だと言っていたら、総理の仕事は務まらないし、社会党から総理大臣になったからには自衛隊を容認することはやむをえないと割り切った」と感想を語った。また、どのようにして社会党の合意を得たのかという著者の質問に答えて、「良かったのは、党の決定を見ずして、総理として先に容認したことだ。最初に党で議論していていればひと悶着生まれていたろう。九四年九月に党大会があったが、党が私の方針を追認した形になった。もし認めなかったら、私は総理の座をおりるつもりだった」と、強い決意があったことを証言した(16)。

社会党の基本路線変更には、政権維持といった消極的な理由だけではなく、「内外の情勢変化を踏まえ、社会党は自ら政策を転換し、自己改革を図る必要があった。私が首相になった今こそその良い機会だと考えた」という積極的な理由もあったと村山は指摘した(17)。

しかし一九九九年五月末、新ガイドライン関連法の国会提出後、村山後任の土井たか子党首が率いる社民党は、連立を離脱し、再び野党の立場から政府の外交・安全保障政策を強く批判するようになる。旧社会党の基盤であった労働組合の大半を民主党に奪われた後、土井党首は自分の考え方に共感する市民運動出身者を積極的に立候補者に起用し、二〇〇〇年の総選挙では四議席増の一九議席を確保した。これ以後、社民党は市民派政党をアピールし、安全保障政策では細川政権以前の「先祖がえり」と呼ばれるような姿勢をとるようになる。二〇〇一年のテロ対策特措法、二〇〇三年のイラク特措法に対しても社民党は頑に反対し、二〇〇四年六月土井後任の福島瑞穂党首は、「自衛隊は違憲」という見解を示し、自民党との対決姿勢を鮮明にした。しかし、二〇〇四年参議院選挙で二議席確保しただけの計六議席、二〇〇五年総選挙でも七議席のみの獲得という結果に終わった。一九九六年総選挙以降の小選挙区制度のもと、社民党は次に挙げる共産党同様、大幅に議席数を減らした。

二〇〇六年二月二日、社民党は常任幹事会で、党名変更後初の綱領的文書となる「社会民主党宣言」の最終案に自衛隊は「違憲状態」にあると明記することを決定し、村山政権下で憲法の枠内と認めた基本姿勢を再転換した。その背景には、自衛隊の合憲論採択後に落ち込んだ議席を、従来の基本姿勢に回帰することによって以前の支持者を確保し、回復させようとする意図があるものと思われる。しかし、一九五五年体制で見られたような影響力を取り戻すことは非常に困難であろう。

5 共産党

日本共産党は一九二二年に結成され、現存する政党のなかで最長の歴史を誇っている。非合法政党であった戦前の時期を経て、一九四五年の終戦によって合法的な存在となったが、戦後多くの政党が合併や解党を経験しているのに対して、共産党だけは一貫して独自の存在を維持し続けた。

戦後まもないころ、共産党は武力闘争路線を踏襲していた。一九五一年一〇月の全国協議会において採択された「五一年綱領」は武装闘争を推奨した。しかし、このような武装闘争路線は国民から非難され、一九五二年の総選挙で共産党候補は全員落選した。一九五八年三月にようやく同綱領を廃止し、一九六一年七月の党大会で激しい綱領論争を経て「六一年綱領」を採択した。そこでは現状認識として「現在、日本を基本的に支配しているのは、アメリカ帝国主義とそれに従属的に同盟している日本の独占資本である」とし、民主主義革命から引き続き社会主義革命にいたるという「二段階革命方式」を規定した。

安全保障問題の方針としては、アメリカへの従属を規定化している日米安全保障条約体制については当然反対であるし、その日米安保体制下に組み込まれた自衛隊の存在についても反対の立場をとっている。中立を主張しているが、武装については容認しており、自衛隊解体後に独自の自衛手段を持つことを想定している。

一九五六年にスターリンを批判し、一九六四年の中ソ対立時には中国共産党寄りの姿勢を見せたために、ソ連共産党とは決別してきた。それにもかかわらず、一九七九年ソ連のアフガニスタン侵攻、一九八二年ポーランド戒厳令問題、一九八三年大韓航空機撃墜事件など、ソ連と社会主義のイメージダウンになる事件が引き続き起こると、日本共産党のイメージも悪化し、その結果同党の国会における議席数も頭打ちとなった。一九八九年にはソ連が崩壊したときは、「もろ手を挙げて歓迎する」という宮本顕治議長の発言が発表されたが[18]、共産主義イデオロギーの破綻は明らかとなり、共産党の党勢はさらに後退した。

二〇〇三年六月の有事法制とイラク特措法の採決では共産党は反対票を投じたが、その後一一月の総選挙では開戦前の議席数を半減させ、三六年ぶりに一ケタ台となる九議席に減らした。そこで、党勢を回復しようと二〇〇四年に新共産党綱領を発表した。新綱領では他党との連立政権を樹立するために、これまでの党の路線を大きく変化させた。最も注目されたのは天皇制に関するもので、旧綱領の「君主制を廃止する」から、「(天皇制は) 憲法上の制度であり、存廃は将来、情勢が熟した時に国民の総意によって解決される」と、事実上存続を容認する姿勢を見せた。さらに安全保障の分野でも、「真の独立国家に転換」するには日米安保条約を同条約第一〇条の手続きによって廃棄し、「対等・平等の立場に基づく日米友好条約を結ぶ」こととし、自衛隊についても日米安保条約を廃棄するまでは当面認めることを示唆した[19]。この柔軟路線への転換にもかかわらず、共産党の勢力は回復せず、二〇〇五年九月の総選挙では改選前と同数の九議席にとどまった。

第7章　安全保障意識の高まる非政府アクター

これまで、行政府と立法府のアクターについて述べてきたが、本章では非政府アクターの対外政策における役割について分析することにする。非政府アクターとして、ここで取り上げるのは、利益団体とマスメディア、それに（厳密にはアクターとは言えないが）世論である。これら非政府アクターは日本政府の政策決定のなかで重要な役割を果たすが、その影響力を測るのは容易ではない。まず、政府の政策決定においてこれらの影響はほとんどの場合、直接的なものではなく間接的なものである。また、多くの団体やメディアが複合的に絡む場合も多く、特定のアクターの影響力を測定することができないことがある。ここでは、安全保障政策を中心とした対外政策において、利益団体やマスメディア、世論が一九九〇年からどう変わっていったのかを分析することにする。

1　利益団体

非政府アクターのなかで最初に取り上げるのが、利益団体である。利益団体とは「何らかの意味で政策決定に影響力を行使しようとする集団」と定義できるが[1]、日本に存在する団体のなかで、どれを利益団体と捉えればよいのだろうか。日本にある団体で一番多いのは企業であり、二〇〇五年一〇月に公表された総務省統計局の事業所・企業統計では、約一五三万の企業を数えている。もちろん、これらの企業にも政府に対して、政策に影響力を及ぼすよう活動を展開するものもあるだろう。しかし同統計のなかには利益団体の概念に近い、「政治・経済・文化団体」という項目を挙げており、この数は三万九六三九、すなわち約四万の利益団体が存在することになる。その内訳は、経済団体が一万四六四三、労働団体が四九七二、学術・文化団体が一〇五二、政治団体が八二二、その他が一万八一五〇となっている[2]。

第3章で米国の圧力団体モデルを紹介したが、日本においてもこの分野では一九五〇年代後半から多くの政治学者によって深い分析が行われ、そこから定説が築かれた。そこでは政治過程と利益団体の系列について、保守党サイドの「本系列」と野党サイドの「別系列」に二分されること、団体の圧力については本系列における「権力核」からの距離によって影響力が決まることが指摘された[3]。

一九八〇年代には数量的な分析を使った優れた圧力団体の研究が出されたが、それらはほぼ従来の研究結果を裏付けることになった。例えば、三宅一郎らの研究（一九八五年）では、利益団体のなかで最も影響力が強いと評価されているのが「財界」であり、その次の中位グループを構成するのが「労働組合」と「農業団体」、下位グループにランクされているのが「学者・文化人」「消費者」「市民運動」「部落解放同盟」「婦人団体」という結果が出ている[4]。また、辻中豊の研究（一九八八年）では、経済団体や農業団体のような保守党サイドの団体が政策過程に深く食い込んでいるため、行政府を対象とした活動を展開しているのに対し、労働団体や専門家団体など行政機関との間に緊張がある団体は、政党、主に野党を対象とした活動をすることが指摘されている[5]。

これら既存の研究結果を踏まえて、本節では最も政策決定に影響力が強いと思われる「財界」と「労働組合」を対象にした分析を行う。対外政策のなかでも経済交渉などでは、それぞれの問題に関係の深い、個別の利益団体が影響力を及ぼそうとする。例えば、農業貿易交渉では必ず、中位グループに属する農業団体が自分たちの利害関係を政府に訴えるであろう。日米経済摩擦では、金融交渉なら都市銀行協会や生命保険協会・損害保険協会が、建設市場問題なら日本建設業団体連合会、自動車問題なら日本自動車工業会が、というように個別の業界団体が深く関与した。

しかし、本書の事例で対象とした安全保障政策の過程ではこれらの個別の業界団体や農業団体の活動は見られない。市民運動団体や平和団体が主張を展開することはあったが、これらの団体は野党サイドと考えられ、行政府ではなく主に野党に対して働きかけを行っているので、政策決定過程においてその影響力は野党に代表されていると考えることができる。そのため、ここでは一九九〇年代からの安全保障政策における有力な利益団体として、財界と労働組合に焦点を絞る。

(1)　財　界

一九九〇年代に入ると、それまで経済問題でいろいろな提言を出してきた財界が、安全保障問題でも発言を活発にするようになった。例えば、一九九一年一月に経済同友会の石原俊代表幹事は、年頭見解で「日本の進むべき道」について、湾岸危機の際に国際的に十分な協力ができなかったからという反省から、もっと前向きに協力すべき体制を作るべきだという意見を述べ、憲法改正の論議も必要だという、当時としてはかなり進んだ発言を表明している(6)。代表幹事の年頭見解は、起草委員会で作られるものなので、これは石原個人の見解というのではなく、経済同友会の総意ということができる。しかし、経済同友会は財界人が個人の資格で入会するもので、比較的自由な意見が言える団体であり、必ずしも財界のコンセンサスとは言えない。

ところが同年四月には、財界の総本山である経済団体連合会（経団連）の平岩外四会長が、日本の湾岸貢献策において、ペルシャ湾に掃海艇を派遣すべきだとする「会長見解」を発表した。これも平岩個人の意見ではなく、正副会長会議の了承を得たもので、経団連として政府に実行を働きかける方針が明らかにされた。経済界では、政府が有効な湾岸貢献策を打ち出せないことが、米国を中心に対日不信感を高まらせ新たな経済摩擦を引き起こしているという危機感が強かった。経団連はこうした微妙な政治問題では発言することがなく「政経分離」の方針を通してきただけに、平岩の意見具申は異例のものと言えた(7)。湾岸戦争への資金援助という場面で法人税の増加という負担を強いられた経済界は、資金面以外の国際貢献をするよう政府に訴えたのである。この平岩の発言は、慎重姿勢を見せていた海部首相に影響し、掃海艇派遣の決断につながった。

いろいろな業界団体や経済団体を束ねる経団連は、安全保障問題で突出した意見を表明することは、掃海艇派遣以外ではなかったが、重要法案の成立時にはなんらかのコメントを出すことがある。例えば、二〇〇一年テロ対策特措法成立時には、テロとの闘いに対する日本の貢献が可能になったと、今井敬会長が歓迎の意を表明している。

財界のシンクタンクと呼ばれる経済同友会は九〇年代以降、活発に「国のあり方」や外交・安全保障に関する提言を行うようになる。例えば、一九九一年一〇月には「日本の進路」という提言書を出し、冷戦後の日本の役割として、国連平和維持活動へ参加するための体制整備を呼びかけており、PKO協力法と自衛隊の海外派遣への支持を表明している。また一九九四年七月の「新しい平和国家をめざして」という提言では、国際的平和維持活動への貢献を憲法に組み入れることを提唱しており、政府の議論を先取りしている。その後も、「安全保障問題調査会報告書」（一九九六年四月）、「早急に取り組むべき我が国の安全保障上四つの課題」（一九九九年三月）を発表し、日米安全保障体制の再定義を促し、日米防衛ガイドラインの整備の早期実現を要請するなど、日本政府の安全保障政策の後押しを行った。最近では二〇〇四年一一月に「イラク問題研究会意見書」を発表し、イラクへの派遣だけに限定されるのではなく、自衛隊の国際貢献活動を包括する恒久法の制定を呼びかけている。

経団連でも安全保障に関する提言書を出すようになった。そのひとつが二〇〇五年一月の「わが国の基本問題を考える」であり、そこでは日本の平和主義は「非軍事主義」と捉えられ「一国平和主義と言われる無責任な主張が通用」していたという現状認識がされ、日米安保を強化すると同時に東アジア地域との連携を強化し、国際安全保障へも積極的に協力するよう政府に呼びかけている(8)。他方、経団連は各業界団体を代表する経済団体でもあるから、経済同友会よりも圧力団体の側面が強く、提言にもその傾向が見られる。例えば、一九九五年五月に出された「新時代に対応した防衛力整備計画の策定を望む」では、防衛のあるべき姿を明示し国際協力のための環境整備を行うことを提唱しながら、装備品調達計画や主要研究プロジェクトを明示するよう要請するなど、防衛産業の声を色濃く反映した内容となっている。

経団連と経済同友会という経済団体が、一九九〇年以降、安全保障問題で日本政府に意見を表明するようになった。それらが積極的な日本の貢献を望むようになったことは、日本政府の方針に追い風となったと言えるだろう。

(2) 労働組合

日本では労働者の組合組織率が低く、最近では二割を下回っている。さらに、企業内組合が多いため全国組織の統合は弱く、諸外国の労働組合と比べて、その政治的影響力は限定されている。そのため、第3章でも紹介したように、T・J・ペンペルと恒川恵市は日本の政治構造を「労働なきコーポラティズム」と呼んだ[9]。

五五年体制下では日本の労働組合の多くは、「非武装中立」を主張する社会党を支持していた。一方、社会党から分派し、安保問題で現実路線を追求した民社党は同盟（全日本労働総同盟）からの支持を得ていた。冷戦体制の崩壊と前後して、組合内部で労働戦線を統一しようとする動きが活発化し、同盟が自らを解散した。これによって、安全保障では左寄りの姿勢を維持してきた最大の労働団体であった総評（日本労働組合総評議会）も解散し、一九八九年一一月に八〇〇万人の労働者を統合する連合（日本労働組合総連合会）が発足した[10]。

連合は左派である旧総評系と右派の旧同盟系との間の内部対立を含みながら、安全保障政策では現実路線を歩むことになる。本書の最初の事例として扱った国連平和協力法案については、連合加盟組合のなかでも社会党支持組合が反対、民社党支持組合が賛成の立場を取った。社会党は旧総評の継承団体である総評センターと組んで、独自の行動を開始した。民社党が旧同盟団体と一緒に動き出せば、「また裂き」になると恐れた山岸章初代連合会長は、同盟系の動きを抑えると同時に社会党と総評センターに厳重に抗議し、その場を収めた[11]。その後連合として、憲法遵守・集団的自衛権の行使反対・国連決議支持の基本三原則が守られるなら平和協力法案の必要性を認めるという見解を出した。この見解を発表することができたのは、左派の総評系である全電通（全国電気通信労働組合）出身の山岸会長が、現実路線を推し進めようとしたことが大きかった[12]。

また、一九九一年一月末、連合の下の全電通など五つの有力労組は社会党に対して、現実的な政策を持って政権の獲得に挑戦するように求めた意見書を提出した。そのなかで、ＰＫＯ協力法案において社会党が公明・民社両党のように与党との協議に参加しなかったことに対して、「野党第一党の責任を全うせず、国民には感情的な離脱としか映っていない」と痛烈に批判した[13]。

ＰＫＯ協力法案が国会に提出される前に、連合は三役会議を開きＰＫＯ問題について一定の方向を打ち出した。自衛隊容認と日米安保条約の評価を前提とし、ＰＫＯ問題については国連の要請に応えて別組織で派遣することは認めるという、「条件付き支持」の立場を表明した[14]。この連合の立場表明に社会党は反発し、連合の考えには賛成できないという委員長声明を出した。連合はここまで、積極的な安全保障政策に賛成の立場を示していた。

ところが、一九九九年のガイドライン関連法以降、連合の安全保障に対する姿勢は慎重になっている。例えば、同関連法に対しては、「本来日本有事対応であったはずの日米安全保障条約を再定義せずに日米双方で拙速で合意した」と反対する見解を発表した[15]。また、二〇〇一年テロ対策特措法に対しては、連合は反対の姿勢を打ち出している。「事務局長談話」という形で出された声明で、「わが国安全保障政策の重大な転換に繫がる内容を包含」し憲法との関係が不備であり、「自衛隊派遣の根拠があいまいかつその活動範囲・内容が不明確」と否定的な見解を打ち出した[16]。さらに、二〇〇三年のイラクへの自衛隊派遣に対しては、同じく事務局長談話の形で、政府決定に抗議している[17]。しかし、これらの談話は必ずしも、下部組織である労働組合の意見をまとめたものではない。山岸会長のように現実路線を歩もうとする強い意識を持ったリーダーがいなくなったため、連合としての総意を形成できず、談話という形でしか意見表明を出せず、政治的に踏み込んだ活動を展開することがなくなったと言えよう。

労働戦線統一によって生まれた連合は、当初現実的な安全保障政策を推進した。しかし、組織内の対立のため、二一世紀に入ってからは積極的な安全保障政策を支持することはなくなってきた。しかし、引き続き憲法改正の議論も継続されており、冷戦下に比べるとより実質的な議論が行われていると言える。

2　マスメディア

利益団体以上に、マスメディアの政策決定への影響力を測ることは難しい。新聞・雑誌・テレビ・ラジオに加えて、最近ではインターネットからいろいろな情報が氾濫していて、どのメディアがどのような影響力を与えているか特定することは不可能に近い。しかし、マスメディアは政策決定者と主権者である国民の間の媒体であり、その影響力は強く、行政・立法・司法に続く「第四の権力」と称される。日本政治研究者のエリス・クラウスは、日本を米国に並んで「世界で最もメディアの影響の強い」国のひとつと呼んでいる[18]。

政策決定に直接関与するリーダーの間の印象でも、マスコミの影響力は認知されている。一九八五年の三宅一郎らの研究では、官僚・政党・財界・労働組合・農業団体・学者文化人・消費者・市民運動団体・部落解放同盟・婦人運動団体のリーダーたちに、日本の社会集団の影響力を評価させたところ、マスコミ自身を除いて、すべての集団のリーダーがマスコミを最も影響力を持つ集団と認識しているという結果が出た[19]。

蒲島郁夫は、マスコミの影響力は「世論喚起能力」であると分析する。「マスメディアによって形成される『世論』はある個人や集団への『同情心』『怒り』『不満』『喜び』あるいは政治システム全体に対する不満などであるかもしれない。マスメディアは社会全体にこの『世論』を分配する。……マスメディアによって形成あるいは増幅された『世論』は政治的な波をつくりだすのである」と論じ、その重要な基盤としてマスメディアの包括性、中立性、情報の信頼性があると蒲島は指摘する[20]。

近年、マスメディアの日本政治に対する影響力はますます強まっているといえよう。特に、テレビが政局を動かし、選挙の行方を決定することもある。一九九三年の総選挙から細川非自民党政権の誕生の際には、テレビ朝日の田原総一郎による宮沢喜一首相へのインタビューが政局の引き金を引いたといわれる。当のテレビ朝日の報道局長が、非自民党政権をつくる意図を持って番組作りをしていたという主旨の発言をして、物議をかもし出したこともある。

小泉政権になってからは、テレビのワイドショーが政治問題をひんぱんに取り上げるようになり、多くの視聴者が田中真紀子と鈴木宗男の対立に心を躍らせて番組を見た。二〇〇五年九月の総選挙では、自民党執行部は郵政民営化に反対した旧自民党議員に「刺客」と呼ばれるようになった対立候補者を選挙区に送り、ワイドショーをにぎわすことによって、投票率を上げて自民党圧勝につなげていった。

最近では、インターネットの普及に伴って、ネット上のニュース配布やブログなどの情報発信や意見交換など、新しいメディアも現れている。しかし、こういった新メディアの論調を追うことは難しいし、その影響力を測ることも不可能に近い。ここでは、最も伝統的なメディアであり、その論調をフォローすることが比較的容易な新聞を分析の対象にする。

日本の新聞の普及率は、世界でもトップクラスである。二〇〇四年一〇月の新聞協会の調査によると、日刊新聞の発行部数は約五三〇〇万部、一世帯あたり一・〇六部が購読されていることになる。同協会のホームページには世界各国との比較も紹介されているが、それによると日本の総発行部数は朝夕刊を別々に切り離しそれぞれを一部として計算すると七一九〇万部となり、人口が約一〇倍の中国（七五六〇万部）に次いで世界第二位である。普及率でみると人口一〇〇〇人あたりの部数が六四四部で、総発行部数の多い主要国の中ではトップ、すべての国を含めても六五〇部のノルウェー（総発行部数二五八万部）をわずかに下回る第二位であり、日本は世界に冠たる新聞王国と言えよう。(21)

ほとんどの世帯が新聞を読んでいるため、その影響力は大きいと考えられる。二〇〇三年の新聞協会の各メディアの印象・評価に関する調査によると、「社会に対する影響力がある」は新聞が五五・八パーセントでトップ、テレビ（NHK五二・六パーセント、民放四八・〇パーセント）を上回っている。また、「情報源には欠かせない」メディアとしての認識も五八・二パーセントで一番、テレビ（NHK四四・五パーセント、民放四二・六パーセント）を一〇ポイント以上も上回っている。(22) さらに信頼性についても、読売新聞がギャラップ社を使って実施した調査で、信頼のおける公共機関のトップに新聞（六〇・五パーセント）が挙げられており、二位から四位までの病院（四九・九パーセント）、裁判所（四九・二パーセント）、テレビ（四七・一パーセント）とは一〇ポイント以上の差をつけている。(23)

日本の新聞の特徴は、全国紙の発行部数が多いことだろう。二〇〇四年一～六月の日本ABC協会のデータによると、朝刊では読売新聞の一〇〇八万部を筆頭に、朝日新聞（八二五万部）、毎日新聞（三九六万部）、日本経済新聞（三〇二万部）、産経新聞（二一二万部）と、この五誌だけで総発行部数の半数を超える。(24) ここでは、全国紙五紙の社説を見て、憲法問題や安全保障政策でどのような論調を展開したかを概観する。

（1） 憲法改正の論調

ここでは安全保障に対する各新聞のポジションを見るうえで、その根底にある日本国憲法に対する見解を朝日新聞、毎日新聞、日本経済新聞、読売新聞、産経新聞の全国紙五紙の主に憲法記念日の社説を中心として、その変遷について追ってみる。

全国紙五紙のうち、憲法改正について早い時期から賛成をしているのは、産経新聞である。公布から一〇年後の憲法記念日である一九五七年五月三日の社説で、「第九条の戦争放棄の条項と、国家固有の自衛権とを如何に調和させるかが憲法改正の最大の論点であり、同条項が「侵略戦争の敗北による日本の詫び証文ともいうべき全然一時的の産物である以上、守りえる独立国家の憲法としては、当然表現を改めなければならない。国家が常に虚言や詭弁を弄しなければ、立っていけないような憲法であってはならぬからである」とその理由を述べている。

これに対して、同日の読売・日経・毎日・朝日の四紙は、「現行憲法の精神は強く守れ」(読売)、「改正、非改正のいずれを問わず憲法の根本である民主主義的精神あるいは民主政治をあくまで守り抜こう」(日経)、「改正論が、民主主義、平和主義の根底を揺り動かす結果を来すのであれば、それはむしろ改悪であり、危険」(朝日)、「今こそ冷静に憲法を考えよう」(毎日)と改憲について反対の姿勢を表している[25]。

改憲議論に関する産経対他四紙というこの構造は一九八〇年代後半まで続いたが、それ以後読売新聞の論調が変化する。それには渡邉恒雄が一九八三年に論説委員長、一九八五年に社論全体を決定する「主筆」となったことが大きく影響している。一九九〇年八月二九日の読売新聞は社説で、湾岸危機への貢献策作りで、集団的自衛権を禁止する憲法九条の見直しを求めた[26]。そこでは、同条が「本来、日本としてしなければならない行動をしないで済ますための〝免罪符〟」とされてきたと痛烈に批判した。渡邉が主筆兼社長となった翌年の一九九二年には「憲法問題調査会」(猪木正道会長)を発足させ、一二回に及ぶ研究会の内容を紙面で紹介した後、国連憲章と憲法の整合性を図るためにも憲法改正すべきだとする提言をまとめた。さらに一九九四年一一月に読売新聞は、主要なマスコミとしては初めて「憲法改正試案」を発表し、改憲論議の先導役的存在となった。

この時点で、憲法改正については産経・読売の「積極派」対 日経・毎日・朝日の「慎重派」という構図になった。この後九〇年代中頃以降に、日経新聞の論調に変化が見られた。一九九三年まで「改憲の前にやるべきことは多くある」と改憲反対を明言し、一九九五年にも国際的な問題に貢献するという視点から九条を読み直すべきと改憲に対して慎重論を展開している。一九九七年から憲法について議論を活発にすべきだとする、いわば「論憲」の立場を表明するが、その内容は変化していく。一九九九年の社説では「法の支配」に注目しよう（五月三日）とか、「現行憲法の可能性をぎりぎりまで追求する」（七月二七日）という、いわば現状維持を前提とする議論だったが、翌二〇〇〇年五月三日の社説では「憲法を時代の変化に合わせて絶えず見直すことはむしろ望ましい」と改憲を支持する立場に変わった。その後、二〇〇四年には「自衛権の明記」という具体的な改正点に賛成を表明し、二〇〇五年には「成熟した民主国家にふさわしい憲法に」と全面的な改憲支持を明言するようになった。(27)

さらに、小泉政権下でテロ対策特措法や有事法制、イラク特措法の議論を経て、毎日と朝日の見解に違いが現れてきた。端的にいうなら、朝日が「護憲」の立場を堅持するのに対し、毎日は慎重論を唱えながらも改憲を容認し、議論することが最重要と考える「論憲」の立場を取り始めた。

例えば、二〇〇三年の朝日新聞の社説を追ってみると、「自ら『戦争をしない』だけでなく、どの国にも『戦争をさせない』。非力でも、面倒でも、その努力を尽くすこと。それがいま重んじるべき憲法の精神である」（五月三日）、「（自衛隊を）名実ともに『軍隊』とするには改憲が必要だが、それが自衛隊に『しかるべき名誉と地位』を与えることになるだろうか。そうは思えない」（五月二二日）、「首相や自民党の主張する憲法九条改正が実現し、集団的自衛権の行使が可能になれば、それは、自衛隊がイラク戦争のような軍事行動に加わることに道を開く」（八月二七日）と一貫して憲法改正に反対の姿勢を鮮明にしている。

対して、毎日新聞は二〇〇二～〇三年の社説で、「将来を見据えた議論を十分重ねた結果、どう見ても使い勝手がよくない、不都合が生じるような箇所が出てくれば一つひとつ直すべきだと考える。これには多くの国民が納得することが大前提である。この意味では改正を全否定しない論憲の立場である」（二〇〇二年一一月二日）、「武力行使が絡む場面では常に傍観者的なのだ。この行動はひとえに六〇年近く守り抜いている日本国憲法に依拠する。それゆえに戦闘への参加は議論もなく逃れた。幸いなことだが、ずっとこのままでいいのだろうか」（二〇〇三年五月三日）と、憲法改正の必要性を認識していることを明らかにしている。

全国紙五紙のうち、改憲を高らかに叫んだのは当初保守を代表する産経新聞だけであった。しかし、冷戦の崩壊に呼応するかのように、中道の姿勢を示してきた読売新聞が憲法九条の改正を支持し、九〇年代後半から改憲容認の議論を始めた日経新聞が二〇〇〇年には憲法改正支持を明言した。また、リベラル紙の一角だった毎日新聞も、テロ対策特措法以来、改憲を容認するような論調になってきたことが、ここでうかがえる。本書執筆の二〇〇六年四月の時点では、産経・読売・日経の三紙が改憲支持、毎日が論憲の立場、朝日が護憲の立場を堅持している。

(2)　安全保障問題の論調

憲法という基本的な問題の次に、安全保障の具体的政策について、各紙がどのような主張を展開していたのかを見てみよう。一九九〇年半ば頃の憲法改正論議と同様、一九九〇年の国連平和協力法案においても、当初、産経・読売が人的貢献を肯定的に見ているのに対して、日経・朝日・毎日は批判的という、論調に大きな違いが出ていた。例えば、一九九〇年一〇月一三日付の社説で読売新聞は、「平和を守るための貢献は、国際社会の中で日本が置かれた立場に伴う当然の、必要不可欠なコスト」という海部首相の所信表明演説を引用し、その考え方に「共感できる」との立場を表明した。しかし、同時に日本政府の集団的自衛権に関する憲法解釈は、参加国の権利の行使を前提としている国連憲章と乖離を生じさせてきたと指摘し、憲法論議を進めるよう海部首相に要請している。(28)

他方、日本経済新聞は、「世界は日本が経済大国であるのをよく承知しているし、『平和国家』を標榜する日本も知っているから、おのずと役割分担は決まってくる」（一九九〇年九月二二日）と財政面中心の貢献にすべきだと論じ、「国連平和協力法制定は拙速を避けよ」（一九九〇年一〇月一一日）と人的貢献に慎重論を唱えた。(29) 朝日新聞は、「納得できない自衛隊の参加」（一九九〇年九月二八日）、「戦後史問われる国連軍参加」（一九九〇年一〇月一六日）、「日本型の平和維持組織を作れ」（一九九一年三月六日）と題した社説で、国際貢献に肯定的な見方を示しながらも、自衛隊が平和維持活動に参加することに対して一貫して強い反対を唱えている。(30) また、毎日新聞も「協力法を撤回し出直せ」（一九九〇年一〇月三〇日)[31]という社説で、同法案が「国際世論の厳しい批判を浴びているだけでなく、アジア近隣諸国の反発をも招いている」とし、「国際協調イコール自衛隊派遣ということではないはずだ」と反対の議論を展開している。

この産経・読売 対 日経・朝日・毎日という図式は、一九九一年四月の掃海艇派遣の議論でも見られた。例えば、読売新聞は「海部首相はペルシャ湾への掃海艇派遣を決断せよ」という社説を一九九一年四月一一日に出し、「アラビア石油(小長啓一社長)が、操業再開に関連して、サウジ政府に掃海を依頼したところ、逆に、海上自衛隊の掃海艇派遣を求められたものだ。日本企業が、日本へ原油を輸送するためにも掃海は必要なのだ」と主張している。さらに掃海艇の派遣が実現した四月二六日には、「不可解な野党の掃海艇論議」という社説を載せ、反対に回った社会・公明・共産の各党を強く批判している。[32]

他方、毎日新聞は「掃海艇は出さないと海部首相がいったん国会で言明している事実とはいったいどういう整合性をとるのか」(一九九一年四月六日)と疑問を呈しているし、朝日新聞は「表面上は数隻の派遣にすぎないだろうが、日本の安全保障体系そのものと密接につながっていること、やり方しだいでは戦後の平和主義を崩す契機になりかねないことを見落としてはならない」(一九九一年四月一三日)とし、派遣には自衛隊法の改正や暫定法の制定など法的措置をとり、自衛隊とは別個の組織が掃海業務を行うべきだと主張している。[33] 日経新聞は、「掃海協力の形で国際的な貢献をすること自体異論はない」(一九九一年四月一三日)とし朝日・毎日とは違う姿勢を打ち出しながらも、現行の自衛隊法に基づく派遣は法的根拠が薄弱だと反対を唱え、堂々と自衛隊法改正で対応すべきだという論陣を張った。[34]

しかし、宮沢政権になって提出されたPKO協力法案が国会で審議された際には、この論調の対立の構図に変化が生まれた。産経・読売の両紙に加え日経新聞が立法化を支持したのである。日経新聞は参議院特別委員会での同法案の可決を「一歩前進として歓迎したい」(一九九二年六月六日)とエールを送り、同法の成立を「日本が世界のため、どのような形で役立とうとしているかを示す枠組みができた」(一九九二年六月一六日)と賞賛している。[35] 他方、毎日・朝日は国際貢献には自衛隊派遣ではなく別個の組織でという従来の主張を繰り返した。[36] 同法に基づいて PKOに自衛隊が派遣されると、産経・読売の両紙はその活動を支持激励する社説を掲載した。[37] 毎日新聞は掃海艇派遣やPKO活動の成功で世論が自衛隊の役割を肯定的に見ていることを報じる一方で、自衛隊とは別個に組織を作ることで「日本型ＰＫＯ」を目指すことを主張している。また、朝日新聞も別個の組織によるＰＫＯ参加を主張すると同時に、防衛費の削減で海外の自衛隊への懸念を払拭すべきだという議論を展開している[38]。

さらに日米防衛ガイドラインに関する論調でも、産経・読売・日経と毎日・朝日の対立が見られる。産経・読売両紙は法案提出の前から、ガイドライン法の整備によって法的裏付けを早期に行うべきだという主張し、日経新聞は実際に機能するような指針を作るため、議論を深めるよう提唱した。一九九九年五月に同法案が成立すると産経・読売・日経の三紙は支持を表明したが、ガイドライン法では先送りにされた有事法制について、産経・読売の両紙が早期整備を要請したのに対し、日経新聞は「日本自身の有事に際しての法整備も次の課題とされるが、政治の場でまずその議論の雰囲気をつくる必要がある」（一九九九年五月二五日）と議論が成熟していない点を指摘し、慎重な立場を表した[39]。

これに対して、毎日・朝日両紙は、「朝鮮半島で紛争がもし現実になった場合を含め……協力の範囲と限界を定めるためにも、最小限の法制化は必要である」（朝日新聞、一九九九年一月二四日）と、ガイドラインの必要性を認めながらも、疑念と不安をあらわにした。「この指針を、米国の戦争に日本が自動的に参戦する仕組みとしてはならない」（朝日新聞、一九九七年九月二四日）、「指針に盛り込まれた自衛隊の行動は、ひとつ間違えば、憲法が禁じる集団的自衛権の行使や海外での武力行使につながる」（朝日新聞、一九九八年四月九日）、「自治体などから解説に対する膨大な質問書が今も届いているという。それは周辺事態法に対する懸念や不安がなお完全に解消されていないことを意味する」（毎日新聞、一九九九年八月二五日）といった、問題点が指摘された[40]。

二〇〇一年九月の米国同時多発テロに対する対応に関しては、産経・読売・日経の三紙が自衛隊派遣の法制整備を急ぐように促す一方で、朝日新聞は自衛隊派遣に反対する従来の路線を維持する主張をした。特に日経新聞は、時限立法ではなく「多国籍軍後方支援法」という恒久法を提案する積極的な立場を強調し、二〇〇二年一二月二〇日付の社説では時限立法だったテロ対策特措法を「基本的な点で期待を裏切った」と批判している。ところが、これまで自衛隊の海外派遣で朝日新聞と歩調を合わせてきた毎日新聞が肯定的な議論を展開しているのが目立った。毎日新聞は二〇〇一年九月二一日の社説で、「首謀者と、テロを計画・実行した組織は法の下に厳正に処断されなければならない。そのための有効な行動に日本も積極的にかかわるべきだろう」と述べ、新法で対応すべきだと主張し、テロ対策特措法に対する支持を示した。[41]

しかし、またイラク戦争に関して、産経・読売・日経 対 毎日・朝日の対立の構図が復活した。前者が米英を支持したのに対して、後者は米英による武力行使に強く反対した。産経はイラク問題を一九九〇年の湾岸危機から続く「一二年戦争」と捉え、米国の武力行使は大量破壊兵器の廃棄を証明しないイラクに対する制裁であり、武装解除するためにはやむを得ない手段と解説した。開戦のタイミングについても、一月といわれた単独攻撃を踏みとどまったと評価し、武装解除を「イラク戦争」と矮小化したのは反戦主義の偽善性であると批判した。[42] 読売新聞も、湾岸戦争後に大量破壊兵器の廃棄を義務付けた国連決議を受け入れたにもかかわらず、その後も義務を履行しなかったイラクに非があると判断し、国連決議一四四一号による最後の機会にも応じなかった以上、米英が武力行使に踏み切るのは仕方がないと論じた。日本の対応については「戦争はイヤといった感情論で日本が日本の進むべき道を選択すれば国を誤る。非がイラクにあることと併せ、日本の安全保障にとって米国との同盟が死活的重要性を持っていることを踏まえた対応でなければならない」と、北朝鮮の脅威が高まるなか日米同盟を強化することが日本の選択だと主張した。[43]

他方、朝日新聞は開戦前から、「小出しの譲歩でしのごうとするイラクの姿勢は信用できないが、だからといっていま全面戦争に進むべき差し迫った脅威は見えない」と国連による査察継続を求める仏独を支持し、日米同盟重視の立場から米国支持を表明した小泉首相の対応を批判した。また毎日新聞も、「査察による武装解除の成否を見極めずに強制行動に踏み切ることは支持できない」と、国連安保理で多数の支持を得られないままでの米英の「見切り開戦」は、国際ルールに反すると主張した。しかし、毎日の論調は朝日とは微妙に異なり、徹底的に米国を批判する立場はとっていない。開戦後の社説では、「フランスがアメリカの妥協できない線で推し続けたことや、世界中で反戦デモが火を噴いたことが開戦を早めたのかもしれない。昨年九月から営々と三〇万人にまで軍を膨らませてきた米英の準備行動は世界の目の前で行われていたのに、そのことを直接やめろといった国も組織も聞かない。三〇万人集まってから使うなというのも歴史的経験からは相当無理がある」と、フランスを批判し、米国の立場を擁護するような論調も見られる。[44]

バグダッドが事実上陥落すると、各紙の論調は戦後復興に重点を置くようになった。産経は「バグダッド陥落、一二年戦争の終結に価値」と戦争を評価し、いち早く四月一〇日の「主張」で「米英主導のイラク戦後処理を支援しつつ、新たな国際協調体制の道を探らねばならない」と提言し、六月七日には武器使用の緩和の必要性に言及しつつ、イラク特措法の制定を急ぐよう促す主張をした。[45] 読売新聞も同様に「正しかった米英の歴史的決断」と評価し、「イラク復興支援にできるだけの協力をするのは、米英の軍事力行使を支持した日本政府の責任でもある」と積極的な対応を要請し、イラク特措法の制定では武器の使用基準を「任務遂行を妨げる武力攻撃に対する武器の使用」を認める国際基準に合わせるべきだという主張を展開している。[46] 日経新聞でも武器使用基準見直しを求め、「イラク支援を対米関係上の配慮の観点から解説する議論があるが、各国の参加状況を見れば、それは必ずしも正しくない。むしろ参加を拒否すれば身勝手な孤立主義とさえ受け取られる可能性がある」と、積極的に派遣を支持している。[47]

これに対して、朝日新聞は「脅威は幻だったのか」、「大義をごまかすな」とイラク戦争を正当化した大量破壊兵器の存在が見つからないことを強調し、イラク戦争の大義とイラク特措法の動きに疑義を申し立てている。[48] 毎日新聞は、国連決議があれば、自衛隊のイラク派遣を支持する主張を展開し、朝日新聞との違いをより鮮明に見せている。[49]

これら社説から見た全国紙五紙の安全保障政策に関する論調を要約すると、一九九〇年の国連平和協力法案と一九九一年の掃海艇派遣で、産経・読売が賛成に、日経・朝日・毎日が反対に回った。しかし一九九二年のPKO協力法以降、日経新聞が自衛隊の積極的な役割に肯定的な意見を示すようになり、その後の一九九九年の日米防衛ガイドライン関連法、二〇〇三年の有事関連法、二〇〇三年のイラク特措法については、産経・読売・日経 対 朝日・毎日という構図ができあがった。他方、二〇〇一年のテロ対策特措法では、朝日以外の全紙が支持を表明した。

その議論の中身についてみると、日本の安全保障問題における基本理念である、「平和主義」「日米同盟」「国連重視」という三つの側面に関する解釈や、どれを最重要視するかで意見が分かれていることがわかる。湾岸戦争からPKO協力法成立までは、平和を守るために自衛隊を海外派遣することの是非が問われた。ところが、ガイドラインに関する議論では、日米同盟の堅持という側面から、地域の安定のために自衛隊が後方支援を提供することについては、朝日・毎日からも強い反対はなかった。テロ対策特措法とイラク特措法については、自衛隊を海外派遣することに対する反対はかなり弱まったといっていいだろう。むしろ、対立点は海外派遣をする際に、「日米同盟」を重視すべきなのか、あくまでも「国連重視」の方針を貫くべきなのかという派遣目的に関する対立に変化していった。新聞の論調が全体的により積極的な安全保障政策を肯定的に見るようになってきたと言える。

3 世論

マスメディアが政策決定者に対して大きな影響力を持てるのは、国民の世論を映す鏡として捉えられることが多いからだ。しかし、世論というのは、厳密に言えば政治過程におけるアクターとはなり得ない。むしろ、主要なアクターたちが決して無視できないような環境を形成する重要な要因だと言える。

日本が民主主義国家である限り、国民の声を反映した政策決定が望ましいのは言うまでもない。外交官の多くが外交の基礎知識を得るための教科書とする、ハロルド・ニコルソンの『外交』では、民主的外交の基礎となる考え方として、「外交官は一公務員である以上、外相に従う。外相は内閣の一員である以上、議会内の多数派に従う。そして議会は単に国民を代表する会議にすぎない以上、主権者たる国民に従う」という原則を紹介している(50)。つまり、民主的外交とは究極的には、主権者である国民を代表している外交であり、国民の意思に従わなければならない。だから、民主的外交を支えるものは世論ということになる。

世論の強い反対を押し切って政策を実行することは、政権党の議員の多くが再選を脅かされることになり、与党内でも反対の勢力が台頭することにつながる。とくに、政権基盤が脆弱な首相の場合、世論を味方につける必要が出てくる。竹下登首相を最後に、与党内で磐石な勢力基盤を持つ首相は出ておらず、世論の影響力はますます高まっていると考えられる。

ところが、ニコルソンが指摘するように、国民が往々にして外交問題に無知であることが、民主的外交の大きな危険となっている。「教育ある選挙民ですら、どのような条約が現在自国を拘束しているのか、ほとんどまったく気づかないでいる。これらの条約は公表され、議会で討議され、そして新聞紙上で論ぜられた。けれども国民の大多数にとってはその存在はまったく念頭に」ない、というニコルソンの嘆きは、現在の日本、いやおそらく地球上のどの国にも共通するものであろう(51)。

知識を得たとしても、国民が外交問題で正しい判断をできるとは限らない。米国の卓越した外交官であるジョージ・ケナンは、「世論というものは、感情主義と主観主義の弊に堕し得るのであり、それゆえに、これを国家的行動の指針とするには、あまりに貧弱かつ不十分なものである」と語り(52)、米国が過去に外交政策を誤ったのは、議会を含む、行政府を取り巻く世論が悪影響を及ぼしたからだと論じている。

さらに、国民が正確な知識を得て外交や安全保障問題を理解したとしても、正確な判断が下せるようになるまで時間がかかることが多い。外交や安全保障の場合、そのタイムラグが取り返しのつかない結果を生む危険がある。そのため か、米国で外交政策と世論の関係を対象にした研究では、世論が短期的に影響を及ぼすことは比較的少ないという結果が出ている。しかし同時に、長期的に見れば外交政策は世論を反映しているというのが通説となっている(53)。世論の悪影響を強調するケナンでさえ、「長期的に見れば、世論の外交政策問題に対する反応が、変わりやすいともまた信頼できないとも考えていない」と語っている(54)。

日本の政策決定者も世論に無関心ではない。一九六一年のダグラス・メンデルの研究では、日本でも重要な外交政策において、世論は重要な役割を果たしていると結論を出している(55)。また戦後長い間、日本政府や与党が安全保障問題を真剣に論じることを避けてきたのは、国民の間に強い平和主義があったためだと言える。日本政府が外交・安全保障問題に対する世論に注意しているのは、内閣府や外務省がそれぞれ世論調査を行っていることからも分かる。それらの世論調査を分析し、事例研究で見たような一九九〇年代以降の外交・安全保障政策における大きな展開に対して、世論がどのように変化していったかを見てみよう。

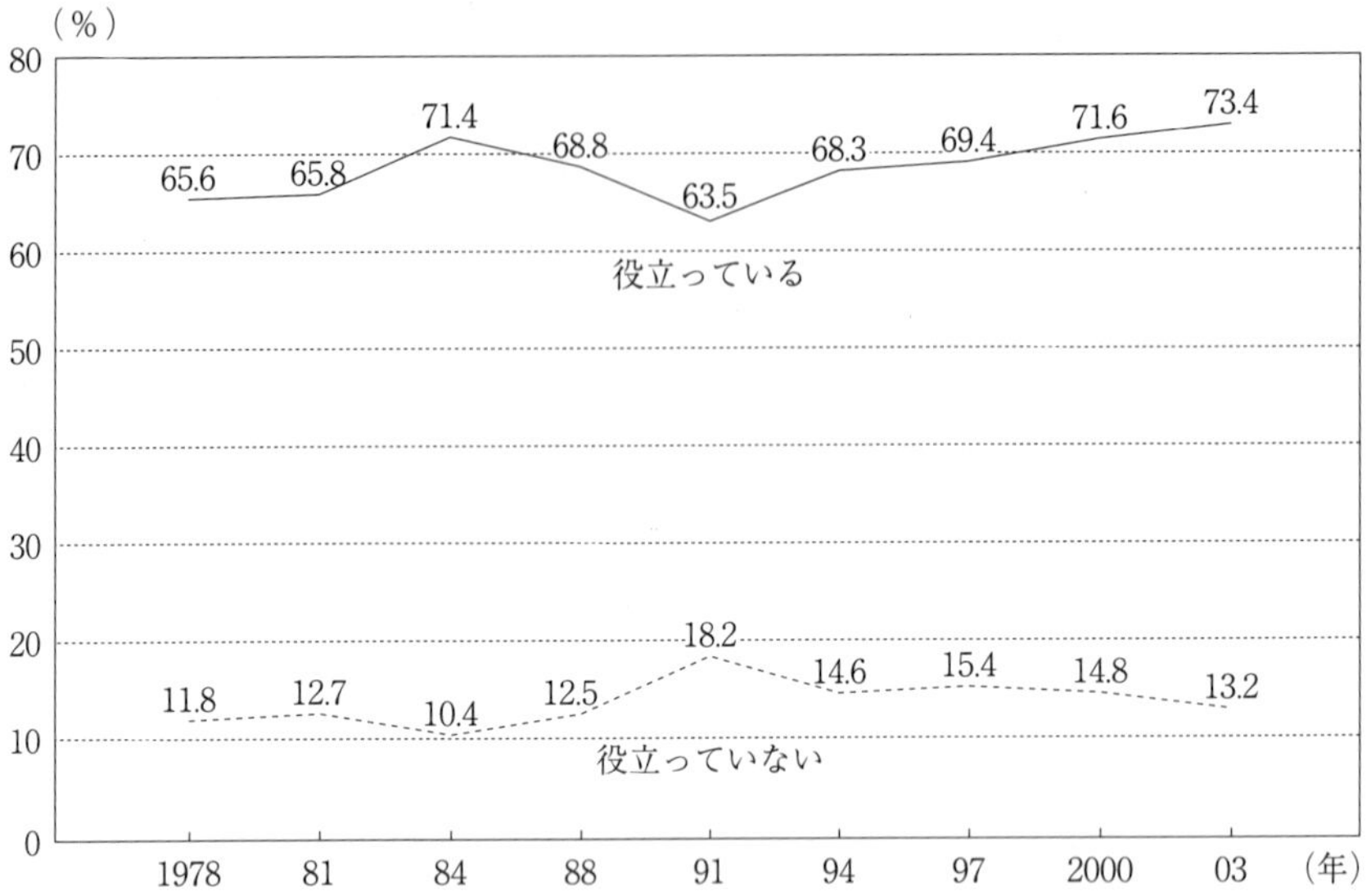

図7－1　日本の安全保障条約についての考え方

出所：内閣府調査「自衛隊・防衛問題に関する世論調査」。

（1）日米安保体制

内閣府（旧・総理府）はいろいろな分野の世論調査を実施しているが、そのなかに一九六九年から約三年ごとに行っている「自衛隊・防衛問題に関する世論調査」がある。国民の防衛問題についての意識を調査する設問のひとつに、日本の安全にとって日米安保体制が役に立っているかというものがある。この設問が設定された一九七八年からほぼ一定して、「役立っている」と「どちらかといえば役立っている」という答えを合わせた割合は、六五〜七五パーセントという水準を保っている。日米安保体制の貢献度に関する認識は根付いていると考えられる。（図7－1参照）

また、同じ調査では「日本の安全を守るために、どのような方法をとるべき」かという質問に対して、「現状どおり日米安全保障体制と自衛隊で日本の安全を守る」、「日米安全保障条約をやめて自衛力を強化し、我が国の力だけで日本の安全を守る」、「日米安全保障条約をやめ、自衛隊も縮小または廃止する」という三つの回答が用意されている。第一の日米安保と自衛隊を選ぶ現実主義的な答えは、世論調査を開始した一九六九年では四〇・九パーセントと低いが七八年の調査から六〇パーセント台になり、二〇〇〇年から七〇パーセントを超えている。順調な伸びを見せるな

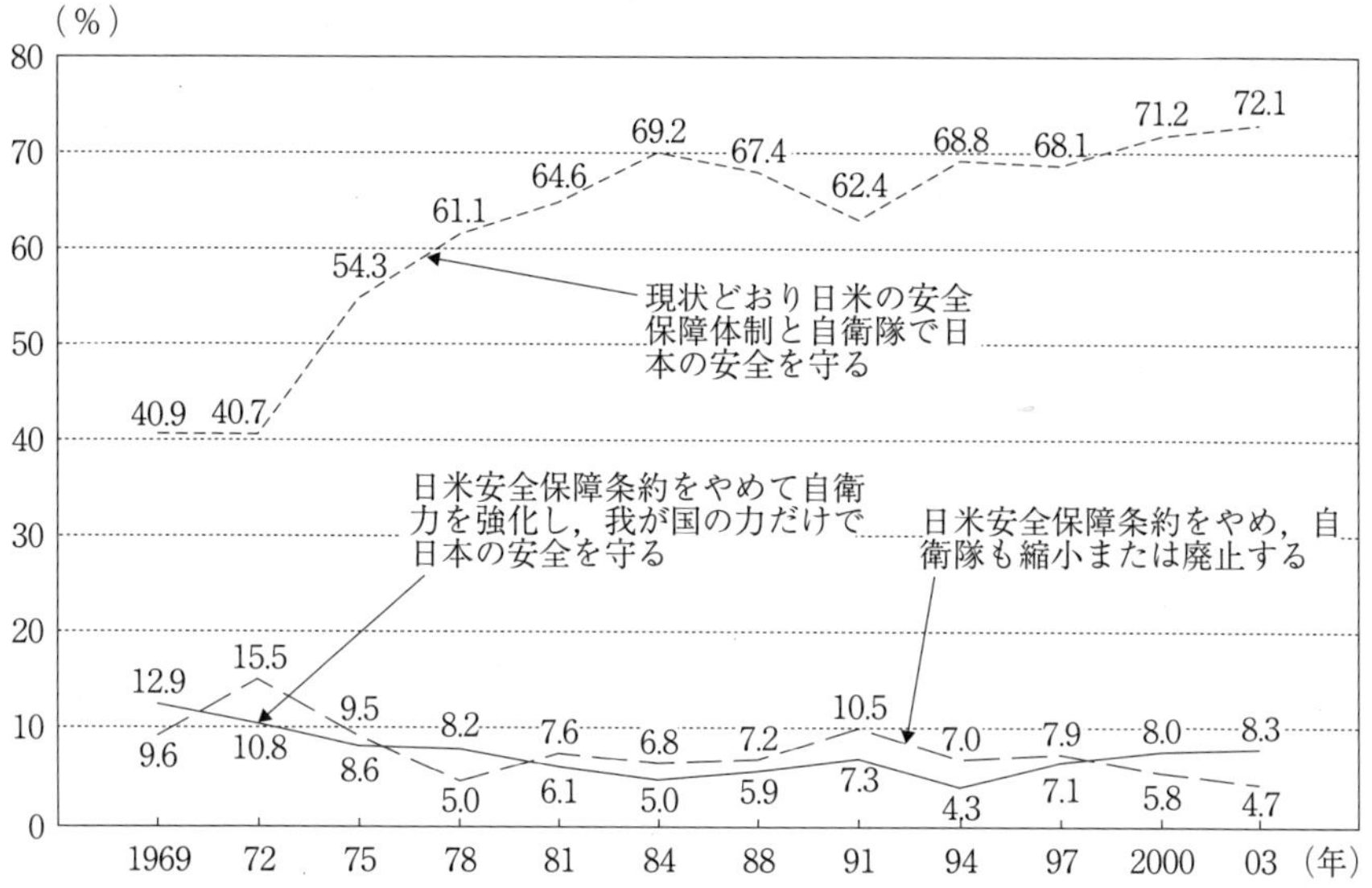

図7－2　日本の安全を守るための方法

出所：内閣府調査「自衛隊・防衛問題に関する世論調査」。

か、一九九一年二月の調査で六二・四パーセントという下げを見せているのは、湾岸戦争の最中であり、日米安保体制によって日本が戦争に巻き込まれるのを不安視した反応が一部の国民にあったと推測できる。一九九七年の六八・一パーセントから二〇〇〇年には七一・二パーセントと三ポイント上がっているが、これは一九九八年の北朝鮮によるテポドン発射や一九九九年の不審船事件によって国民の危機意識が高まり、日米安保への期待が高まったからであろうか（図7－2参照）。

他方、一九六九年に一二・九パーセントの回答者がいた、第二の日本独自による安全保障体制の確立を支持するナショナリスト的な意見は、一桁台の後半を推移している。また、第三の社会党の「非武装中立」路線を支持する回答は、一九七二年には一五・五パーセントもあったが、二〇〇三年には四・七パーセントに落ち込んでいる。これを見ると、日米安保体制に依存する意識は、ここ三〇年間に高まったといってよいだろう。

(2)　国民の関心事

さらに同じ調査で、「日本の平和と安全の面から関心を持っていること」という設問に対して、三つまでの複数解

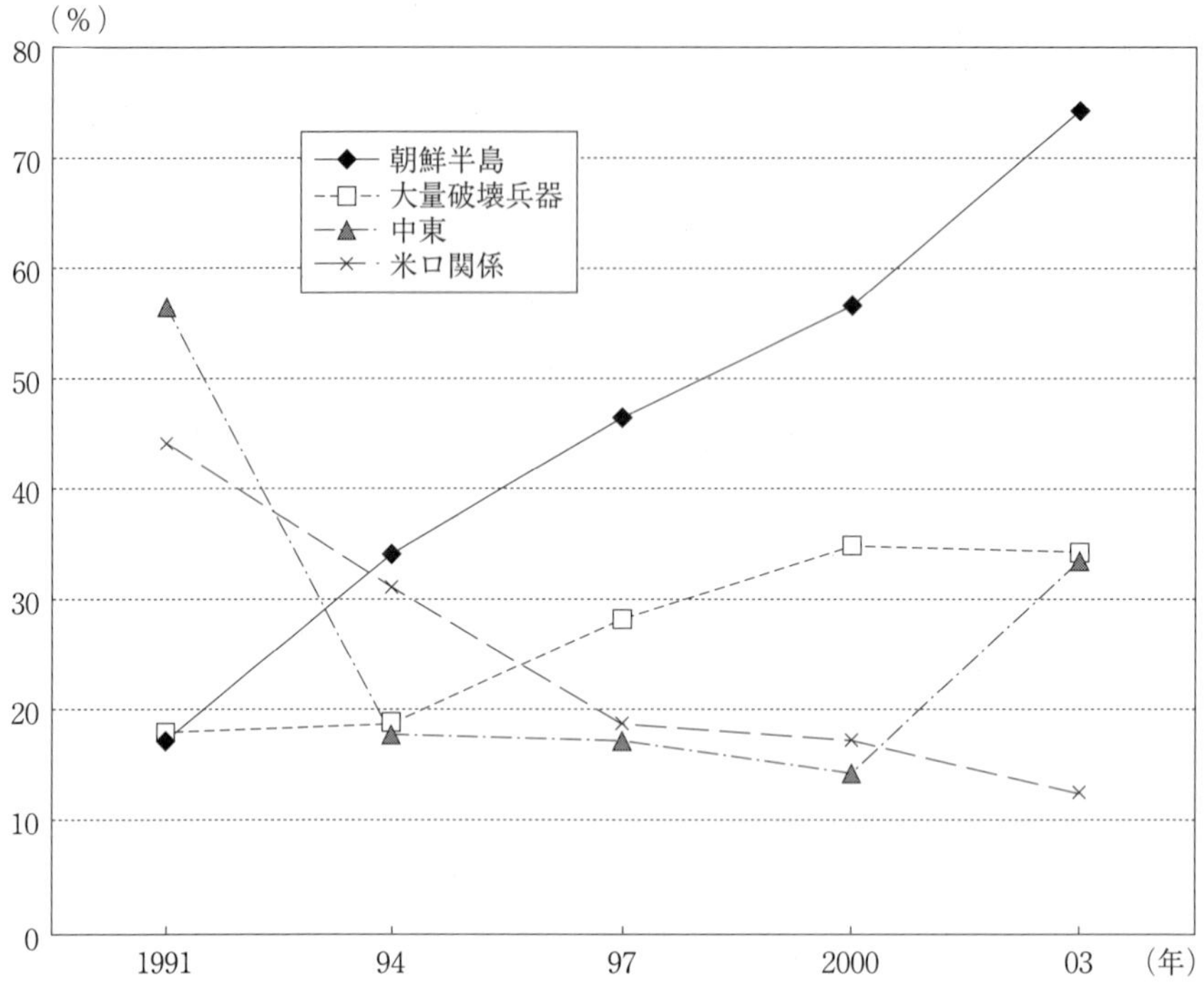

図7-3　安全保障上の関心

出所：内閣府調査「自衛隊・防衛問題に関する世論調査」。

答が認められているが、この質問が初めて設定された一九九一年二月は湾岸戦争の最中であり、国民は中東問題に五六・四パーセントと最も高い関心を示している。次に高いのは、冷戦が終わって間もない頃であるためか「米ソ関係」(一九九四年から「米ロ関係」)という答えが四四・〇パーセント、第三の回答は一八・二パーセントの「軍備管理・軍縮」(一九九四年から「大量破壊兵器」)、「朝鮮半島」と答えた者は一七・三パーセントに過ぎなかった。

ところが、湾岸戦争後の一九九四年一月の調査では中東に関心を示した回答者は一八・一パーセントと三分の一程度まで落ち込み、北朝鮮の核疑惑を背景に三四・二パーセントが「朝鮮半島」と答え、最大の関心事となった。その後も「朝鮮半島」に対する関心は高まり続け、一九九七年には四六・七パーセント、二〇〇〇年には五六・七パーセント、小泉首相による初訪朝と拉致被害者の帰国後の二〇〇三年一月には七四・四パーセントと非常に高い関心が示されている（図7-3参照）。

朝鮮半島に比べると低い増加率であるが、大量破壊兵器に対する関心も一貫して高まった。一九九一年に一八・二パーセントだったが、一九九七年には二八・六パーセント、テポドン事件後の二〇〇〇年には三五・二パーセント、二〇〇三年の調査でも三四・七パーセントと朝鮮半島についで高い関心事項になっている。他方、冷戦後時間を経て、超大国の軍事的対立がなくなると、米ロ関係に対する関心は低まり、二〇〇三年には一三・二パーセントが関心を示したに過ぎない。中東問題はアフガン戦争を経てイラク戦争直前の二〇〇三年にはまた関心が高まったが、三三・九パーセントと第三の関心事項にとどまっている。

これらの点から、冷戦後には米ロ関係に対する関心が低下し、朝鮮半島問題を身近に感じるようになった国民が急増したということが明確になっている。その背景には、テポドン事件や不審船事件、拉致問題が国民に対して北朝鮮の脅威を現実のものと感じさせたことがある。東西対立という国際システムから、地理的に近く、日本により直接的な影響をもたらすと思われる朝鮮半島情勢に関心が移行したことで、国民の安全保障意識はより現実的になったと言えよう。

（3）自衛隊への印象

同じ内閣府の調査では、自衛隊に対する印象も質問している。回答には「良い印象を持っている」「悪い印象は持っていない」「悪い印象を持っている」「良い印象は持っていない」という回答と、「わからない」という選択肢がある。前者の二回答を「良い」、後者の二回答を「悪い」としてまとめると、世論調査を始めた一九六九年にすでに七割近くが「良い」と回答している。七〇年安保の関係か、七二年の調査では一〇ポイント下げて六割を割ったが、その後六七〜七七パーセントの間を推移している。湾岸戦争開戦中の一九九一年には、自衛隊の海外派遣をめぐる議論が悪影響してか、前回に比べて一〇ポイント近くの落ち込みを見せたが、一九九七年にはＰＫＯ活動の成功のおかげか、初めて八割以上の国民が好感を示すようになって、その後八割台を維持するようになっている。（図7-4参照）

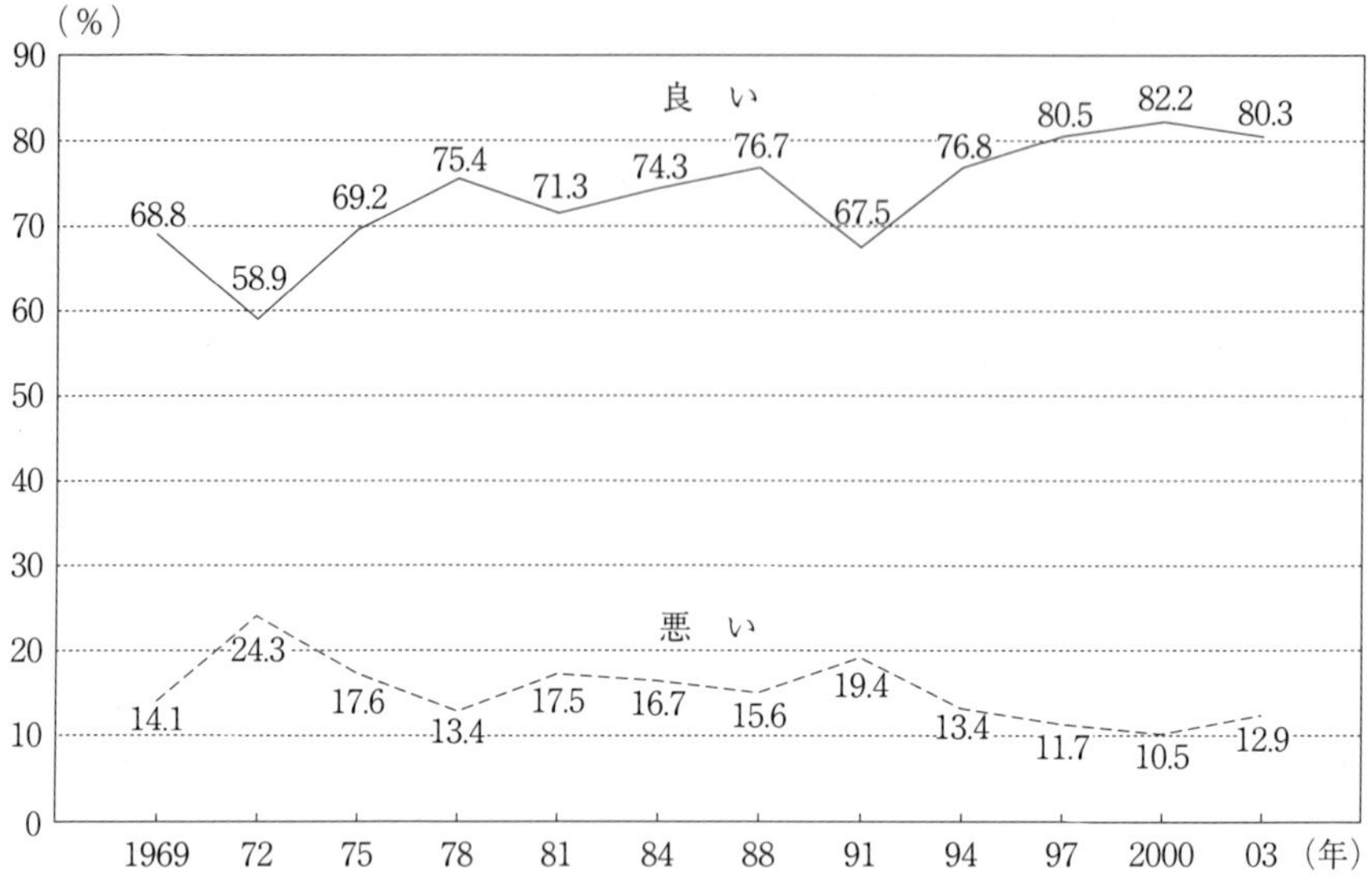

図7-4　自衛隊への全般的な印象

出所：内閣府調査「自衛隊・防衛問題に関する世論調査」。

自衛隊に対する抵抗感を示し「悪い」と答えた回答者は一九七二年には約四分の一の二四・三パーセントを数えたものの、九七年以降は一〇パーセント台前半とほぼ半減している。二〇〇五年には「亡国のイージス」や「戦国自衛隊」など、自衛隊を扱った映画が好評を博すなど、自衛隊に対する好感度は高まっていると言えよう。

(4)　日本の役割

内閣府が一九七五年から毎年実施している「外交に関する世論調査」では、「国際社会における日本の役割」について設問があるが、「人的支援を含む貢献策」という項目が一九九〇年から設定された。人的支援を支持する回答者は湾岸危機勃発間もなくの一九九〇年一〇月では、三四・七パーセントと「地球環境問題」や「世界経済発展への貢献」に次ぐ第三位であり、人的貢献に対する支持は半数を大きく割っていた。しかしその後、海外に派遣された自衛隊がＰＫＯ活動で成功を収めると、人的支援に対する支持は高まっていった。二〇〇一年九月一一日の米国同時多発テロ以後は、人的支援を提供することが日本の役割であると考える国民が過半数を超えるようになった。(図7-5参照)

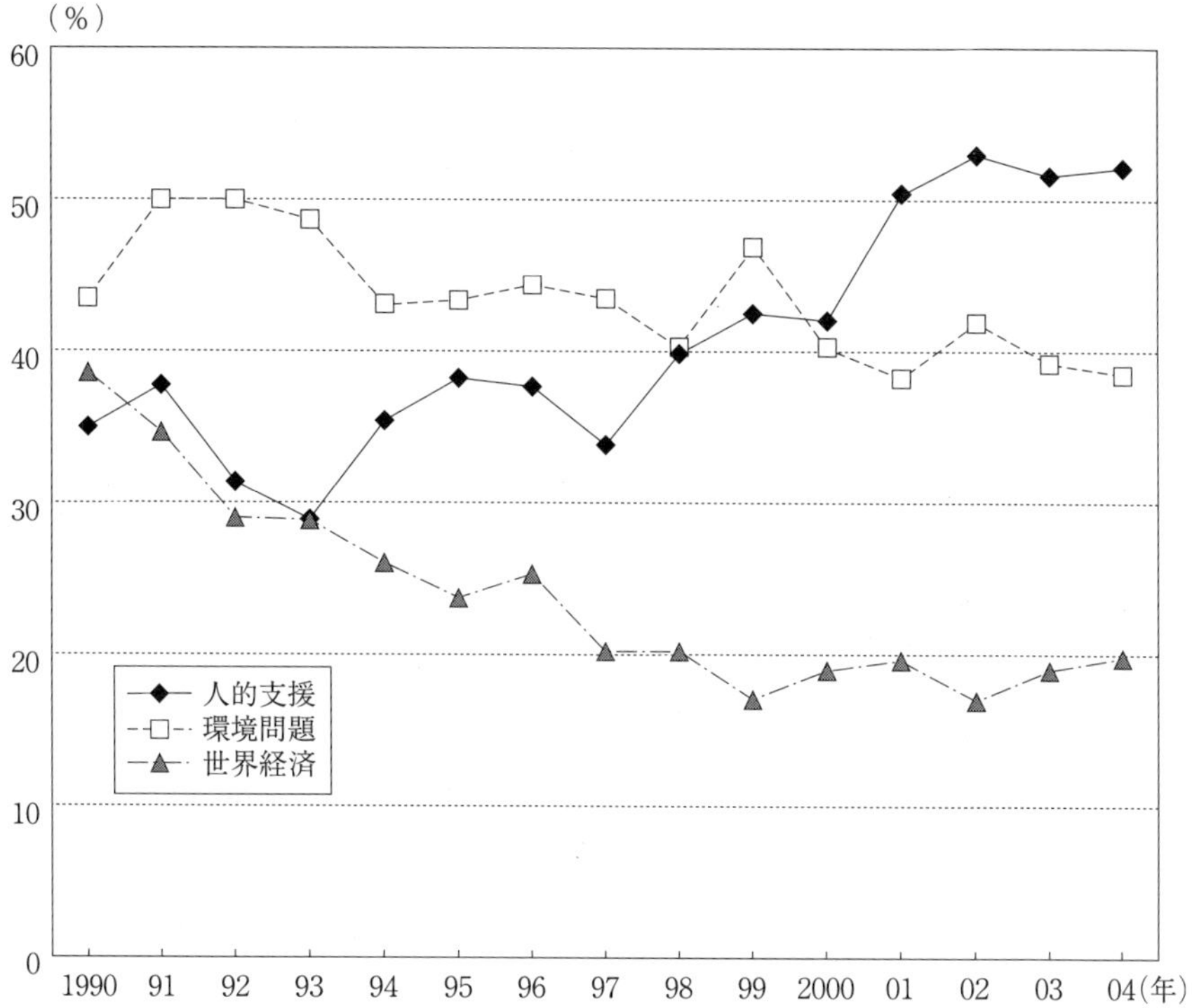

図７−５　日本の果たすべき役割
出所：内閣府調査「外交に関する世論調査」。

一九九〇年以降の世論調査の結果を見ていくと、日米安保が日本に安全をもたらすうえで最善の選択だという意識が国民のコンセンサスとなり、核開発やミサイル実験、拉致問題などで「朝鮮半島」に対して安全保障上の関心が大きく高まったことが分かる。二〇〇三年イラク特措法の事例で、与党がイラク戦争に対する米軍支援を「北朝鮮・イラク」問題と大量破壊兵器という共通項でくくったことは、こういった国民の世論を反映した手段だとすると納得がいく。また、日本が果たすべき役割としての人的貢献に対する支持も高まっている。自衛隊に対して嫌悪感を持つ国民が少なくなり、自衛隊の海外派遣に対する抵抗がなくなってきていることが、小泉政権下でテロ対策特措法やイラク特措法を成立させた重要な背景であったといえよう。

(5)　個別の安全保障政策に対する賛否

一九九〇年以降の世論調査を見てみると、

冷戦後の国際政治環境を反映して、朝鮮半島と日米安保体制維持への支持と同時に、自衛隊への好感度も高まったことが分かった。これらのことが本書で扱った九〇年代以降の個別の安全保障政策に対する世論の反応にどのように影響したのか。(1)一九九〇年国連平和協力法案、(2)一九九一年掃海艇派遣、(3)一九九二年ＰＫＯ協力法、(4)一九九九年日米防衛ガイドライン関連法、(5)二〇〇一年のテロ対策特措法、(6)二〇〇三年のイラク特措法、の六件に関して朝日新聞の世論調査を見てみる。

国連平和協力法案と掃海艇派遣

一九九〇年の湾岸戦争勃発後間もない時点では、自衛隊の海外派遣に対する国民の抵抗感は強かった。同年一〇月一日付の朝日新聞に掲載された世論調査では、「憲法など改正して自衛隊を派遣」を支持する回答者は一九パーセントにすぎず、自衛隊派遣ではなく「非軍事面で貢献」を望む声が六七パーセントと全体の三分の二を占めていた(56)。また、国連平和協力法案が国会に提出された後の一一月六日付の世論調査では、同法案に対する賛否が問われたところ、賛成が二一パーセントに対し、反対が五八パーセントと大多数を占めた。

ところが、一九九一年一月の湾岸戦争突入後、国民の意識は変わった。一九九一年四月の海部政権によるペルシャ湾岸への自衛隊掃海艇派遣では、掃海艇の派遣に賛成の回答者が五六パーセントと、反対の三〇パーセントを大きく上回った（朝日新聞、一九九一年四月二四日）。

ＰＫＯ協力法

一九九一年に宮沢政権によって提出された、国連の平和維持活動に自衛隊を派遣するＰＫＯ協力法案が提出されたのを受けて行われた朝日新聞の世論調査では、自衛隊の海外派遣を賛成する回答は合計で七一パーセントを数え、「海外派遣すべきでない」という回答は二四パーセントにすぎなかった。なお、七一パーセントの内訳は、災害救助など、非軍事的な支援に限って派遣するが五〇パーセント、国連の指揮下での軍事的な役割を認めるが一九パーセント、多国籍軍のような軍事行動にも参加するという積極的な回答は二パーセントだった（朝日新聞一九九一年一一月一〇日）。ところが、ＰＫＯ協力法が成立した後の同新聞の世論調査では、同法の成立を「よかった」とする答えと「よくなかった」とする回答がともに三六パーセントと均衡していた。自衛隊の国連平和維持活動の参加に対して、「憲法上、問題がある」という回答が五八パーセントで、「問題がない」という回答の二六パーセントを大きく上回った（朝日新聞、一九九二年七月一三日）。掃海艇派遣後、自衛隊の海外派遣に対する抵抗感が弱まったものの、憲法上の疑義が自衛隊のＰＫＯ参加に対して、国論を二分する結果にしたと考えられる。

日米防衛ガイドライン関連法

一九九九年に日本周辺で紛争が起きたときの米軍に対する協力を定めた新ガイドラインを立法化する法案が国会に提出された後の同年三月一九日に、朝日新聞は世論調査の結果を掲載した。そこではこの法案に関心があるとする回答が「大いに関心がある（二〇パーセント）」、「少しは関心がある（四〇パーセント）」と合計で六〇パーセントを占め、高い国民の関心度が示された。しかし、法案自体に対しては反対が四三パーセントと、賛成の三七パーセントをやや上回った。反対の理由としては、「日本が紛争に巻き込まれる恐れがある」という回答が二二パーセントで最も多かった(57)。

テロ対策特措法

日米防衛新ガイドラインによって、日本周辺における有事の際に米軍に協力する体制が整ったわけだが、上記のように世論はどちらかといえば消極的な立場を示した。ところが、二〇〇一年に米国で起こった同時多発テロが、日本国民の意識も大きく変えた。二〇〇一年一〇月一六日の朝日新聞掲載の世論調査によると、同時多発テロへの対応で、「日本がアメリカに協力すること」に「賛成」が七一パーセントと圧倒的多数で、「反対」の一七パーセントを大きく上回った。アフガン攻撃を始めた米軍に対する自衛隊の協力を定めた「テロ対策特措法」に対しても、「賛成」が五一パーセントと「反対」の二九パーセントを大きく上回った。自衛隊の海外派遣に対する抵抗感は弱まっていると言ってよいだろう。

イラク特措法

朝日新聞は、政府がイラク特措法の準備を明らかにした後、二〇〇三年六月から七月にかけて二回にわたって、イラクへの自衛隊派遣について、賛否を世論調査で問いかけた。七月一日に掲載された世論調査では「賛成」が四六パーセントと、「反対」の四三パーセントをわずかに上回った。しかし、七月二二日掲載の世論調査では「賛成」が三三パーセントと大きく下落し、「反対」が五五パーセントとなり、賛否が逆転した。反対の理由で最大のものは、「イラクがまだ危険だから（二五パーセント）」というもので、反対の増加がイラク情勢の不安定さによる自衛隊の被害への懸念からだったことがうかがえる(58)。

個別の安全保障政策についての世論の動きを見ると、一九九一年の湾岸戦争前と後とで大きく変化したのが分かる。国連平和協力法案の審議中には自衛隊派遣に対する国民の抵抗感は強かったが、戦後間もないときの掃海艇派遣では国民の多くがそれに賛成したし、その後のＰＫＯ協力法案審議中にも、自衛隊海外派遣に国民は強い賛意を示した。米国多発テロや北朝鮮の脅威の高まりを経て、テロ対策特措法では圧倒的な賛成多数という世論調査の結果が出た。他方、イラク特措法では小差の賛成優勢、ガイドライン関連法では逆に六ポイント差で反対優勢という結果が出ているが、全体として自衛隊の海外派遣に対する抵抗感は著しく弱まったと言えよう。これらの変化が九〇年代から二〇〇〇年代前半にかけての安全保障政策の展開を可能にした政治環境を作り出したと言えよう。

4　アクター別の各事例での動き

本章では、非政府アクターである、利益団体、メディア、世論について、一九九〇年からどのような変化が生まれたかを分析した。利益団体のうち、経済団体は安全保障問題について積極的な意見を表明することが多くなってきた。一

表7-1　各事例のアクター別動き

事　　例	法案作成担当部局	最初の報告先	全国紙からの支持	野党の支持	財界の支持	労組の支持	世論の支持	内閣支持率（朝日新聞）
国連平和協力法案　1990（海部政権）	外務省国連局	自民党政調部会	産経，読売	無し	支持	支持	二分	高（50％台）
掃海艇派遣　1991（海部政権）	---	自民党からの要求	産経，読売	民社党	支持	支持	支持	高（約50％）
PKO協力法　1992（宮沢政権）	官邸	自民党政調部会	産経，読売，日経	公明党民社党	支持	支持	支持	低（約30％）
新ガイドライン法　1999（小渕政権）	外務省北米局	自民党政調部会	産経，読売，日経	公明党	支持	反対	二分	低（21～37％）
テロ対策特措法　2001（小泉政権）	官邸	連立政党	産経，読売，日経，毎日	無し	支持	反対	支持	激高（70％超）
イラク特措法　2003（小泉政権）	官邸	連立政党	産経，読売，日経	無し	支持	反対	二分	普通（40％台）

方、労働団体は一九九〇年代においては、積極的な安全保障政策に対して支持を示したが、二一世紀になってからはそれほど積極的な政治活動は展開していない。メディアの中では、全国紙五紙が全体的に見て、積極的な安全保障政策を段階的に強めていったと言えよう。最後の世論についても、冷戦の崩壊に伴い、国民の安全保障への関心は高まり、より現時的な見解が強まった。自衛隊に対して好意的な見解が強まると同時に国際社会における日本の役割強化を積極的に支持するようになった。これらのすべてが、小泉政権下におけるテロ対策特措法やイラク特措法成立を可能にした政治環境を作り出したのであろう。

最後に本章で扱ったアクターに加えて、第5章と第6章の行政府と立法府アクターが各事例でどのような立場だったのかを要約し表7-1にまとめてみた。

終章　アクター間の相互作用

これまで、政治過程における、それぞれのアクター別にどのようなダイナミクスがあり、その見解や活動にどのような変化があったかを分析してきた。実際の政治過程においては、アクター間の相互作用によって、政策が決定していく。ここでは(1)利益団体と政党、(2)政党間、(3)官邸と政党、(4)官邸と外務省・防衛庁、(5)世論とメディア、(6)世論と小泉首相という、六つの側面を取り上げ、アクター間のダイナミクスがどのように作用していったのかを見てみる。

1　利益団体と政党

冷戦構造の崩壊後、米国議会が日米同盟の有用性に疑問を抱くようになったころ、湾岸危機が勃発した。米国政府の知日派は、日本は人的貢献をして、日米同盟の意義を示してくれると期待した。しかし、これまで自衛隊の海外派遣をタブー視してきた政府・自民党では内部で大きな意見の対立があった。自民党の執行部には小沢一郎幹事長、加藤六月政調会長、西岡武夫総務会長という、党内でもタカ派と目されていた議員が名を連ねており、自衛隊の海外派遣に積極的な考え方を示した。他方、海部俊樹首相や栗山尚一外務事務次官は自衛隊の海外派遣に強い抵抗感をあらわにし、人的貢献には自衛隊を別組織にして派遣することを目指した。結局、自衛隊を部隊として海外に派遣する「国連平和協力法案」が国会に提出されたが、政府与党内の意見の対立が国会答弁の最中に露見するような形になり、一九九〇年一一月に同法案は廃案となった。

湾岸危機という全世界が注目する出来事において、日本政府が有効な人的貢献策を打ち出せないことが日本の評価を大きく下げたことを、海外で大規模に事業展開をしている企業の集合体である経済界は身にしみて感じていた。米国を中心に対日不信感をつのらせ、新たな経済摩擦がひき起こるのではないかという危機感も強まった。経済界から真っ先に声を上げたのは、石原俊経済同友会代表幹事であった。一九九一年一月の年頭見解で、国際的に貢献できるような体制を作るべきであるし、そのために必要なら憲法改正を議論すべきだとする提言を発表した。

湾岸戦争終結後、政府与党内ではペルシャ湾に掃海艇を派遣すべきだという議論が起こっていたが、ハト派の海部首相は決断を躊躇していた。そんな時、平岩外四経団連会長が掃海艇を派遣すべきだとする「会長見解」を発表した。平岩の意見に呼応するかのように、鈴木永二日経連会長も掃海艇派遣を促す発言をした。これ以外にもペルシャ湾の航路安全を必要とする船主協会、全日本海員組合、アラビア石油などが公式、非公式に政府に掃海艇派遣を求め、海部首相はようやく派遣の方針を固めた。経団連が安全保障問題で政府に決断を迫るという異例事態が、腰の重い海部首相に掃海艇派遣を決断させたことになった。

この掃海艇派遣が成功裡に終わったことに気をよくした海部首相は、自衛隊を部隊としてPKO活動に派遣する「PKO協力法案」を推進するようになった。九月に同法案が閣議決定され国会に提出されると、翌月には財界のシンクタンクと呼ばれる経済同友会が「日本の針路」という提言書を出し、PKO協力法と自衛隊の海外派遣への支持を表明した。意見がまとまらない政府与党に対して、財界が積極的に発言し、それによって慎重であった海部内閣が国際貢献に踏み切ったということである。

他方、野党第一党であった社会党に対しても、支持団体からの圧力がかかった。PKO協力法案を作成するときに公明・民社が自民党と政策協議を行ったのに対して、社会党は参加を避けた。これに対して、一九九一年一月に全電通など五つの有力労組が現実的な対応をするよう求めた。しかし、社会党は同月の党大会で「非武装中立論」を堅持する方針を確認した。山岸章連合会長が、自衛隊合憲と日米安保の容認をふくめた社会党改革の私案を提言した。だが、社会党はなかなか方針を変えようとしなかった。また、PKO協力法で条件付き支持を表明した連合に対して、社会党は「賛成できない」という委員長声明を発表した。

連合は九三年一月にも、安全保障基本法の制定と近い将来の憲法の見直しを提言し、安全保障の面ではこれまでの社会党路線から離れた見解を公言するようになった。さらに、同年四月には自治労が最小限の防衛力保持を合憲とし、安全保障基本法の制定を呼びかける「外交・安全保障構想」を発表し、山岸会長の後押しをするような形になった。これら支持団体である労組の路線転換が、村山政権下での社会党の自衛隊合憲と安保堅持を支持する政策転換につながったのである。

一九九八年、社民党（一九九六年、社会党より改称）が自民・さきがけとの連立を離脱した後、民主党が野党第一党となると、連合は社民党を見放し民主党を支持するようになった。旧同盟系の労組が組織してきた「憲法擁護新国民会議」が「憲法論議研究会議」に改組され、労働組合の間でも改憲の議論が公然とされるようになった。そういった労組の動きに呼応するかのように、一九九九年九月に鳩山由紀夫民主党代表が、『文藝春秋』で憲法に戦力の保持を明記するよう主張した。(1) 労働組合が安全保障政策でも現実的な立場に転換し、それが社会党の路線転換を促し、その後民主党に対して影響を与えたことは、日本の政界全体の右傾化を促進したといえるだろう。

2　政党間

冷戦構造の崩壊に伴って、国内にかつて存在した「一九五五年体制」と呼ばれる自民党と社会党の対立の構図も崩れていった。国連平和協力法案は自衛隊派遣に反対する社会党に、公明・民社両党が加担し、いわゆる安全保障政策で見られたそれまでの「社公民」路線を堅持する野党連合の強い抵抗によって廃案に追い込まれた。しかし、冷戦後の国際社会における日本の人的貢献の必要性を、公明・民社両党は社会党よりも強く感じていた。小沢一郎自民党幹事長が公明・民社両党の幹事長と交渉すると、婦人部の影響力が強く、それまで平和政党を標榜してきた公明党も、自民党に協力する姿勢を見せた。その結果、PKO協力法案で自衛隊派遣を目指す「三党合意」が生まれ、安全保障政策において初めての「自公民」路線が確立された。

その後、冷戦後の一九九三年に細川非自民連立政権が誕生し、与党となった社会党は、これまで自衛隊の存在は違憲だという立場から、自衛隊と日米安保容認に政策を転換した。その後、村山富市社会党委員長が首班となる自民・社会・さきがけ三党による連立政権が成立すると、村山首相は自衛隊の合憲性を明言し、党大会でもそれを追認させ、名実共に「五五年体制」が崩壊した。

第二の事例であるガイドライン関連法案が作成されたのは橋本龍太郎が首班の自社さ政権であったが、一九九八年五月末に同法案の国会提出後、村山後任の土井たか子委員長率いる社民党は、連立を離脱し、再び野党の立場から政府の外交・安全保障政策を強く批判するようになる。その一方で、一九九九年一月には小沢率いる自由党が連立に加わり、ガイドライン法案の作成過程で自民党と積極的な協議を繰り返す。さらに同年一〇月の自自公連立政権の発足以来、公明党も政権党の一翼として現実的な対応を示すようになった。

第三の事例であるテロ対策特措法案のときには、小泉首相は自民党の部会に諮る前に連立のパートナーである公明党・保守党と協議し、法案の骨子について先に連立与党間で合意し、政策を進める手法をとった。国会審議においては一九九七年以来最大野党となった民主党が、外交問題において現実路線を示した。民主党は、テロ対策特措法で実質的な政策議論を展開し、有事法制においては対案を示し政府と合意した。民主党は、政権奪取を目指す責任政党として、安全保障問題で自民党と同じ土俵に乗ることにしたのである。

冷戦後、日本の政界に存在した一九五五年体制という擬似冷戦構造が崩壊し、さらに小選挙区の導入によって社民党、共産党という左寄りの政党が縮小していくなか、議席を伸ばした民主党と与党の一員となった公明党が現実路線を示した。これによって、安全保障問題における真剣な議論が可能になり、長年タブーとされていた有事法制が出席議員の九割の賛成を得て立法化されるまでになったのである。

3　官邸と自民党

湾岸危機の起こった一九九〇年当時、自民党では最大派閥である竹下派の影響力は絶大であった。リクルート事件に有力な政治家のほとんどが関わっていたため、緊急避難的に竹下登元首相の指名によって首相となった海部は、河本派という弱小派閥に属し、しかも派閥の領袖どころか派内でナンバー3ぐらいの位置づけでしかなかった。竹下派の小沢一郎が幹事長ポストに就き、首相よりも強い影響力を行使するという権力の二重構造が生まれていた。

廃案となった国連平和協力法案が、海部首相が反対していた自衛隊を部隊として派遣する内容になったのも、小沢幹事長の強い影響力によるものである。また、湾岸戦争勃発後の九〇億円という多額の資金援助も、小沢の政治力で財界を説得し法人税増税などで財源を確保できたから、短期間に行えたものであり、海部首相の活躍は見られなかった。そこには、海部内閣の官邸内で官僚機構の総まとめを担当する石原信雄官房副長官が、小沢が自治相だったときに自治事務次官として仕え、竹下政権でも官房副長官であった小沢と共に働いたことがあり、小沢の側近とも言える存在であったことも大きく影響していた。そのため、湾岸危機から国連平和協力法案にいたる段階では、小沢率いる自民党執行部が政治力を発揮し、組織としての官邸はその補佐に回ったような形となった。

また、自民党の政調会も影響力を行使していた。国連平和協力法案もPKO協力法案も部会による事前審査を行ったし、掃海艇派遣の際も国防関連の三部会が決議を可決し、海部首相に決断を求めたことが直接的な引き金となった。

第二の事例であるガイドライン関連法案では、社会党党首が首班である村山政権下の外務省や防衛庁は日米防衛ガイドライン策定の具体的作業に入るのを躊躇していた。そこで自民党の安全保障調査会が外務省や防衛庁担当者を招いてのヒアリングを行い、新ガイドラインに積極的に取り組むべきだという内容の報告書を出し、行政府の後押しをした。党優位の態勢の下、ガイドライン法案が作成され、自民党の政調部会、そして総務会の承認を経て、連立与党の合意後に閣議決定するという通常の手順で進められた。

一変して第三の事例であるテロ対策特措法案の時は、小泉首相は先に連立のパートナーである公明党・保守党と合意をまとめ、自民党の部会や総務会には追認させるだけという、通常とは逆の手順を踏んだ。この手法は有事法制やイラク特措法でも踏襲された。鈴木宗男議員など外交部会の実力者は「部会軽視」に不満の声を上げたが、小泉内閣はそれを無視して政策を進めていった。

最近では、政調会に加えて自民党総務会の承認プロセスもその重要性を低下させた。これまで総務会は党のコンセンサス形成機関であり、党則で過半数による議決を謳っているにもかかわらず、全会一致を慣行としてきた。反対があった場合でも反対者が退場することで、慣行を維持してきた。ところが、外交とは違うが郵政民営化法案の政治過程では、これまでの慣行を無視し、採決を強行し過半数による承認を行った。これが先例となり重要な外交問題においても、少数の反対意見を押し切る場面が多くなることが予想される。小泉政権下では官邸と自民党との力関係は、海部政権のときと比べると大きく逆転したといえるだろう。

4 官邸と外務省、防衛庁

伝統的に外交・安全保障政策は、外務省の担当局が軸になって進められてきた。局の決定となるまでに、省内の他局や他省との政策調整、大臣官房を通して法律上の問題がないかを判断する法令審査や、予算が必要な場合は財政当局である財務省の査定も行われる。ところが、海部政権下の国連平和協力法案の場合、担当局である国連局中心の政策調整がうまくいかず、不完全なままで国会に提出され、政府内の答弁が統一されず廃案に追い込まれた。そこで仕切りなおして、内閣官房の外政審議室（有馬龍夫室長）に法案準備室（野村一成室長）をつくり、新法案作りが進められた。ただ、内閣官房主導といっても、二人の室長はともに外務省からの出向者で外務省が中心であったことに変わりはなかった。一九九七～九九年のガイドライン法案については、日米安保条約の枠組みだったことから外務省北米局が中心に作成作業が進められた。ここまでは外務省としては、過去の法案作成作業と大きな違いを感じなかったはずである。

それが大きく変わったのは、二〇〇一年のテロ対策特措法の法案準備作業である。防衛庁出身の官房副長官補が率いる旧安全保障危機管理室が中心となり、外務省は防衛庁とともにその下請けに甘んじるようになった。官房長官と官房副長官の指導の下、短期間に関係各省庁を巻き込んだ総合調整を行わなければならなかった法案作成は、内閣官房主導でなければできなかったろう。そのパターンは有事法制やイラク特措法でも踏襲された。

内閣官房主導の政策過程を可能にしたのは、橋本改革による制度強化であった。一九九九年七月の内閣法改正で首相の発議権が明確化された。さらに首相の補佐機構である内閣官房の権限も強化された。それまで内閣官房には、複数の省庁が調整を求めてきた場合のみに行使できる「消極的調整」の権限しかなかった。もちろん、省庁側はできるだけ、内閣官房の干渉を避け自分たちの省で問題を処理しようと努めた。しかし新内閣法では、内閣官房に「内閣の重要政策」に関する「企画及び立案並びに総合調整」の権限が明確に与えられ、内閣官房は政策を主導し、積極的に調整できるようになったのである。

小泉政権下で成立したテロ対策特措法や、有事関連法、イラク特措法によって日本の安全保障の法的枠組みが整備されたが、すべて自衛隊の活動を規定するものなので、防衛庁、とくに現場を知る制服組の政策決定における関与が必要になる。また有事関連法では海上保安庁を監督する旧運輸省や、中央政府と地方自治体との関係を規定するため旧自治省なども関連してくる。また、テロ対策特措法とイラク復興支援特措法の場合、すべてが終わった後で自衛隊を派遣してもしかたがないという考えから、迅速性が要求された。これらの政策調整や迅速性は、内閣官房主導のトップダウン型の政策過程でなければ、達成不可能だったと言える。

5　世論とメディア――憲法改正の論調

テロ対策特措法でトップダウン型の政策決定を可能にしたのは、小泉内閣の高い支持率だったが、ここで国民の世論とメディア、とくに全国紙の論調の関係を分析することにする。全国紙は国民の世論形成に大きな影響を持つメディアであると同時に、国民の声を反映させる鏡のような存在であることで政策決定者に対して影響力を持つ。安全保障に関する世論と新聞論調の相関関係を見てみよう。

本書で扱った具体的な安全保障政策は、すべて自衛隊の派遣ということでまとめることが可能だが、それぞれの事例における前提条件が異なるので、同一レベルで世論の支持を比較するのは適当ではないだろう。そこで前章でも扱った、一九九〇年代からの憲法改正の世論を取り上げ、全国紙の論調の変化を照らし合わせてみることにする。

憲法改正の世論調査については、各紙それぞれ設問の立て方が異なっている。フランスの社会学者、ピエール・ブルデューが指摘するように、質問者の政治的立場から世論を操作するために質問を設定することがあり[(2)]、質問の文言で改正に「賛成」する割合が違うという現象が生じる。例えば、二〇〇五年の戦後六〇周年のときに護憲の立場をとる朝日新聞は、「改正の必要がある（五六パーセント）」「改正の必要はない（三三パーセント）」という選択肢を提供している。これに対して、改憲支持派の読売新聞は「改正するほうがよい（六一パーセント）」「改正しない方がよい（二七パーセント）」という質問の仕方をして、「改正の必要はないが、どちらかというと改正するほうがよい」と考える回答者を取り込めるように設定してあり、改憲派の割合が朝日新聞よりも五ポイント高い結果を出している。

したがって、問題設定の異なる各紙の世論調査を比較することや、ある特定の世論調査一回でどのような結果が出たかを議論することには、それほど大きな意味はない。世論調査の分析でより重要なのは、同一の世論調査によるトレンドの分析である。そのため、一九八一年から開始され九三年から毎年調査を行っており、最も充実したデータを持つ読売新聞のものを利用する（図8－1参照）。

中曽根内閣下の一九八六年、読売新聞の調査で「改正したほうがよい」と答えた回答者は二二パーセントにすぎず、「改正しない方がよい」と答えた五七パーセントの半分にも及ばなかった。それが湾岸危機の翌年一九九一年三月の調査では改正に賛成する回答者が一一ポイント多い三三パーセントに増加した。しかし依然、反対の五一パーセントを一八ポイント下回っていた。それが一九九二年に読売新聞は憲法問題調査会を発足させ憲法改正の提言をまとめると、その翌年に行った世論調査では賛成が五〇パーセント、反対が三三パーセントと逆転している。読売新聞は「国際情勢の

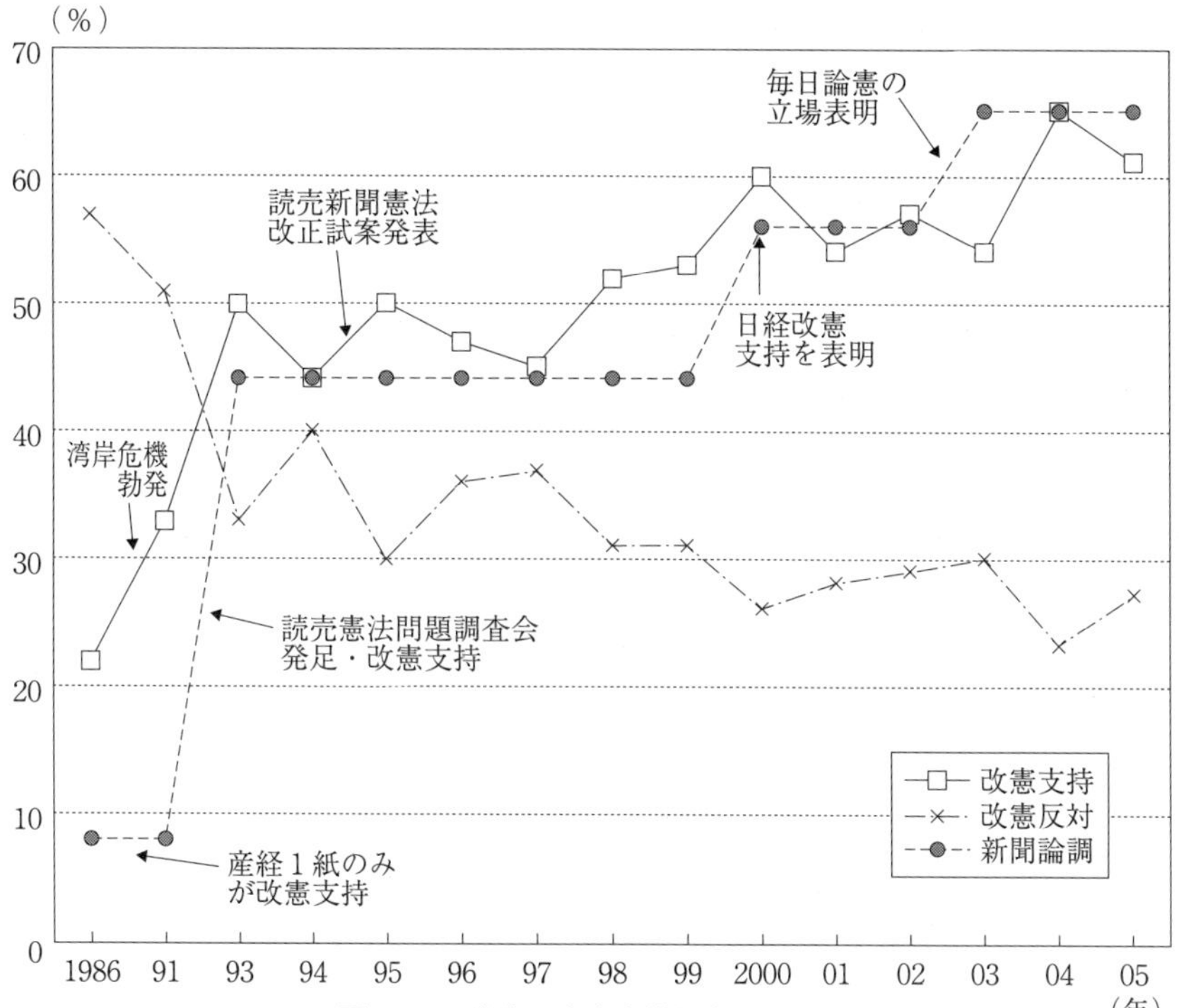

図８－１　世論の改憲支持と全国紙の論議
出所：読売新聞世論調査と全国紙社説をもとに作成。

変化を反映」という見出しをつけたが、憲法改正に関する質問の直前に憲法論議が「望ましいか（六七パーセント）」「望ましくない（一九パーセント）」という質問を行ったことも改憲賛成の急増の要因かもしれない[3]。読売新聞は一九九四年に主要メディアとして初めて憲法改正試案を発表し改憲支持の立場を鮮明にさせていくが、一九九三年から九七年まで改憲賛成は反対を上回る状態を維持しながらも、四四～五〇パーセントの間を上下するだけだった。

それが一九九八年に賛成が五二パーセントとなってから、五〇パーセント以上を維持し続ける。二〇〇〇年の憲法記念日には改憲に慎重な立場をとってきた日経新聞が改憲支持を示唆し、二〇〇一年一一月には毎日新聞も憲法改正の論議を活発にすべきだとする「論憲」の立場を明確にする。イラク復興支援に陸上自衛隊を派遣した二〇〇四年には改憲賛成が約三分の二となる六五パーセントを記録し、二〇〇五年の憲法記念日の社説で日経新聞は全面的改憲の支持を明言する。

前章で一九八六年以降の全国紙各紙の憲法改正に関する論調の変化を、憲法記念日の社説を中心に調べてみたが、要約すると次のようになる。一九五〇年代後半から産経一紙のみが賛成していたが、読売が一九九二年に賛成を明言し改憲派に転じ、日経も二〇〇〇年に改憲支持を表明した。一方、朝日は一貫して護憲の立場を継続した。毎日についてはずっと護憲派に与してきたが、二〇〇二年に論憲の立場を表明した時点で「中立」として賛成にも反対に含めないこととする。

これら全国紙五紙全体の改憲に対する賛成・反対の見解を数量化してみる。その際、各紙の発行部数によって按分することにする。そこで二〇〇四年上半期の日本ABC協会のデータによる朝刊発行部数（読売新聞一〇〇八万部、朝日新聞八二五万部、毎日新聞三九六万部、日本経済新聞三〇二万部、産経新聞二一二万部）を利用し、全国紙五紙全体の改憲支持率の変遷をグラフにしてみると、図8-1のように世論調査の改憲支持率の動きとほぼ重なり合う結果となった。新聞が世論を形成したのか、世論が新聞の論調を変えたのか因果関係は明確ではないが、憲法改正の議論の点において世論と新聞論調の間には非常に強い相関関係があったと言える。

6　世論と小泉首相の政権運営

政権基盤の脆弱な小泉首相がトップダウン型の政策を進めることができたのは、国民世論の変化をうまく政策決定に活かしたからである。テロ対策特措法や有事法制、イラク特措法などの重要な安全保障政策を推進したが、小泉内閣の支持率を追っていくと、要所要所で首相が支持率の上昇をバネに、政権運営をしてきたことがよく分かる。

二〇〇一年四月に首相に就任した小泉は、空前絶後と言える八〇パーセントを超える高い支持率を得て政権をスタートさせた。同年九月に米国同時多発テロがあり、それに対する対応策として、二カ月後にはテロ対策特措法を成立させたが、事例研究でも見たように、その迅速な政策過程は高い支持率を背景に、党内の根回しを無視して政策を進めたか

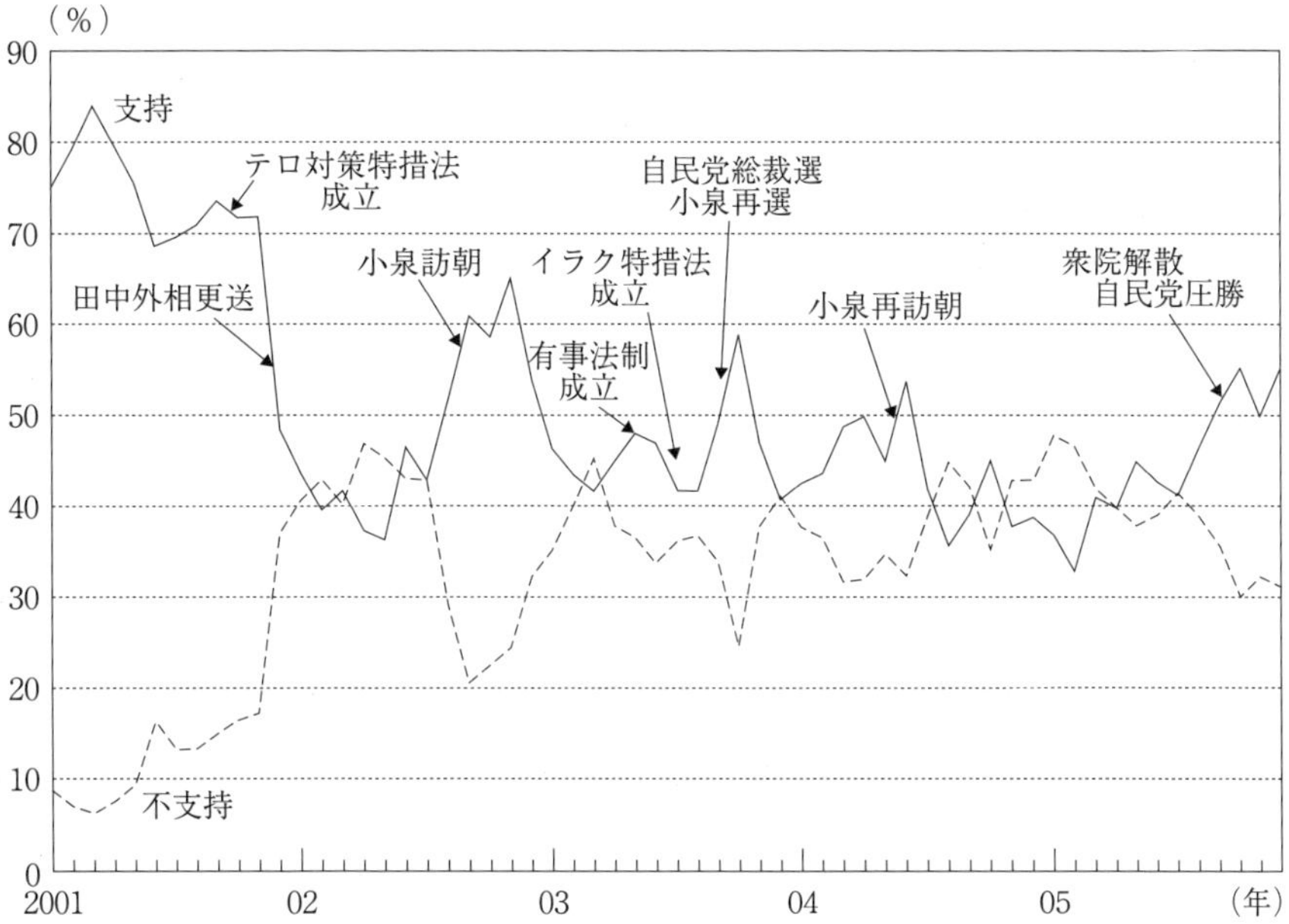

図８－２　小泉内閣支持率

出所：朝日新聞の世論調査をもとに作成。

らである。

ところが二〇〇二年初頭、国民の間で人気の高かった田中真紀子外相を更迭すると、外相を外務省改革の旗手と見ていた多くの国民が更迭に抗議し、首相官邸が発信するメールマガジンあてに日に一万通もの抗議メールが殺到した。小泉内閣の支持率も七三パーセントから四九パーセントに急落し、その後内閣の支持と不支持が拮抗する状態が半年続いた。有事関連法案の審議過程では、支持率の低くなった小泉政権に対して、野党第一党の民主党も強気になり徹底的に抵抗し、法案を継続審議にさせた。（図８－２参照）

二〇〇二年九月に、小泉首相が北朝鮮を訪問し初の日朝首脳会談を行うと、その外交成果に国民は内閣の支持率を高めた。また、拉致被害者を永住させるという決断と北朝鮮の核開発に対する毅然とした態度も高く評価され、小泉内閣の支持率は六〇パーセント台を回復した。その余勢をかって、小泉政権は有事法制とイラク特措法を成立させるが、その結果また、内閣支持率は四〇パーセント台を推移するようになる。しかしその後、二〇〇三年秋の自民党総裁選と総選挙、二〇〇四年五月の再訪朝、二〇〇五年九月の衆院解散と大きな政治イベントを生み出すことによって、内閣支持率を回復させている。小泉首相が世論形成能力を活用して政権運営を行ったことが、図８－２のグラフを見るとよく分かる。

7 ダイナミクスの変化と同心円モデル

これまでに述べてきた、各政策アクター間のダイナミクスの変化を第三章で紹介した同心円モデルに当てはめて見てみよう（図８－３参照）。

第一と第二の事例（湾岸戦争、新ガイドライン）において、同心円の核（コア）となっているのは、首相と外務省であった。ＰＫＯ協力法案の作成については内閣官房で行われたが、外務省出身の外政審議室長と法案準備室長が中心になっていたため、外務省主導である実態はそれほど変わらなかった。

コアのすぐ外側の層には、伝統的な政策過程においては担当局が真っ先に根回しを行う、政府各省と与党を置いている。さらに第一の事例を除くと連立政権であったことを考慮して、自民党と政府の外側の層に連立パートナーを位置づけている。連立政権においては、閣議決定に先立って連立与党間の合意が必要である。連立パートナーのさらに外側の層をなすのが、野党である。この行政府・立法府アクターの外側の層に、利益団体とメディア、世論が位置し、外部から政策アクターに影響を及ぼす形になっている。

第一と第二の事例では、この外務省、自民党・政府、連立パートナー、野党を内側から並べた同心円の順番どおりに、政府案が自民党内の政策部会と総務会の承認を経て、連立与党の合意後に閣議決定そして国会提出、国会審議後の立法化という通常の政策過程が展開された。ところが、橋本政権下で行われた行政改革によって、内閣機能が強化されたことが政策過程に大きな変化を生んだ。とくに、内閣官房の政策立案権限が明確化されたことによって、官邸を中心にした政策過程が可能になった。

第三と第四のテロ対策特措法とイラク特措法の事例では、安全保障という官邸主導にふさわしい政策課題であったた

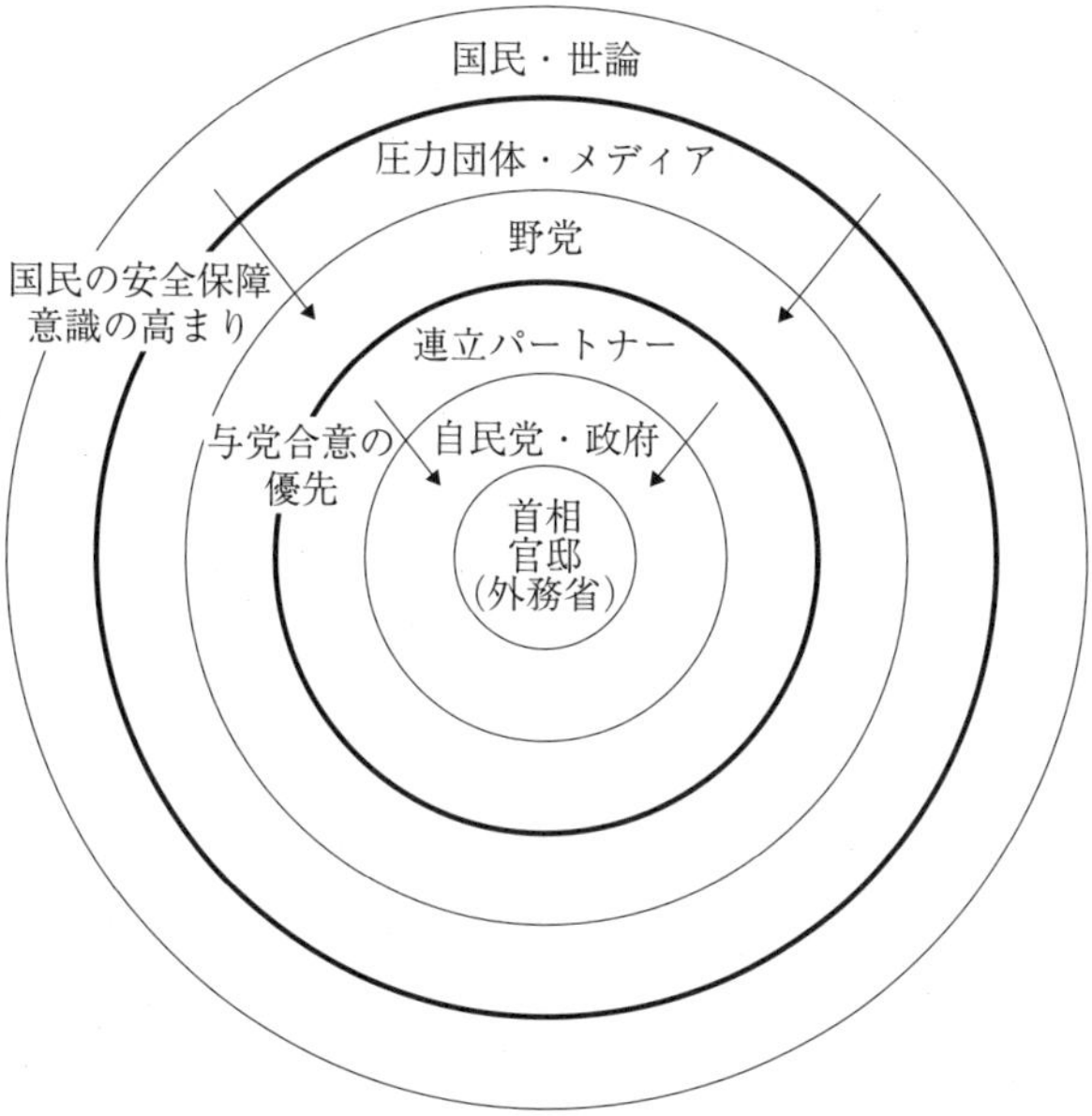

図8－3　同心円モデル分析

め、内閣官房が初めから法案作成を行った。それまで安全保障問題で中心的な役割を果たしていた外務省が、外政審議室の廃止、田中外相と省幹部との軋轢に加えて、機密費スキャンダルの結果として存在感が弱くなっていたため、テロ対策特措法の政策過程では、官邸主導を受け入れ補助的な役割に甘んじた。湾岸戦争の教訓があり、「遅すぎる対応」といった批判を回避すべきだという認識が政府および自民党内に共有されており、それも官邸主導を容認した。

自民党内では権力基盤の弱い小泉首相だが、その弱点を逆手にとって派閥の影響力排除を公言することによって、世論の強い支持を得た。テロ対策特措法案の政策過程では、七〇～八〇パーセント台という高い世論の支持を背景に、小泉首相は自民党内での根回しをせずに連立与党の合意を得るという手続きで閣議決定・国会提出まで迅速な政策決定を可能にした。通常の政策決定過程なら、自民党内の政策部会の了解後、総務会での承認、与党間調整を経て、与野党協議という手順を踏むのだが、テロ対策特措法の場合、山崎幹事長を中心に与党調整を最初に行った後、総務会に説明、部会は最後に回すという異例の手順を踏んだ。同心円モデルにある内側の与党の層ではなく、そのもうひとつ外側の連立パートナーの層から合意を進め、政府内の政策決定を行ったわけである。こういった自民党部会より与党内調整を重視した手続きに対し、自民党内の有力なサブグループである外交部会や国防部会は党内コンセンサス形成を軽視したと強く批判した。しかし、小泉首相の高い支持率がそういった批判を打ち消した。

国会運営では小泉首相の改革路線に賛同する民主党の一部が協力的な姿勢を見せた。与野党合意を模索したものの、民主党との連立組み替えを恐れた公明党が与党の結束強化を主張し、民主党に歩み寄りを見せるよりも与党単独採決を望んだ。小泉首相は同心円モデルの野党の外側にある世論の圧倒的な支持を背景に、与党単独採決は許容されると判断し、その結果異例の速さで立法化されることになった。

イラク特措法案でも、テロ対策特措法の事例と同様、外務省と防衛庁が下請けとなる官邸主導の政策過程が踏襲された。また、自民党部会より与党内調整を重視するといった手順も同じであった。政府内の政策過程は、同心円モデルの外から中を固めていく行程となった。ただ、内閣支持率はテロ対策特措法のときよりは低下しており、そのため与党内の承認手続きの際に大量破壊兵器条項を削除するという妥協を行い、国会審議では野党の強い抵抗のなか強行採決に踏み切った。

党内の支持基盤の弱い小泉首相は、強い国民の支持を背景に自民党内の根回しをしない独特な政策過程によって、テロ対策特措法とイラク特措法を成立させた。図8-3の同心円モデルに記したように、政府内政策過程は連立与党の合意を優先させた外側から内側に向けての合意成立過程だった。また政府内の過程に加え、国会運営の過程でも重要だったのは国民の支持であった。一番外側に位置する国民の支持があったからこそ、テロ対策特措法の与党単独採決が受け入れられ、イラク特措法での強行採決が容認されたのである。

見てきたように、小泉政権下の安全保障政策過程は従来のスタイルとはかけ離れたものであった。行政府内の官邸主導、与党内での連立与党の合意優先と自民党内の党内手続き軽視、国会における現実路線の民主党との実質的な議論、安全保障に強い関心を示した利益団体とメディアと世論、すべてのアクターに大きな変化があった。これらすべての要因が相まって、重要な安全保障政策における政治リーダーシップの発揮を可能にしたのである。

註

第1章　合理的選択としての対外政策

（1）　当初、プリンストン大学組織行動学科によるパンフレットのような論文として出版されたが、話題になり一九六二年に本の一部として出版されることになった。Richard Snyder, H. W. Bruck and Burton Sapin, "Decision-Making as an Approach to the Study of International Politics," in Richard Snyder and others eds., *Foreign Policy Decision-Making* (New York : Free Press, 1962), and also reprinted in Richard Snyder and others eds., *Foreign Policy Decision-Making* (*Revisited*) (New York : Palgrave Macmillan, 2002).

（2）　*Foreign Policy Decision-Making* (*Revisited*), p. 25.

（3）　Joseph Frankel, *The Making of Foreign Policy : An Analysis of Decision Making* (London : Oxford University Press, 1963). 河合秀和訳『外交における政策過程』東京大学出版会、一九七〇年、四頁。

（4）　Thomas C. Schelling, *The Strategy of Conflict* (Cambridge : Harvard University Press, 1960), p. 4.

（5）　Graham Allison, *Essence of Decision : Explaining the Cuban Missile Crisis* (New York : Harper Collins Publishers, 1971), p. 13. 宮里政玄訳『決定の本質』中央公論社、一九七七年。

（6）　Ibid., p. 29-30.

（7）　Ibid., p. 37.

（8）　Graham Allison and Philip Zelikow, *Essence of Decision : Explaining the Cuban Missile Crisis*, 2nd ed. (New York : Longman, 1999), pp. 19-20.

（9）　Roger Hillsman, *The Politics of Policy Making in Defense and Foreign Affairs : Conceptual Models and Bureaucratic Politics* (New York : Prentice Hall, 1987) , p. 53.

（10）　Allison and Zelikow, p. 21.

（11）　Thomas Hobbes, *Leviathan* (Ayesbury, Bucks : Penguin Books, 1968, first published in 1651).

（12）　Hans J. Morgenthau, *Politics Among Nations : The Struggle for Power and Peace*, 5th ed. (New York : Alfred A. Konpf, 1973, first edition was published in 1948). p. 198.

(13) Robert O. Keohane, "Realism, Neorealism and the Study of World Politics," in *Neorealism and Its Critics*, ed. Robert Keohane (New York : Columbia University Press, 1986) p. 3.

(14) Kenneth N. Waltz, *Man, the State, and War : A Structural Analysis* (New York : Columbia University Press, 1959).

(15) Kenneth N. Waltz, *Theory of International Politics* (Redding, Massachusetts : Addison-Wesley Publishing Company, 1979), Chap. 5.

(16) Ibid., p. 126.

(17) Robert Gilpin, *War and Change in World Politics* (London : Cambridge University Press, 1981).

(18) Andre Moravcsik, "Taking Preferences Seriously : A Liberal Theory of International Politics," *International Organization* 51 (Autumn 1973), pp. 513-545.

(19) Robert Keohane and Joseph Nye, *Power and Interdependence* (Boston : Little Brown, 1977).

(20) 「社会構成主義」や「構成主義」とも訳されるが、アレクサンダー・ウェントが主観性が社会的に構築されていく過程を重視し、construction という言葉を選んでいることから、本書では「構築主義」と呼ぶことにする。Alexander Wendt, "Anarchy is What States Make of it : The Social Construction of Power Politics," *International Organization* 46, no. 2 (Spring 1992), p. 399.

(21) その代表的なものは、Robert Keohane, ed., *Neorealism and Its Critics*.

(22) Alexander Wendt, "Anarchy is What States Make of it," pp. 422-423.

(23) John Lewis Gaddis, "International Relations Theory and the End of the Cold War," *International Security*, 17 (Winter 1992/3), pp. 5-58.

(24) Ibid., pp. 419-422.

(25) Allison and Zelikow, p. 74, n126.

(26) Joseph S. Nye, *Understanding International Conflicts : An Introduction to Theory and History*, 4th ed. (New York : Longman, 2003). 田中明彦・村田晃嗣訳『国際紛争――理論と歴史』有斐閣、二〇〇三年、一〇～一一頁。また、以下の研究でも同様な見解が述べられている。Jeffery T. Checkel, "The Constructivist Turn in International Relations Theory," *World Politics*, 50 (January 1998), pp. 324-348 ; and Peter J. Katzenstein, Robert O. Keohane and Stephen Krasner, eds., *Exploration*

and Contestation in the Study of World Politics (Cambridge: MIT Press, 1999).

(27) ジョセフ・ナイ『国際紛争』一一頁。

(28) 日米同盟の非対称性については、坂元一哉『日米同盟の絆――安保条約と相互性の模索』有斐閣、二〇〇〇年に詳しい。

(29) 集団的自衛権の議論については、佐瀬昌盛『集団的自衛権――論争のために』ＰＨＰ選書、二〇〇一年に詳しい。

(30) James Auer, "U. S.-Japan Relations from 1941 to 2001 and the Next 50 Years including the Current War on Terrorism," unpublished paper, dated March 4, 2002.

(31) 米国防省長官室担当者、著者インタビュー、一九九〇年七月一三日。

(32) 一九六四年の厚生省の資料で軍人・軍属の死没者は一九四万人、終戦後の抑留などの死没者一八万人を含むと二一二万人とされている。また、民間人犠牲者の推計は困難だが、正村公宏の推計によると九〇万人程度だという。正村公宏『世界史のなかの日本史』東洋経済新報社、一九九六年、二七一頁。

(33) 一九四四年の国民総生産の推定額が七四五億円、直接軍事費は七三五億円、財政規模は八六一億円である。

(34) 金森久雄『戦後経済の軌跡』中央経済社、一九九〇年、一二～一四頁。

(35) 大嶽秀夫編『戦後防衛問題資料集』三一書房、一九九一年、一三八頁。

(36) 一九四六年六月二一日、一一月二七日、一九四七年一月一四日の三回であるが、最後の演説では「民主的平和的なる国家」と少し表現が異なっていた。

(37) 五十嵐武士『日米関係と東アジア――歴史的文脈と未来の構想』東京大学出版会、一九九九年、一五四～一五五、二五五頁。

(38) 「わが方見解」、外務省条約局法規課「平和条約の締結に関する調書」一九五一年一月三〇日。東京大学東洋文化研究所田中明彦研究室データベース『世界と日本』http://www.ioc.u-tokyo.ac.jp/~worldjpn/（二〇〇六年七月一四日確認）。

(39) 西村熊雄外務省条約局長の備忘録（一九五一年一月一三日付）。坂元一哉『日米同盟の絆』三二頁からの引用。

(40) Richard Rosecrance, *The Rise of the Trading State: Commerce and Conquest in the Modern World* (New York: Basic Books, 1986), pp. 138-139, 155. 土屋政雄訳『新貿易国家論』中央公論社、一九八七年。

(41) Ibid., p. ix.

(42) この逸話は、当時総理秘書官を務めていた小長啓一から聞いた。小長啓一、著者インタビュー、一九九二年一二月一四日。

(43) この主張を展開した本には、以下のようなものがある。Martin and Susan Tolchin, *Buying into America: How Foreign*

Money is Changing the Face of Our Nation (New York: Times Book, 1988); Martin and Susan Tolchin, *Selling Our Security: The Erosion of America's Assets* (New York: Times Book, 1988); and Pat Choate, *Agents of Influence: How Japan's Lobbyists in the United States Manupulate America's Political and Economic System* (New York: Knopf, 1990).

(44) Karel van Wolferen, "The Japan Problem," *Foreign Affairs* (Winter 1986/87); James Fallows, "Containing Japan," *The Atlantic Monthly* (May 1989); and Clyde V. Prestowitz, *Trading Place* (New York: Basic Books, 1988).

(45) 親日度に関する世論調査はニューヨーク・タイムズ紙とCBSの共同調査で、一九八五年に日本に親しみを感じるという回答が八七％だったのに対して、一九八九年には七九％、一九九〇年には六七％と落ち込んだ。*New York Times* (13 August 1985, 23 February 1989, and 6 February 1990). 脅威に関する世論調査はビジネス・ウィーク社によるもので、ソ連の軍事力を脅威とする回答が二二％だったのに対して、六八％が日本の経済力を選んだ。*Business Week* (7 August 1989).

(46) 添谷芳秀『日本の「ミドルパワー」外交——戦後日本の選択と構想』ちくま新書、二〇〇五年、三七頁。

第2章　ブラックボックス分析で見た冷戦後の安全保障政策事例

(1) "Japan Pledges Loans and Grants in Gulf, but U.S. Is Annoyed by Lack of Arms Aid," *New York Times*, 30 August 1990.

(2) "Tokyo's Share of World Leadership," *New York Times*, 31 August 1990.

(3) 「周辺国援助で協議」『日本経済新聞』、一九九〇年九月一日。

(4) 栗山尚一『日米同盟——漂流からの脱却』日本経済新聞社、一九九七年、二八頁。

(5) マイケル・H・アマコスト／読売新聞社外報部訳『友か敵か』読売新聞社、一九九六年、一三六～一三七頁。

(6) 兵站協力ができなかったことについては、アマコスト、一四一～一四二頁や、栗山尚一、三六～三七頁、手嶋龍一『一九九一年　日本の敗北』新潮文庫、一九九六年、一四〇～一六一頁を参照。

(7) 栗山尚一『日米同盟——漂流からの脱却』三八～四〇頁。

(8) ドン・オーバードーファー／菱木一美訳『二つのコリア』共同通信社、一九九八年、三七四頁。

(9) 船橋洋一によると、政権入りを打診したウィリアム・ペリー国防長官に対して、ナイは日本との安全保障関係の強化をやらせてもらいたいと訴え、ペリーの合意を得ていたという。船橋洋一『同盟漂流』岩波書店、一九九七年、二九〇頁。

(10) 秋山昌廣『日米の戦略対話が始まった』亜紀書房、二〇〇二年、二四四頁。

(11) 同右、二四九頁。

（12）「日米防衛協力のための指針の見直しに関する中間とりまとめ」防衛協力小委員会、一九九七年六月七日。http://www.jda.go.jp/j/defense/policy/anpo/sisin97/interim/interim.htm（二〇〇四年九月二六日確認）。
（13）「米国同時多発テロ発生後の政府の対応」『時の動き』二〇〇二年一月、六〜八頁。
（14）"U. S. Welcomes Japan's Anti-Terrorism Assistance Package," White House Press Release, 20 September 2001, 〈http://usinfo.state.gov/topiecal/pol/terror/01092018.htm〉(12 December 2002).
（15）一応、三カ国を名指ししているが、北朝鮮とイランについての言及がそれぞれ一センテンスだけなのに比べ、イラクには一段落丸ごと（四センテンス）割かれている。ブッシュ演説がイラクに主眼を置いていたのは明らかだった。「悪の枢軸」という言葉を生み出したスピーチライター、デビッド・フラムはその暴露本のなかで、最初イラク攻撃を正当化する理由を書くように指示があり、その後北朝鮮とイラクが追加された過程を明らかにしている。David Frum, *The Right Man : The Surprise Presidency of George W. Bush* (Random House, 2003).
（16）両首脳以外では、高野紀元外務審議官とライス大統領補佐官しか同席していなかった少人数の会合で、ブッシュ大統領が「我々はイラクを攻撃する。間違いなくやる」と明言していたことが、会談の四カ月後に明らかにされた。この発言に対して、小泉首相は、「テロとの戦いで日本は常に米国とともにある」と伝え、米側は将来のイラク攻撃に対して日本の了解を取り付けたと理解した。『毎日新聞』、二〇〇二年六月九日。
（17）この国連とイラクの対話の詳しい説明は、ハンス・ブリクス／伊藤真訳『イラク大量破壊兵器査察の真実』ＤＨＣ、二〇〇四年、九六〜一〇九頁を参照。
（18）加藤良三、ワシントンの日本大使館における会合での発言、二〇〇三年三月二一日。
（19）外務省担当者、著者インタビュー、二〇〇四年五月一二日。
（20）小泉首相が「ブッシュ大統領の国連演説を聴き、世界の人々は大変強い感銘を受けたと思う……この問題の解決に当たっては国際協調のための一段の努力が行なわれることが望ましい。米国民が憤慨されることは分かるが、ここは耐えがたきも耐え、さらに一段の国際協調を取ることが望ましい」と、国際協調推進を望む日本政府の意図を伝えた。これに対し、「外交努力は行なうが、これが成功しなければ、他の方途を考えざるを得なくなる」と、ブッシュ大統領は小泉首相の説得に理解は示しながらも、武力行使をする意思を明確に伝えた。「日米首脳会談概要」、二〇〇二年九月一三日。http://www.mofa.go.jp/mofaj/kaidan/s_koi/usa_02/us_kaidan.html（二〇〇四年九月二六日確認）。
（21）安藤裕康外務省中東アフリカ局長は、「川口順子大臣も私も、在京のシャーキル・イラク臨時代理大使に協力を繰り返し要請しました」と明かしている。また、開戦間近で緊迫する三月三日に茂木敏充外務副大臣が総理特使としてイラクを訪問したときのことも、「アジズ副首相とは二時間にわたって交渉し、最後の翻意を促し、安保理決議履行を強く求めました。それでもやはりイラクからの自発的な行動がなかった」と残念そうに語っている。安藤裕康「日本の復興支援は中東地域の平和と安定に向けて」『外交フォーラム』二〇〇三年七月号、二二頁。

(22) ブッシュ大統領は二〇〇三年三月一七日のテレビ演説で、フセイン大統領に対して「四八時間以内に国外退去せよ。拒否は武力行使という結果を招く」と、最後通牒を突きつけた。「米国は平和解決を望み、この脅威に対処するため国連と協力してきた」と語り、今も効力を持つ国連安保理決議六七八号、六八七号を法的根拠として、イラクを攻撃することを明らかにした。また、全面的な武装解除を求めた一四四一号決議に言及し、「今日に至っても、イラクが武装解除したと主張できる国はないだろう……国連安保理がその責任を果たさないなら、我々が自らの責任を果たす」と、国連主導のイラク武装解除が成功しなかった点を批判し、武力行使の正当性を主張した。http://www.whitehouse.gov/news/releases/2003/03/20030317-7.html（二〇〇五年九月二日確認）。

(23)『デイリー自民』二〇〇三年五月八日。http://www.jimin.jp/jimin/daily/03_05/08/150508a.shtml（二〇〇四年五月一九日確認）

(24) 小泉首相は、イラク復興問題で「安保理決議一四八三が採択され、国際協調が再構築されたことは良かった」と喜びを分かち合った。その上で自衛隊の派遣について、現行法下でC130輸送機によるイラク周辺国への人道物資輸送を検討していることを明かし、イラク国内への派遣についても「日本の国力を踏まえ、日本としてふさわしい貢献をしていきたい」と伝えた。「日米首脳会談の概要」二〇〇三年五月二六日。http://www.mofa.go.jp/mofaj/kaidan/s_koi/us-me_03/us_gh.html（二〇〇四年五月一九日確認）

(25)「日米首脳会談（概要）」二〇〇三年一〇月一七日。http://www.mofa.go.jp/mofaj/area/usa/kaidan_03.html（二〇〇四年五月二四日確認）

第3章　対外政策の政治過程モデル

(1) 組織過程モデルの説明については、グレアム・アリソン／宮里政玄訳『決定の本質』中央公論社、一九七七年、九三〜一一二頁を参照。

(2) John D. Steinbruner, *The Cybernetic Theory of Decision: New Dimensions of Political Analysis* (Princeton: Princeton

University Press, 1974), Chapter 3. スタインブルナーは組織過程モデルをサイバネティック型政策決定と呼んだのに対して、合理的行為者モデルを分析的政策決定と呼んだ。政策決定者は国益だけではなく、昇進とか再選とかいった私的利益の影響も受ける。「合理的」という言葉は決定の内容が好ましいと受け取れるため、あえて中立的な「分析的」という表現を使用している。

（3） Ibid., pp. 86-87.

（4） 修正前の二月二六日発表のリストは以下のウェブページで見られる。http://www.fas.org/terrorism/at/docs/2002/fact_sheetintl.contr.pdf（二〇〇四年五月二八日確認）。また、修正後のリストは以下のページ。http://www.defenselink.mil/news/Feb2002/d20020226icwt.pdf（二〇〇四年五月二八日確認）。

（5） 連絡官だった大塚海夫一等海佐は手記を発表している。大塚海夫「タンパで自衛隊もメジャーになる」『諸君』二〇〇四年四月、一九六〜二〇五頁。

（6） Richard E. Neustadt, *Presidential Power and the Modern Presidents: The Politics of Leadership from Roosevelt to Reagan* (New York: Free Press, 1990, originally published as *Presidential Power* in 1960), pp. 10-11.

（7） Ibid., p. 29.

（8） Ibid., p. 11.

（9） Ibid., p. 7.

（10） Ibid., p. 4.

（11） ニュースタッドは、大統領が⑴行政府、⑵議会、⑶所属政党、⑷国民、⑸外国の要求に応えなければならないとしている。Ibid., p. 8.

（12） Roger Hilsman, *To Move a Nation: The Politics of Foreign Policy in the Administration of John F. Kennedy* (Garden City, N.Y.: Doubleday, 1967).

（13） Warner Schilling, "The Politics of National Defense: Fiscal 1950," in *Strategy, Politics and Defense Budgets*, ed. Warner Schilling, Paul Y. Hammond and Glenn Snyder (New York: Columbia University Press, 1962).

（14） Samuel P. Huntington, *The Common Defense: Strategic Programs in National Politics* (New York: Columbia University Press, 1961), p. 146.

(15) Robert J. Art, "Bureaucratic Politics and American Foreign Policy : A Critique," *Policy Sciences*, 4 (1973) : pp. 467–490.

(16) Graham T. Allison, *Essence of Decision : Explaining the Cuban Missile Crisis* (Boston : Little Brown and Company, 1971).

(17) Ibid., pp. 162–181.

(18) Morton H. Halperin, *Bureaucratic Politics and Foreign Policy* (Washington, D. C. : Brookings, 1974). 山岡清二訳『アメリカ外交と官僚』サイマル出版会、一九七八年。

(19) I. M. Destler, *Presidents, Bureaucrats, and Foreign Policy* (Princeton : Princeton University Press, 1972), p. 52.

(20) Ibid., pp. 55–65.

(21) Robert Art, "Bureaucratic Politics and American Foreign Policy : A Critique," pp. 469–472.

(22) James L. Sundquist, *The Decline and Resurgence of Congress* (Washington, D. C. : Brookings Institution, 1981), pp. 94–99.

(23) Ibid., pp. 238–314.

(24) Thomas M. Franck and Edward Weisband, *Foreign Policy by Congress* (New York : Oxford University Press, 1979), Chaps 1–2.

(25) Ibid., Chaps. 4–5.

(26) Ibid., pp. 6–8.

(27) Cecil V. Crabb, Jr. and Pat M. Holt, *Invitation to Struggle : Congress, the President and Foreign Policy* (Washington, D. C. : Congressional Quarterly, 1989) ; and Thomas E. Mann, *A Question of Balance : The President, the Congress and Foreign Policy* (Washington, D. C. : Brookings Institution, 1990).

(28) Arthur F. Bentley, *The Process of Government* (San Antonio : Principal Press, 1949, first published in 1908), p. 455. 喜多靖郎・上林良一訳『統治過程論——社会圧力の研究』法律文化社、一九九四年。

(29) David Truman, *The Government Process : Political Interest and Public Opinion*, 2nd ed. (New York : Knopf, 1971, first published in 1951).

(30) E. E. Shattschneider, *Politics, Pressures and the Tariff* (New York : Prentice Hall, 1935), p. 283.

(31) Raymond Bauer, Ithiel de Sola Pool and Lewis Anthony Dexter, *American Business and Public Policy : The Politics of Foreign Trade* (Chicago : Aldine, 1972).

(32) Theodore Lowi, "American Business and Public Policy : Case Studies, and Political Theory," *World Politics*, 16 (July 1964) :

pp. 677–693.

(33) I. M. Destler, *American Trade Politics : System Under Stress* (Washington, D. C. : Institute of International Economics, 1986). 宮里政玄監訳『貿易摩擦とアメリカ議会——圧力形成プロセスを解明する』日本経済新聞社、一九八七年。

(34) Robert Paster, *Congress and the Politics of U. S. Foreign Economic Policy 1929–1976* (Berkeley and Los Angeles : University of California Press, 1980).

(35) Robert Putnam, "Diplomacy and Domestic Politics : The Logic of Two-Level Games," *International Organization*, 42, no. 3 (Summer 1988) : pp. 427–460.

(36) Peter B Evans, Harold K. Jacobson and Robert D. Putnam, *Double Edged Diplomacy : International Bargaining and Domestic Politics* (Berkeley : University of California Press, 1993).

(37) 細谷千博「対外政策決定過程における日米の特質」細谷千博・綿貫譲治編『対外政策決定過程の日米比較』東京大学出版会、一九七七年。

(38) 福井治弘『自由民主党と政策決定過程』福村出版、一九六九年。

(39) T. J. Pempel and Keiichi Tsunekawa, "Corporatism without Labor ? : The Japanese Anomaly," in *Trend Toward Corporatist Intermediation*, eds. Philippe C. Schmitter and Gerhard Lehmbruch, pp. 231–269 (London : Sage Publications, 1979).

(40) 村上泰亮『新中間大衆の時代』中央公論社、一九八七年。猪口孝『現代日本政治経済の構図』東洋経済新報社、一九八三年。佐藤誠三郎・松崎哲久『自民党政権』中央公論社、一九八六年。Michio Muramatsu and Ellis Krauss, "The Conservative Policy Line and the Development of Patterned Pluralism," in *The Political Economy of Japan*, vol. 1, *The Domestic Transformation*, ed. Kozo Yamamura and Yasukichi Yasuba, pp. 516–554 (Stanford : Stanford University Press, 1987).

(41) 福井治弘「沖縄返還交渉——日本政府における決定過程」『国際政治』五二、一九七四年、九八〜九九頁。九七〜一二四頁。

(42) 草野厚『日米オレンジ交渉』日本経済新聞社、一九八三年。

(43) 信田智人『アメリカ議会をロビーする』ジャパンタイムズ、一九八九年。

(44) Roger Hilsman, *The Politics of Policy Making in Defense and Foreign Affairs*.

(45) その研究では、行政学の概念である「コア・エグゼクティブ」を核とした同心円モデルを使っている。信田智人「小泉首相のリーダーシップと安全保障政策過程——テロ対策特措法と有事関連法を事例として」『日本政治研究』第一巻第二号、二〇〇四年七月、四二～六七頁。日英のコア・エグゼクティブを比較したイアン・ホリディと信田智人の研究は、外交政策においては、首相に加えて官房長官と副長官、自民党幹部三役、外務省高官をそのメンバーだとしている。Ian Holliday and Tomohito Shinoda, "The Core Executive Capacity in Britain and Japan," *Japanese Journal of Political Science*, 3, part 1, May 2002, pp. 91-111.

第4章　ブラックボックスを開けての事例分析

(1) 石原信雄『権限の大移動——官僚から政治家へ、中央から地方へ』かんき出版、二〇〇一年、九〇～九一頁。
(2) 佐々淳行『新・危機管理のノウハウ』文藝春秋、一九九一年、三六頁。
(3) 石原信雄『首相官邸の決断』中央公論社、一九九七年、六八～六九頁。
(4) 同右。また、米国側の見方に関しては、アマコスト『友か敵か』一四〇～一四六頁を参照。
(5) 朝日新聞湾岸危機取材班『湾岸戦争と日本』朝日新聞社、一九九一年、六八～七〇頁。
(6) 同右、七三～七四頁。
(7) 石原信雄『首相官邸の決断』七二頁。
(8) 同右。石原の本には「党三役」にきいたと書いてあるが、文脈から見て小沢が答えたと推測できる。
(9) 同右、七二～七三頁。
(10) 同右、七四頁。
(11) 栗山尚一『日米同盟——漂流からの脱却』三八～四一頁。
(12) 石原信雄『首相官邸の決断』七四～七五頁。
(13) 手嶋龍一『一九九一年日本の敗北』一八七頁。
(14) 石原信雄の『首相官邸の決断』七七頁には国連平和協力法案は「官邸で書いた」とされており、著者も拙著『官邸外交』でそのように書いた。だが、著者がインタビューを行った有馬龍夫外政審議室長（当時）は「官邸が書いたのは次のＰＫＯ協力法案であって、国連平和協力法案は外務省によって書かれたことは間違いない」と証言した。有馬龍夫、著者インタビュー、二〇〇五年八月三日。
(15) 石原信雄『首相官邸の決断』七六頁。
(16) 手嶋龍一『一九九一年日本の敗北』一九六頁。

(17) 平野貞夫『小沢一郎との二十年』プレジデント社、一九九六年、三四～三九頁。
(18) 「日本の外交政策決定要因に関する研究」、東京会議における発言、一九九八年七月一四日。
(19) 「PKO新組織、退職自衛官が主体」『朝日新聞』一九九一年三月九日。
(20) 「平和維持軍参加も」『朝日新聞』一九九一年三月一二日。
(21) 「人的貢献の証欲しさ?」『朝日新聞』一九九一年三月一五日。
(22) 「公・民との強調、名分に」『朝日新聞』一九九一年三月一八日。
(23) 「経団連会長、掃海艇の派遣促す見解発表」『朝日新聞』一九九一年四月九日。
(24) 「自衛隊の海外派遣七四%容認」『朝日新聞』一九九一年六月一九日。
(25) 石原信雄『官邸二六六八日』日本放送出版協会、一九九五年、六五頁。
(26) 「平和維持軍参加に道」『朝日新聞』一九九一年五月二四日。
(27) 「PKOへの自衛隊活用、党内固めへ意欲」『朝日新聞』一九九一年五月二九日。
(28) 石原信雄『首相官邸の決断』七七～七八頁。なお、この石原の回想録では、小倉和夫審議官が呼ばれたと書いてあるが、有馬龍夫外政審議室長（当時）に質したところ、小倉審議官が法案作成に参加したことはなく、野村審議官の間違いだろうとの答えだった。有馬龍夫、著者インタビュー、二〇〇五年八月三日。
(29) 有馬龍夫、著者インタビュー、二〇〇五年八月三日。
(30) 石原信雄『首相官邸の決断』七八頁。
(31) 石原信雄『官邸二六六八日』六六～六七頁。
(32) 同右、六七頁。
(33) 同右、七二～七三頁。
(34) 石原信雄『首相官邸の決断』九一頁。
(35) 平野貞夫『公明党・創価学会と日本』講談社、二〇〇五年、二八九～二九〇頁。
(36) 弘中善通『宮沢政権六四四日』行研、一九九八年、九〇～九一頁。
(37) 御厨貴・中村隆英編『宮沢喜一回顧録』岩波書店、二〇〇五年、二九七頁。
(38) このとき社会・共産両党の採った牛歩戦術はこれまでの記録を塗り替えるもので、議院運営委員長解任決議案は約一一時間四〇分かかり、これまでの参議院での最高記録であった五時間一分の記録の二倍を上回った。弘中善通『宮沢政権六四四日』一六二～一六三頁。

(39) 船橋洋一『同盟漂流』二九〇頁。

(40) 当時、防衛庁防衛局長だった秋山昌廣は「結局、本件は安全保障会議のメンバーたる衛藤防衛庁長官に話をあげ、衛藤長官に河野外務大臣、橋本通産大臣といった安全保障会議メンバーに根回しを直接してもらい、その上で内閣法制局長官と内閣安全保障室長に話をし、やっと安全保障会議で議題にすることができた」と内情を明かしている。秋山昌廣『日米の戦略対話が始まった』七〇～七一、二四三頁。

(41) 船橋洋一『同盟漂流』三二四頁。

(42) 伊奈久喜「九・一一の衝撃」田中明彦編『「新しい戦争」時代の安全保障』都市出版、二〇〇二年、一八〇～一八二頁。

(43) 同右、二四三頁。

(44) 佐藤誠三郎・松崎哲久『自民党政権』中央公論社、一九八六年、八五～八六頁。中島邦子「日本の外交政策決定過程における自由民主党政務調査会の役割」外交政策決定要因研究会編『日本の外交政策決定要因』七八～七九頁。

(45) 田村重信『日米安保と極東有事』南窓社、一九九七年、八〇～八三頁。

(46) 中島邦子「日本の外交政策決定過程における自由民主党政務調査会の役割」、八四～八五頁。

(47) 秋山正廣『日米の戦略対話が始まった』二四五～二四六頁。

(48) 同右、二五三～二五四頁。

(49)「自民党内から批判」『朝日新聞』一九九七年七月二八日。

(50)「周辺事態解釈で板ばさみ」『読売新聞』一九九七年八月一日。

(51)「自民が座長案提示」『朝日新聞』一九九七年八月二三日。

(52)「橋本総理の中国訪問の概要と評価」外務省文書、一九九七年九月九日。http://www.mofa.go.jp/mofaj/kaidan/kiroku/s_hashi/arc_97/china97/hyoka.html（二〇〇五年四月二九日確認）。

(53)「米中間、板挟みの日本」『朝日新聞』一九九七年九月二四日。

(54)「周辺事態、こじれる定義」『朝日新聞』一九九八年五月二八日。

(55) 野中広務『老兵は死なず』文藝春秋、二〇〇三年、七七頁。

(56) このほか二つの対立点があった。ひとつは、国会の役割に関するものである。政府案では周辺事態が発生した場合、政府は対米支援活動などを定めた基本計画を閣議決定後、「遅滞なく国会に報告する」となっているが、自由党は事前ないしは事後の国会承認が必要だと主張していた。もうひとつは周辺事態法案の柱のひとつである、船舶検査の扱いをめぐるものである。小沢党首は、国連決議に基づく船舶検査であれば周辺事態の場合に限定するのではなく、より広い範囲で可能にすべきであり、周辺事態法から切り離すべきだ。周辺事態に限定するなら国連決議に基づくという条件を外すべきだという主張を展開していた。

(57) 薬師寺克行『外務省――外交力強化への道』岩波新書、二〇〇三年、六五頁。

(58)「日本の周辺・近海を指す」『日本経済新聞』一九九九年一月二八日。

(59)「日中首脳会談概要」外務省文書、平成一一年七月九日。http://www.mofa.go.jp/mofaj/kaidan/kiroku/s_obuchi/arc_99/c_m99/c_kaidan.html（二〇〇五年四月二九日確認）。

(60) テロ対策特措法の政策決定過程については、著者は既存の研究ですでに発表している。ここでは、過去の研究からその政治過程の部分について抜粋し、紹介している。拙論文「小泉首相のリーダーシップと安全保障政策過程――テロ対策特措法と有事関連法を事例とした同心円モデル分析」『日本政治研究』第一巻第二号、二〇〇四年、四二～六七頁、および拙著『官邸外交』朝日新聞社、二〇〇四年、第二章。

(61) 湾岸戦争時の対応については、佐々淳行『新危機管理のノウハウ』一七～七二頁を参照。

(62) この勉強会については伊奈久喜の論文に詳しい。伊奈久喜「九・一一の衝撃」一七六～一八八頁。

(63) 古川貞二郎、著者インタビュー、二〇〇三年一〇月三〇日。

(64) 小泉首相のテロ対策におけるリーダーシップに与えた制度改革の影響については、Tomohito Shinoda, "Koizumi's Top-Down Leadership in the Anti-Terrorism Legislation : The Impact of Political Institutional Change," *SAIS Review*, 23, no. 1, (Winter-Spring 2003), pp. 19-34に詳しい。

(65) 二〇〇一年七月には国土交通、総務両省のスタッフを加えて一五人体制になった。

(66) 古川貞二郎、著者インタビュー、二〇〇三年一〇月三〇日。

(67) 同右。

(68) 伊奈久喜「九・一一の衝撃」一八六～一八七頁。

(69)『日本経済新聞』二〇〇一年九月二五日。

(70) 内閣官房官僚の発言、著者インタビュー、二〇〇三年六月四日。

(71)『読売新聞』二〇〇一年九月三〇日。

(72) 世論調査が実際に行われたのは、一〇月一三、一四日の両日である。『朝日新聞』二〇〇一年一〇月一六日。

(73) イラク特措法の政策決定過程についても、以前の研究ですでに発表している。ここでも、過去の研究からその政治過程の部分について抜粋し、紹介している。拙著『官邸外交』第三章、および Tomohito Shinoda, "Japan's Top-Down Policy Process to Dispatch the SDF to Iraq," *Japanese Journal of Political Science*, 7, no. 1, 2006, pp. 71–91.

(74) 内閣府大臣官房政府広報室「自衛隊・防衛問題に関する世論調査」二〇〇三年一月。http://www8.cao.go.jp/survey/h14/h14-bouei/index.html（二〇〇五年一一月三〇日確認）。

(75) 山崎拓自民党幹事長の記者会見、二〇〇三年六月一〇日。http://www.jimin.jp/jimin/kanjicyo/1506/150610.html（二〇〇五年五月一九日確認）。

(76) 「自民、公明に異論も」共同通信ニュース、二〇〇三年六月一〇日。http://www.news.kyodo.co.jp/kyodonews/2003/iraq2/news/0611-1140.html（二〇〇四年五月一九日確認）。

(77) 「イラク新法論議本格化」『日本経済新聞』二〇〇三年六月一一日。

(78) 「恒久法求め条件付了承」共同通信ニュース、二〇〇三年六月一二日。http://news.kyodo.co.jp/kyodonews/2003/iraq2/news/0612-1149.html（二〇〇四年五月一九日確認）。

(79) 「イラク特措法案で反小泉は、一斉に反発」『毎日新聞』二〇〇三年六月一三日。

(80) 「抵抗勢力、押し切り修正」『朝日新聞』二〇〇三年六月一四日。

(81) 「イラク新法賛否拮抗」『日本経済新聞』二〇〇三年六月二三日。六月一九～二二日に行われた電話調査で、有効回答件数は一七九三件。

(82) 民主党イラク問題等プロジェクトチーム「イラク復興支援のあり方に対する考え方」二〇〇四年六月一九日。http://www.dpj.or.jp/seisaku/gaiko/BOX_GK01212.html「民主党のイラク調査団報告の概略」二〇〇四年六月一一日。http://www.dpj.or.jp/seisaku/gaiko/BOX_GK0120.html（二〇〇四年五月二一日確認）

第5章　行政府におけるパワーシフト

(1) 渡辺昭夫「日本の対外政策形成の機構と過程」細谷千博・綿貫譲治編『対外政策決定過程の日米比較』二七頁。

(2) 後藤田正晴『政治とは何か』講談社、一九八八年、一四七～一四八頁。

(3) 佐々淳行「中曽根内閣と国の危機管理」『中曽根内閣史――理念と政策』世界平和研究所、一九九五年、三〇七頁。

（4）同右。
（5）国廣道彦、著者インタビュー、二〇〇五年三月一五日。
（6）竹下政権下の日米交渉における官邸の役割については、拙著『官邸外交』一四六～一五六頁に詳しい。
（7）石原信雄『首相官邸の決断』六〇頁。
（8）官邸の機能強化については、拙著『官邸外交』第一章に詳しい。
（9）古川貞二郎、著者インタビュー、二〇〇三年一〇月三〇日。
（10）外務省担当者、著者インタビュー、二〇〇四年五月一二日。
（11）薬師寺克行『外務省――外交力強化への道』岩波新書、二〇〇三年、八一頁。
（12）「外務省機構改革（最終報告）」二〇〇三年三月二七日。http://www.mofa.go.jp/mofaj/annai/honsho/kai_genjo/kikou_h.html（二〇〇五年九月七日確認）
（13）細谷千博「対外政策決定過程における日米の特質」一六頁。
（14）防衛庁幕僚監部員、著者インタビュー、二〇〇二年三月四日。
（15）志方俊之「日米防衛協力のための指針改定の経緯」外交政策決定要因研究会編『日本の外交政策決定要因』一八九～一九〇頁。

第6章　現実路線の強まる政党

（1）石原信雄『権限の大移動』八五頁。
（2）国会委員の担当部会所属が義務付けられたのは、一九五五年一二月の水田三喜男政務調査会長名による衆議院広報による。村川一郎『日本の政策決定過程』ぎょうせい、一九八五年、一〇四頁。
（3）猪口孝・岩井奉信『族議員の研究――自民党政権を牛耳る主役たち』日本経済新聞社、一九八七年、一三二～一五一頁。
（4）同右、一一九頁。
（5）Yuko Ando, "Why no 'Foreign Affairs Zoku'? A Case Study on the Relationship between Politicians and the Foreign Affairs Officials in Policymaking Process," unpublished paper, Fall 2005.
（6）佐藤誠三郎・松崎哲久『自民党政権』中央公論社、一九八六年、二六七頁。
（7）河野太郎、著者インタビュー、二〇〇三年一二月五日。

(8) 平野貞夫『公明党・創価学会と日本』講談社、二〇〇五年、二五〇～二五八頁。
(9)「公明党ってどんな党?　歴史」http://www.komei.or.jp/about/what/history01.html（二〇〇五年一一月一日確認）。
(10) 朝日新聞と東京大学蒲島研究室による各政党の候補者のアンケート調査を参照。「改革二大政党接近」『朝日新聞』二〇〇五年八月三一日。
(11) 梅澤昇平『野党の政策過程』芦書房、二〇〇〇年、一二一～一二二頁。
(12) 拙著『官邸外交』六二～七六頁。
(13) 水野均『検証日本社会党はなぜ敗北したか』並木書房、二〇〇〇年、一五四～一五六頁。
(14) 同右、一六二～一六五頁。
(15)「連立政権樹立に関する合意事項」一九九三年七月二九日。
(16) 村山富市、著者インタビュー、一九九六年九月一三日。
(17) 同右。
(18)『毎日新聞』一九八九年八月三一日。
(19) 不破哲三中央委員会議長「日本共産党綱領改定案についての提案報告」『しんぶん赤旗』二〇〇三年六月二八日。

第7章　安全保障意識の高まる非政府アクター

(1) 辻中豊『利益集団』東京大学出版会、一九八八年、一六頁。
(2) 総務省統計局「平成一六年事業所・企業統計調査」平成一七年一〇月二八日公表。
(3) 代表的な研究としては、岡義武編『現代日本の政治過程』岩波書店、一九五三年、日本政治学会編、年報政治学『日本の圧力団体』岩波書店、一九六〇年、石田雄『現代組織論』岩波書店、一九六一年などがある。
(4) 三宅一郎・綿貫譲治・島澄・蒲島郁夫『平等をめぐるエリートと対抗エリート』創文社、一九八五年、一三六～一四二頁。
(5) 辻中豊『利益集団』一一九～一二一頁。
(6)「憲法改正の論議も必要」『朝日新聞』一九九一年一月四日。
(7)「経団連会長、掃海艇の派遣促す見解発表」『朝日新聞』一九九一年四月九日。
(8) 日本経済団体連合会「わが国の基本問題を考える」二〇〇五年一月一八日。〈http://www.keidanren.or.jp/japanese/policy/2005/002/honbun.html〉（二〇〇六年六月二三日確認）。

（9）T. J. Pempel and Keiichi Tsunekawa, "Corporatism Without Labor?, pp. 231-269.
（10）連合の形成過程については、久米郁男『労働政治』中公新書、二〇〇五年、および山岸章『我かく闘えり』朝日新聞社、一九九五年を参照。
（11）山岸章『我かく闘えり』五七〜五八頁。
（12）山岸章『連立仕掛け人』講談社、一九九五年、九八〜一〇一頁。
（13）『読売新聞』一九九一年一月二九日。
（14）山岸章『連立仕掛け人』一三九〜一四〇頁。
（15）「日米新ガイドライン及びガイドライン関連法案に対する連合の見解」日本労働組合総連合会、一九九九年三月。
（16）「テロ対策特別措置法案等の成立に対する事務局長談話」日本労働組合総連合会、二〇〇一年一一月六日。
（17）「イラクへの自衛隊派遣に関する基本計画の閣議決定に抗議する（談話）」日本労働組合総連合会、二〇〇三年一二月九日。
（18）Ellis S. Krauss, "Media Coverage of U. S.-Japanese Relations," in *Media and Politics in Japan*, eds. Pharr, Susan J. and Ellis S. Krauss (Honolulu, University of Hawai'i Press, 1996), p. 245.
（19）三宅一郎・綿貫譲治・島澄・蒲島郁夫『平等をめぐるエリートと対抗エリート』第六章。
（20）蒲島郁夫「マスメディアと政治、もうひとつの多元主義」『中央公論』一九八六年二月号、一一八〜一一九頁。
（21）http://www.pressnet.or.jp/adarc/data/1br/01.html　世界各国との比較は、http://www.pressnet.or.jp/data/01cirsekai.htm（二〇〇六年六月二三日確認）。
（22）新聞協会広告委員会「二〇〇三年全国メディア接触・評価調査」http://www.pressnet.or.jp/adarc/data/1br/16.html（二〇〇六年六月二三日確認）。
（23）『読売新聞』二〇〇三年一二月一二日。
（24）日本ABC協会「新聞発行社レポート 半期」二〇〇四年一〜六月平均。
（25）『朝日新聞』、『毎日新聞』、『日経新聞』、『読売新聞』、『産経新聞』各紙社説、一九五七年五月三日。
（26）「湾岸貢献策づくりで憲法の制約の見直し論議を求める」『読売新聞』一九九〇年八月二九日。また、「平和協力法案の国会論議で集団的自衛権のカベも見直せ」一九九〇年一〇月一七日社説も同様の論調を展開している。
（27）『日本経済新聞』社説「改憲論の前に日本の〝自画像〟描け」一九九三年一月二八日、「改憲の前にやるべきことは多くある」一九九三年五月三日、「低くなった国境が迫る憲法の課題」一九九五年五月三日、「『法の支配』と『危機管理』を考える」一九九九年五月三日、「質の高い憲法論議を始めよう」一九九九年七月二七日、「憲法見直し論議は多様な視点で」二〇〇〇年五月三日、「憲法改正の機は熟しつつある」二〇〇四年五月三日、「成熟した民主国家にふさわしい憲法に」二〇〇五年五月三日。

(28)「自衛隊海外派遣など海部首相は憲法論議に堂々と挑め」『読売新聞』一九九〇年一〇月一三日。

(29)『日本経済新聞』社説「新時代の国連の役割と日本の貢献」一九九〇年九月二二日、「国連平和協力法制定は拙速を避けよ」一九九〇年一〇月一一日。

(30)『朝日新聞』社説「納得できない自衛隊の参加」一九九〇年九月二八日、「戦後史問われる国連軍参加」一九九〇年一〇月一六日、「日本型の平和維持組織を作れ」一九九一年三月六日。

(31)「協力法を撤回し出直せ」『毎日新聞』一九九〇年一〇月三〇日。

(32)『読売新聞』社説「海部首相はペルシャ湾への掃海艇派遣を決断せよ」一九九一年四月一一日、「不可解な野党の掃海艇論議」一九九一年四月二六日。

(33)『毎日新聞』社説「正面切った自衛隊論議を」一九九一年四月六日。『朝日新聞』社説「掃海艇派遣のための条件」一九九一年四月一三日。

(34)『日本経済新聞』社説「掃海艇の湾岸派遣に必要な前提条件」一九九一年四月一三日。

(35)『日本経済新聞』社説「PKO法案の論議の質を高めよう」一九九一年六月六日、「PKO法案審議と言論の府の役割」一九九二年六月一一日、「PKOを組み込み総合政策の展開を」一九九二年六月一六日。『読売新聞』社説「PKOを整然と成立させよ」一九九二年六月一二日、「PKO成立の画期的な意義」一九九二年六月一二日。

(36)『毎日新聞』社説「遺憾なPKO法案の採決」一九九二年六月六日。『朝日新聞』社説「PKO協力の不幸な出発」一九九二年六月一六日。

(37)『産経新聞』社説「PKO成功の鍵は国民の支援」一九九二年九月九日、「新時代と国連と日本の役割」一九九二年九月二七日、「モザンビークでPKO参加を」一九九三年一月三一日、「PKO任務完遂を、止める日本に当然の責任」一九九三年五月一三日、「PKO法一年の教訓と今後」一九九三年六月一七日、「世界が期待する日本PKO」一九九三年一一月一三日。『読売新聞』社説「試練を克服して欲しいPKO」一九九二年一一月一二日。

(38)『毎日新聞』「自衛隊海外派遣、崩れたタブー意識」一九九一年六月二三日、「日本型PKOの合意めざせ」一九九一年八月三日、「ルワンダ支援、自衛隊派遣に残る疑問」一九九四年八月二一日、「ゴランPKO、懸念を残す自衛隊の派遣」。『朝日新聞』「自衛隊が変わるときだ」一九九二年九月一八日。

(39)『産経新聞』「防衛指針を法で裏付けよ」一九九七年六月九日、「周辺事態法、組の安全視点に論ぜよ」一九九八年五月五日、「ガイドライン関連法成立、有事法整備の進展が不可欠」一九九九年五月二五日。『読売新聞』社説「指針法の早期成立は国際責任だ」一九九九年三月一四日、「実効ある船舶検査立法を急げ」一九九九年四月二七日、「指針法で日米安保が活性化する」一九九九年五月二五日、「有事法制へ機は熟してきた」一九九九年六月一七日。『日本経済新聞』社説「よりよい防衛協力指針をつくる視点」一九九七年六月九日、「防衛指針法の成立を歓迎する」一九九九年五月二五日。

(40)『朝日新聞』社説「ぬぐえぬ疑念と不安、日米防衛協力の新指針」一九九七年九月二四日、「事後報告ではすまぬ、周辺事態」一九九八年四月九日、「周辺事態とは何だ、ガイドライン法案を審議に」一九九九年一月二四日。『毎日新聞』社説「周辺事態法、懸念と不安を残す第九条」一九九九年八月二五日。

(41)『産経新聞』主張「日本のテロ対策、有事即応の体制をいそげ」、二〇〇一年九月一四日。『読売新聞』社説「テロ対策特措法包囲網、実効ある自衛隊派遣法制を急げ」二〇〇一年九月二一日、「自衛隊派遣、国際活動の包括的法整備を急げ」二〇〇一年一一月一七日。『日本経済新聞』社説「多国籍軍後方支援法を提案する」二〇〇一年九月二〇日、「明石報告を支持する」二〇〇二年一二月二〇日。『朝日新聞』社説「対米協力、前のめりはよくない」二〇〇一年九月一四日、「文民統制の空洞化だ、自衛隊派遣」二〇〇一年一二月一日。『毎日新聞』社説「自衛隊派遣、国際社会の総意による行動を」二〇〇一年九月二一日、「テロ対策支援法、戦争をしにいくのではない」二〇〇一年一〇月六日、「テロ対策法成立、事態を見極め、慎重な運用を」二〇〇一年一〇月三〇日。

(42)『産経新聞』主張「イラク問題、独裁者を利する反戦主義」二〇〇三年二月一九日、「イラク戦争、一二年戦争終焉の始まり、日本は米支援で全力尽くせ」二〇〇三年三月二一日。

(43)『読売新聞』社説「米攻撃開始、イラク戦争の早期終結を望む」二〇〇三年三月二一日。

(44)『朝日新聞』社説「理は仏独にある、米欧の亀裂」二〇〇三年二月一二日、「これが本当の同盟か、米国支持」二〇〇三年三月二一日。『毎日新聞』社説「見切り開戦は支持できない」二〇〇三年三月一九日、「強い米国の独創、この難題をどう解決するか」二〇〇三年三月二一日。

(45)『産経新聞』主張「バグダッド陥落、一二年戦争の終結に価値」二〇〇三年四月一〇日、「イラク新法、次善の策として制定急げ」二〇〇三年六月七日。

(46)『読売新聞』社説「正しかった米英の歴史的決断、日米同盟の意義を再確認せよ」二〇〇三年四月一一日、「イラク戦後復興支援、いま何をすべきか」二〇〇三年四月一三日、「イラク新法、武器基準の見直しを忘れるな」二〇〇三年六月一〇日。
(47)『日経新聞』社説「イラク法案の今国会成立へ議論尽くせ」二〇〇三年七月四日。
(48)『朝日新聞』社説「脅威は幻だったのか、イラク戦争」二〇〇三年五月一〇日、「大義をごまかすな、イラク戦争」二〇〇三年六月一一日。
(49)『毎日新聞』社説「日本の役割、人道、復興へ国際協調説け」二〇〇三年四月一二日。
(50) ハロルド・ニコルソン/斎藤眞・深谷満訳『外交』東京大学出版会、一九六八年、七六頁(原書の出版は一九六三年)。
(51) 同右、八六頁。
(52) ジョージ・ケナン/近藤晋一・飯田藤次・有賀貞訳『アメリカ外交50年』岩波現代文庫、二〇〇〇年、一四三頁。原書は、George F. Kennan, *American Diplomacy* (Chicago: University of Chicago, 1951).
(53) Benjamin Page and Robert I. Shapiro, "Effects of Public Opinion on Policy," *American Political Science Review*, 77, 1983, pp. 175-190; Leonard A. Kusnitz, *Public Opinion and Foreign Policy: America's China Policy* (Westport, Connecticut: Greenwood, 1984); Bernard C. Cohen, *The Public's Impact on Foreign Policy* (Boston: Little Brown, 1973); and Ralph D. Levering, *The Public and America's Foreign Policy, 1918-1978* (New York: William Morrow & Co., 1978).
(54) ケナン『アメリカ外交50年』一四三頁。
(55) Douglas H. Mendel, Jr., *The Japanese People and Foreign Policy: A Study of Public Opinion in Post-Treaty Japan* (Berkeley, California: University of California Press, 1961).
(56) ただし朝日新聞の設問が、「非軍事的な面で貢献するのが良いと思いますか。それとも憲法や自衛隊法を改正して自衛隊を派遣する方が良いと思いますか」であり、自衛隊による非軍事的な貢献という選択肢を排除するものであることに留意したい。
(57) 二位が「今以上にアメリカに協力する必要はない」の八パーセント、三位が「憲法に反する」の七パーセントであった。
(58) 反対の第二の回答は「自衛隊以外の支援で十分だから(一二パーセント)」、第三は「憲法上問題があるから(九パーセント)」であった。

終章　アクター間の相互作用

(1) 鳩山由紀夫「ニューリベラル改憲論・自衛隊を軍隊と認めよ」『文藝春秋』一九九九年一〇月号。

（2）ピエール・ブルデュー／田原音和監訳『社会学の社会学』一九九一年、藤原書店、二八九頁（原著の出版は一九八〇年）。大石裕による自衛隊のイラク派遣に関する新聞の論調についての研究では、新聞社が政治的意図を持って回答の解釈をすることを実例で示している。大石裕「世論調査と市民意識」『メディア・コミュニケーション』no. 55、二〇〇五年。

（3）「憲法、深まった論議への理解、国際情勢の変化を反映」『読売新聞』一九九三年四月八日。

参考文献

Aberbach, Joel D., Robert D. Putnam and Bert A. Rockman. *Bureaucrats and Politicians in Western Democracies*. Cambridge : Harvard University Press, 1981.

Adler, Emmanuel and Beverly Crawford. eds. *Progress in International Relations Theory*. Berkeley : University of California Press, 1992.

Allison, Graham T. *Essence of Decision : Explaining the Cuban Missile Crisis*. Boston : Little, Brown, and Co., 1971.

Allison, Graham and Philip Zelikow. *Essence of Decision : Explaining the Cuban Missile Crisis*, 2nd ed. New York : Longman, 1999.

Almond, Gabriel. *The American People and Foreign Policy*, New York : Praeger, 1960.

Ando, Yuko. "Why no 'Foreign Affairs Zoku' ? A Case Study on the Relationship between Politicians and the Foreign Affairs Officials in Policymaking Process," unpublished paper, Fall 2005.

Angel, Robert C. *Explaining Economic Policy Failure : Japan in the 1969–1971 International Monetary Crisis*. New York : Columbia University Press, 1991.

——— "Prime Ministerial Leadership in Japan : Recent Changes in Personal Style and Administrative Organization." *Pacific Affairs*, 61 (Winter 1988/89) : pp. 583–602.

Art, Robert J. "Bureaucratic Politics and American Foreign Policy : A Critique," *Policy Sciences*, 4. no. 4, (December 1973), pp. 467–490

Armacost, Michael H. *Friends or Rivals*. New York : Columbia University Press, 1996.

Auer, James. "U.S.–Japan Relations from 1941 to 2001 and the Next 50 Years including the Currrent War on Terrorism." Unpublished paper, dated March 4, 2002.

Baldwin, David A. *Paradox of Power*. New York : Basil Blackwell, 1989.

——— ed. *Neorealism and Neoliberalism : The Contemporary Debate*. New York : Columbia University Press, 1993.

Barnett, Robert W. *Beyond War : Japan's Concept of Comprehensive National Security : Defense, Diplomacy, Dependence*. Washington, D. C. Pergamon-Brassey's, 1984.

Bauer, Raymond, Ithiel de Sola Pool and Lewis Anthony Dexter. *American Business and Public Policy : The Politics of Foreign Trade*. Chicago : Aldine, 1972.

Belloni, Frank P. and Dennis C. Beller. eds. *Faction Politics : Political Parties and Factionalism in Comparative Perspective*. Santa Barbara : ABC Clio Inc., 1978.

Bentley, Arthur F. *The Process of Government*. San Antonio : Principal Press, 1908, reprinted in 1949.

Blackwill, Robert D. and Paul Dibb. *America's Asian Alliance*. Cambridge : The MIT Press, 2000.

Blaker, Michael. *Japanese International Negotiating Style*. New York : Columbia University Press, 1977.

Bryce, James. *Modern Democracy*. New York : The Macmillan Company, 1921.

Buckley, Roger. *US-Japan Alliance Diplomacy, 1945-1990*. Cambridge : Cambridge University Press, 1992.

Budge, Ian and Hans Keman. *Parties and Democracy : Coalition Formation and Government Functioning in Twenty States*. Oxford : Oxford University Press, 1990.

Burch, Martin and Ian Holliday. *The British Cabinet System*. London : Prentice Hall, 1990.

Burns, James MacGregor. *Leadership*. New York : Harper Colohan Books, 1978.

Calder, Kent E. *Crisis and Compensation : Public Policy and Political Stability in Japan, 1944-86*. Princeton : Princeton University Press, 1988.

——— "Japan in 1990 : Limits to Change." *Asian Survey*, 31, no. 1 (January 1991) : pp. 21-35.

——— "Kanryo vs. Shomin : Contrasting Dynamics of Conservative Leadership in Postwar Japan." In *Michigan Papers in Japanese Studies No. 1 : Political Leadership in Contemporary Japan*, ed. Terry Edward MacDougall, pp. 1-28. Ann Arbor : Center for Japanese Studies, University of Michigan, 1982.

Campbell, John Creighton. *Contemporary Japanese Budget Politics*. Berkeley : University of California Press, 1977.

Carlile, Lonny E. and Mark C. Tilton. eds. *Is Japan Really Changing Its ways ? : Regulatory Reform and the Japanese Economy*. Washington, D. C. : Brookings Institution, 1998.

Checkel, Jeffery T. "The Constructivist Turn in International Relations Theory." *World Politics* 50. January 1998 : 324–348.

Cheng, Peter P. "Japanese Interest Group Politics : An Institutional Framework." *Asian Survey*, 30, no. 3 (March 1990) : pp. 251–265.

Choate, Pat. *Agents of Influence : How Japan's Lobbyists in the United States Manupulate America's Political and Economic System.* New York : Knopf, 1990.

Crabb, Cecil V. Jr. and Pat M. Holt. *Invitation to Struggle : Congress, the President, and Foreign Policy*. 3d ed. Washington, D. C. : Congressional Quarterly, 1989.

Cohen, Bernard C. *The Public's Impact on Foreign Policy*. Boston : Little Brown, 1973.

Cohen, Stephen D. *Uneasy Partnership : Competition and Conflict in U. S.-Japanese Trade Relations*. Cambridge, Massachusetts : Ballinger, 1985.

Crossman, R. H. S. "Prime Ministerial Government." In *The British Prime Minister*. ed. Anthony King, pp. 175–94. Durham, North Carolina : Duke University Press, 1985.

Curtis, Gerald. "Big Business and Political Influence." In *Modern Japanese Organization and Decision-Making*, ed. Ezra Vogel, pp. 33–70. Berkeley and Los Angels : University of California Press, 1975.

——— *The Japanese Way of Politics*. New York : Columbia University Press, 1988.

——— *The Logic of Japanese Politics*. New York : Columbia University Press, 1999.

Curtis, Gerald. ed. *Japan's Foreign Policy After the Cold War : Coping with Change*. Armonk, New York : M. E. Sharpe, 1993.

Desmond, Edward W. "Ichiro Ozawa : Reformer at Bay." *Foreign Affairs* September/October 1995.

Destler, I. M. *American Trade Politics*. 3rd ed. Washington, D. C. : Institute for International Economics, 1992.

——— *Presidents, Bureaucrats, and Foreign Policy : The Politics of Organizational Reform*. Princeton : Princeton University Press, 1972.

Destler, I. M., Hideo Sato, Priscilla Clapp, and Haruhiko Fukui. *Managing Alliance : The Politics of U. S.-Japanese Relations*. Washington, D. C. : Brookings Institution, 1976.

Destler, I. M., Leslie H. Gelb and Anthony Lake. *Our Own Worst Enemy : The Unmaking of American Foreign Policy*. New York : Simon and Schuster, Inc., 1984.

Drifte, Reinhard. *Japan's Foreign Policy*. London : Routledge, 1990.

Dunleavy, Patrick and R. A. W. Rhodes, "Core Executive Studies in Britain," *Public Administration*, 68, no. 1, 1990.

Evans, Peter B, Harold K. Jacobson and Robert D. Putnam. *Double Edged Diplomacy : International Bargaining and Domestic Politics*. Berkeley : University of California Press, 1993.

Fallows, James. "Containing Japan." *The Atlantic Monthly* (May 1989).

Fierke, Karin M. and Kund Erik Jorgensen. *Constructing International Relations : The Next Generation*. Armonk, New York : M. E. Sharpe, 2001.

Franck, Thomas M. and Edward Weisband. *Foreign Policy by Congress*. New York : Oxford University Press, 1979.

Frankel, Joseph. *The Making of Foreign Policy : An Analysis of Decision Making*. London : Oxford University Press, 1963.

Frost, Ellen, L. *For Richer, For Poorer : The New U.S.-Japan Relationship*. New York : Council on Foreign Relations, 1987.

Frum, David. *The Right Man : The Surprise Presidency of George W. Bush*. New York : Random House, 2003.

Fukui, Haruhiro. "Japan : Factionalism in a Dominant Party System." In *Faction Politics : Political Parties and Factionalism in Comparative Perspective*, eds. Frank P. Belloni and Dennis C. Beller, pp. 43-72. Santa Barbara : ABC-Clio Inc., 1978.

——— *Party in Power*. Berkeley : University of California Press, 1970.

——— "Policy Making in the Japanese Foreign Ministry," in *The Foreign Policy of Modern Japan*, ed. Robert Scalapino, pp. 3-35. Berkeley and Los Angeles : University of California Press, 1977.

——— "Studies in Policymaking : Review of the Literature." In *Policymaking in Contemporary Japan*, ed. T. J. Pempel, pp. 22-59. Ithaca : Cornell University Press, 1977.

——— "Tanaka Goes to Peking." In *Policymaking in Contemporary Japan*, ed. T. J. Pempel, pp. 60-102. Ithaca : Cornell University Press, 1977.

——— "The Liberal Democratic Party Revisited : Continuity and Change in the Party's Structure and Performance." *Journal of Japanese Studies*, 10, no. 2 (Summer 1984) : pp. 385-435.

——— "Too Many Captains in Japan's Internationalization : Travails at the Foreign Ministry." *Journal of Japanese Studies*, 13, no. 2 (Summer 1987) : pp. 359-81.

Funabashi, Yoichi. *Alliance Adrift*. New York : Council on Foreign Relations, 1999.

Funabashi, Yoichi. ed. *Japan's International Agenda.* New York : New York University Press, 1994.

Gaddis, John Lewis "International Relations Theory and the End of the Cold War." *International Security*, 17. (Winter 1992/3) : pp. 5–58.

——— "Toward the Post-Cold War World." *Foreign Affairs*, 70, no. 2, (Spring 1991) : pp. 102–22.

George, Alexander L. *Bridging the Gap : Theory and Practice in Foreign Policy.* Washington, D. C. : United States Institute of Peace Press, 1993.

——— *Presidential Decisionmaking in Foreign Policy : The Effective Use of Information and Advice.* Boulder : Westview Press, 1980.

Gilpin, Robert. *War and Change in World Politics.* London : Cambridge University Press, 1981.

Government Section, Supreme Commander for the Allied Powers. *Political Reorientation of Japan.* Washington, D. C. : U. S. Government Printing Office, 1949.

Graber, Doris A. *Media Power in Politics.* Washington, D. C. : Congressional Quarterly, 1984.

Green, Michael J. *Japan's Reluctant Realism : Foreign Policy Challenges in an Era of Uncertain Power.* New York : Council on Foreign Relations, 2001.

Green, Michael J, and Patrick M. Cronin. eds. *The U. S.-Japan Alliance : Past, Present, and Future.* New York : Council on Foreign Relations, 1999.

Haley, John O. "Consensual Governance." In *The Political Economy of Japan*, vol. 3, *Cultural and Social Dynamics*, eds. Shumpei Kumon and Henry Rosovsky, pp. 32–62. Stanford, California : Stanford University Press, 1992.

——— "Governance by Negotiation : A Reappraisal of Bureaucratic Power in Japan." *Journal of Japanese Studies*, 13, no. 2 (Summer 1987) : pp. 343–357.

Halperin, Morton H. *Bureaucratic Politics and Foreign Policy.* Washington, D. C. : Brookings Institution, 1974.

Hastedt, Glenn P. *American Foreign Policy : Past, Present, Future.* 4th ed. Upper Saddle River : Prentice Hall, 2000.

Hayao, Kenji. "The Japanese Prime Minister and Public Policy". Ph. D. dissertation, University of Michigan, 1990.

——— *The Japanese Prime Minister and Public Policy.* Pittsburg : University of Pittsburg Press, 1993.

Hayes, Louis D. *Introduction to Japanese Politics.* New York : Paragon House, 1992.

Higa, Mikio. *The Role of Bureaucracy in Contemporary Japanese Politics.* Ph. D. dissertation, University of California, Berkeley, 1968.

Holliday, Ian and Tomohito Shinoda. "The Core Executive Capacity in Britain and Japan." *Japanese Journal of Political Science*, 3, no. 1. May 2002 : pp. 91-111.

Hilsman, Roger. *The Politics of Policy Making in Defense and Foreign Affairs : Conceptual Models and Bureaucratic Politics.* New Jersey : Prentice Hall, 1987.

——— *To Move a Nation.* New York : Doubleday and Co., 1967.

Hine, David and Renato Finocchi. "The Italian Prime Minister." *West European Politics*, 14 (April 1991) : pp. 79-96.

Hobbes, Thomas. *Leviathan.* Ayesbury, Bucks : Penguin Books, 1968, first published in 1651.

Holsti, K. J. *International Politics : A Framework for Analysis.* 7th ed. Englewood Coliffs : Prentice Hall, 1995.

——— *The Dividing Discipline : Hegemony and Diversity in International Theory.* Boston : Allen & Unwin, 1985.

Hosoya, Chihiro and Tomohito Shinoda. eds. *Redefining the Partnership : The United States and Japan in East Asia.* Lanham : University Press of America, 1998.

Huntington, Samuel P. *The Common Defense : Strategic Programs in National Politics.* New York : Columbia University Press, 1961.

Ikenberry, G. John. *After Victory : Institutions, Strategic Restraint and the Rebuilding of Order after Major War.* Princeton : Princeton University Press, 2001.

Ikenberry, G. John and Takashi Inoguchi. *Reinventing the Alliance : U. S.-Japan Security Partnership in an Era of Change.* New York : Palgrave Macmillan, 2003.

Igarashi, Takeshi. "Peace-Making and Party Politics : The Formation of Domestic Foreign-Policy System in Postwar Japan." *Journal of Japanese Studies*, 11, no. 2 (Summer 1985) : pp. 323-356.

Inoguchi, Takashi. "Japan's Response to the Gulf Crisis : An Analytic Overview." *Journal of Japanese Studies*, 17, no. 2 (Summer 1991) : pp. 257-273.

Inoguchi, Takashi and Daniel Okimoto. eds. *The Political Economy of Japan*, Vol. 2 : *The Changing International Context.* Stanford : Stanford University Press, 1988.

Inoguchi, Takashi and Purnendra Jain. eds. *Japanese Foreign Policy Today*. New York : Palgrave, 2000.

Irye, Akira and Robert A. Wampler. eds. *Partnership : The United States and Japan 1951–2001*. Tokyo : Kodansha International, 2001.

Irye, Akira and Warren I. Cohen. eds. *The United States and Japan in the Postwar World*. Lexington : University of Kentucky Press, 1989.

Jain, Purnendra and Takashi Inoguchi. *Japanese Politics Today : Beyond Karaoke Democracy*. New York : St. Martin Press, 1997.

James, Simon. *British Cabinet Government*. 2nd ed. London : Routledge, 1992.

Johnson, Chalmers. "Japan : Who Governs ? An Essay on Official Bureaucracy." *Journal of Japanese Studies*, 2, no. 1 (Autumn 1975) : pp. 1–28.

——— *MITI and the Japanese Miracle*. Stanford : Stanford University Press, 1982.

Jones, George W. "The Prime Minister's Power." In *The British Prime Minister*. ed. Anthony King, pp. 195–220. Durham, North Carolina : Duke University Press, 1985.

——— "West European Prime Ministers In Perspective." *West European Politics*, 14 (April 1991) : pp. 163–178.

Kabashima, Ikuo and Jeffrey Broadbent. "Preference Pluralism : Mass Media and Politics in Japan." *Journal of Japanese Studies*, 12, no. 2 (Summer 1986) : pp. 329–361.

Kaplan, Eugene J. *Japan : The Government–Business Relationship*. Washington : Department of Commerce, 1972.

Kato, Junko. *The Problem of Bureaucratic Rationality : Tax Politics in Japan*. Princeton : Princeton University Press, 1994.

Katzenstein, Peter. ed. *The Culture of National Security : Norm and Identities in World Politics*. New York : Columbia University Press, 1996.

Katzenstein, Peter J., Robert O. Keohane and Stephen Krasner, eds. *Exploration and Contestation in the Study of World Politics*. Cambridge : MIT Press, 1999.

Kawasaki, Tsuyoshi. *The Politics of Contemporary Japanese Budget Making : Its Structure and Historical Origins*. Working Paper Series no. 58. Toronto : Joint Centre for Asia Pacific Studies, 1993.

Kawashima, Yutaka. *Japanese Foreign Policy at the Crossroads : Challenges and Options for the Twenty–First Century*. Washington, D. C. : Brookings, 2003.

Kawashima, Yutaka. *Japanese Foreign Policy at the Crossroads : Challeges and Options for the Twenty-First Century*. Washington, D. C. : Brookings Institution, 2003.

Kegley, Charles W. Jr. and Eugen R. Wittkopf. *American Foreign Policy : Pattern and Process*. 4th ed. New York : St. Martin's Press, 1991.

Keohane, Robert O. *After Hegemony : Cooperation and Discord in the World Political Economy*. Princeton : Princeton University Press, 1984.

——— ed. *Neorealism and Its Critics*. New York : Columbia University Press, 1986.

Keohane, Robert and Joseph Nye. *Power and Interdependence*. Boston : Little, Brown, 1977.

Kernell, Samuel. ed. *Parallel Politics : Economic Policymaking in Japan and the United States*. Washington, D. C. : Brookings Institution, 1991.

King, Anthony. "The British Prime Ministership in the Age of the Career Politician." *West European Politics*, 14 (April 1991) : pp. 25-47.

King, Anthony. ed. *The British Prime Minister*. 2d ed. Durham, North Carolina : Duke University Press, 1985.

Kissinger, Henry. *White House Years*. Boston : Little, Brown and Company, 1979.

——— *Years of Upheaval*. Boston : Little, Brown and Company, 1982.

Kohno, Masaru. *Japan's Postwar Party Politics*. Princeton : Princeton University Press, 1997.

Kosai, Yutaka. "The Politics of Economic Management." In *The Political Economy of Japan*, vol. 1, *The Domestic Transformation*, eds. Kozo Yamamura and Yasukichi Yasuba, pp. 555-592. Stanford, California : Stanford University Press, 1987.

Krasner, Stephen D. "Are Bureaucracies Important ? (or Allison Wonderland)." *Foreign Policy*, no. 7, Summer 1972.

——— ed. *International Regimes*. Ithaca : Cornell University Press, 1983.

Kumon, Shumpei. "Japan Faces Its Future : The Political-Economics and Administrative Reform." *Journal of Japanese Studies*, 10 no. 1 (Winter 1984) : pp. 143-165.

Kumon, Shumpei and Henry Rosovsky. ed. *The Political Economy of Japan*, vol. 3, *Cultural and Social Dynamics*. Stanford, California : Stanford University Press, 1992.

Kusnitz, Leonard A. *Public Opinion and Foreign Policy : America's China Policy*. Westport, Connecticut : Greenwood, 1984.

Levering, Ralph D. *The Public and America's Foreign Policy, 1918-1978.* New York : William Morrow & Co., 1978.

Lincoln, Edward. *Japan's Unequal Trade.* Washington, D. C. : Brookings Institution, 1990.

Lowi, Theodore "American Business and Public Policy : Case Studies and Political Theory." *World Politics*, 16 (July 1964) : pp. 677-693.

MacDougall, Terry Edward. ed. *Political Leadership in Contemporary Japan.* Michigan Papers in Japanese Studies, no. 1. Ann Arbor : Center for Japanese Studies, 1982.

Maki, John. ed. and trans. *Japan's Commission on the Constitution : The Final Report.* Seattle : University of Washington Press, 1980.

Mann, Thomas E. ed. *A Question of Balance : The President, the Congress and Foreign Policy.* Washington, D. C. : Brookings Institution, 1990.

Morgenthau, Hans J. *Politics Among Nations : The Struggle for Power and Peace.* 5th ed. New York : Alfred A. Konpf, 1973, first edition was published in 1948.

McFarland, Andrew S. *Power and Leadership in Pluralist Systems.* Stanford : Stanford University Press, 1969.

McNelly, Theodore. *Politics and Government in Japan.* 2nd ed. Lanham : University Press of America, 1972.

Mendel, Douglas H. Jr. *The Japanese People and Foreign Policy : A Study of Public Opinion in Post-Treaty Japan.* Berkeley, California : University of California Press, 1961.

Mény, Yves. *Government and Politics in Western Europe : Britain, France, Italy, Germany.* 2nd ed. Oxford : Oxford University Press, 1993.

Miyawaki, Raisuke. "Difference in the Governing Style between Nakasone and Takeshita." Paper presented at the Johns Hopkins University's School of Advanced International Studies, December 3, 1992.

——— "'Naikaku-Kohokan' : Public Relations Advisor to the Prime Minister." Paper presented at the Johns Hopkins University's School of Advanced International Studies, December 3, 1992.

Mochizuki, Mike Masato. "Managing and Influencing the Japanese Legislative Process : The Role of Parties and the National Diet." Ph. D. dissertation, Harvard University, 1981.

Mochizuki, Mike M. *Toward A True Alliance : Restructuring U. S.-Japan Security Relations.* Washington, D. C. : Brookings, 1997.

Moravcsik, Andre. "Taking Preferences Seriously : A Liberal Theory of International Politics." *International Organization*, 51 (Autumn 1973) : 513–545.

Murakami, Yasusuke. "The Age of New Middle Mass Politics : The Case of Japan." *Journal of Japanese Studies*, 8, no. 1 (Winter 1982) : pp. 29–72.

Muramatsu, Michio. "In Search of National Identity : The Politics and Policies of the Nakasone Administration." *Journal of Japanese Studies*, 13, no. 2 (Summer 1987) : pp. 271–306.

Muramatsu, Michio and Ellis Krauss. "The Conservative Policy Line and the Development of Patterned Pluralism." In *The Political Economy of Japan*, vol. 1, *The Domestic Transformation*, eds. Kozo Yamamura and Yasukichi Yasuba, pp. 516–54. Stanford : Stanford University Press, 1987.

Nakamoto, Michiyo. "Hosokawa plan has pleased few and made many unhappy." *Financial Times*, 4 February 1994.

Nathan, James A. and James K. Oliver. *Foreign Policy Making and the American Political System*. 3rd ed. Baltimore : Johns Hopkins University Press, 1994.

Neary, Ian. "Serving the Japanese Prime Minister." In *Administering the Summit : Administration of the Core Executive in Developed Countries*, eds. B. Guy Peters, R. A. W. Rhodes and Vincent Wright, pp. 196–222. New York : St. Martin's Press, 2000.

Neustadt, Richard E. *Presidential Power and the Modern Presidents : The Politics of Leadership from Roosevelt to Reagan*. New York : The Free Press, 1960. revised in 1990.

Neward, Kathleen. ed. *The International Relations of Japan*. London : Macmillan, 1990.

Nye, Joseph S. *Understanding International Conflicts : An Introduction to Theory and History*. 4th ed. New York : Longman, 2003.

Okazaki, Hisahiko. *A Grand Strategy for Japanese Defense*. Lanham, Maryland : University Press of America, 1986.

Onuf, Nicholas G. *World of Our Making : Rules and Rule in Social Theory and International Relations*. South Carolina : University of South Carolina Press, 1989.

Ornstein, Norman J. *Interest Groups, Lobbying and Policymaking*. Washington, D. C. : Congressional Quarterly, Press, 1978.

Orr, Robert M. Jr. *The Emergence of Japan's Foreign Aid Power*. New York : Colombia University Press, 1990.

Ozawa, Ichiro. *Blueprint for a New Japan : The Rethinking of a Nation*. Tokyo : Kodansha International, 1994.

Packard, George R. *Protest in Tokyo : The Security Treaty Crisis of 1960*. Princeton : Princeton University Press, 1966.

Page, Glenn D. ed. *Political Leadership : Readings for an Emerging Field*. New York : Free Press, 1972.

Page, Benjamin and Robert I. Shapiro. "Effects of Public Opinion on Policy." *American Political Science Review*, 77 (1983) : 175–190.

Park, Yung H. *Bureaucrats and Ministers in Contemporary Japanese Government*. Berkeley : Institute of East Asian Studies, University of California, 1986.

Paster, Robert A. *Congress and the Politics of U. S. Foreign Economic Policy 1929–1976*. Berkeley and Los Angeles : University of California Press, 1980.

Patrick, Hugh and Henry Rovosvky. *Asia's New Giant*. Washington, D. C. : Brookings Institution, 1976.

Patterson, Bradley H. Jr. *The White House Staff*. Washington D. C. : Brookings Institution, 2000.

Pempel, T. J. "Organizing for Efficiency : The Higher Civil Service in Japan." In *Bureaucrats and Policy Making : A Comparative Overview*, ed. Ezra N. Suleiman, pp. 72–106. New York : Holms and Meier, 1984.

——— "The Bureaucratization of Policy making in Postwar Japan." *American Journal of Political Science*, 18 (November 1987) : pp. 271–306.

——— "The Unbundling of 'Japan, Inc.' : The Changing Dynamics of Japanese Policy Formation." *Journal of Japanese Studies*, 13, no. 2 (Summer 1987) : pp. 271–306.

——— *Regime Shift : Comperative Dynamics of the Japanese Political Economy*. Ithaca : Cornell University Press, 1998.

——— ed. *Policymaking in Contemporary Japan*. Ithaca : Cornell University Press, 1977.

Pempel, T. J. and Keiichi Tsunekawa. "Corporatism Without Labor ? : the Japanese Anomaly." In *Trend Toward Corporatist Intermediation*, eds. Phlippe C. Schmitter. and Gerhard Lehmbruch, pp. 231–269, London : Sage Publication, 1979.

Peters B. Guy, and R. A. W. Rhodes and Vincent Wright. eds. *Administering the Summit : Administration of the Core Executive in Developed Countries*. New York : St. Martin's Press, 2000.

Pharr, Susan J. and Ellis S. Krauss. *Media and Politics in Japan*. Honolulu, University of Hawai'i Press, 1996.

Prestowitz, Clyde V. *Trading Place*. New York : Basic Books, 1988.

Putnam, Robert. "Diplomacy and Domestic Politics : The Logic of Two-Level Games." *International Organization*, 42, no. 3 (Summer 1988) : pp. 427–460.

Pyle, Kenneth B. "In Pursuit of a Grand Design : Nakasone Between the Past and the Future." *Journal of Japanese Studies*, 13, no. 2 (Summer 1987) : pp. 243–270.

Reischauer, Edwin, O. *My Life Between Japan and America*. New York : Harper and Row, 1986.

Richardson, Bradley M. and Scott C. Flanagan. *Politics in Japan*. Boston : Little, Brown and Company, 1984.

Rhodes, R. A. W. and Patrick Dunleavy. *Prime Minister, Cabinet and Core Executive*. New York : St. Martin's Press, 1995.

Rose, Richard and Ezra N. Suleiman. eds. *Presidents and Prime Ministers*. Washington, D. C. : American Enterprise Institute, 1980.

Rose, Richard. *The Prime Minister in a Shrinking World*. Oxford : Polity Press, 2001.

Rosenbluth, Frances McCall. *Financial Politics in Contemporary Japan*. Ithaca : Cornell University Press, 1989.

Rosecrance, Richard. *The Rise of the Trading State : Commerce and Conquest in the Modern World*. New York : Basic Books, 1986.

Ruggie, John G. *Winning the Peace : America and World Order in the New Era*. New York : Columbia University Press, 1996.

Saito, Shiro. *Japan at the Summit : Japan's Role in the Western Alliance and Asian Pacific Cooperation*. London : Routledge, 1990.

Samuels, Richard J. *Machiavelli's Children : Leaders and Their Legacies in Italy and Japan*. Ithaca : Cornell University, 2003.

Sartori, Giovanni. *Parities and Party Systems : A Framework for Analysis*. Cambridge : Cambridge University Press, 1976.

Scalapino, Robert A. *Democracy and the Party Movement in Prewar Japan*. Berkeley : University of California Press, 1953.

——— ed. *The Foreign Policy of Modern Japan*. Berkeley and Los Angeles : University of California Press, 1977.

Scalapino, Robert A. and Masumi Junnosuke. *Parties and Politics in Contemporary Japan*. Berkeley : University of California Press, 1962.

Shattschneider, E. E. *Politics, Pressures and the Tariff*. New York : Prentice Hall, 1935.

Schelling, Thomas C. *The Strategy of Conflict*. Cambridge : Harvard University Press, 1960.

Schilling,Warner, Paul Y. Hammond and Glenn Snyder. *Strategy, Politics and Defense Budgets*. New York : Columbia University Press, 1962.

Schlesinger, Arthur M. Jr. *The Imperial Presidency*. Boston : Houghton Miffin Co., 1973.

Schmitter, Phlippe C. and Gerhard Lehmbruch. eds. *Trend Toward Corporatist Intermediation*. London : Sage Publications, 1979.

Schoppa, Leonard J. *Bargaining with Japan : What American Pressure Can and Cannot Do*. New York : Columbia University Press, 1997.

——— "Zoku Power and LDP Power : Case Study of the Zoku role in Education Policy." *Journal of Japanese Studies*, 17, no. 1 (Winter 1991) : pp. 79–106.

Schlesinger, Jacob M. *Shadow Shoguns : The Rise and Fall of Japan's Postwar Political Machine*. New York : Simon & Schuster, 1997.

Schoff, James, L. ed. *Crisis Management in Japan and the United States : Creating Opportunities for Cooperation amid Dramatic Change*. Dulles : Brassey's Inc., 2004.

Schwartz, Frank J. *Advice & Consent : The Politics of Consultation in Japan*. New York : Cambridge University Press, 1998.

Shibusawa, Masahide. *Japan and the Asia Pacific Region*. London : Croom Helm, 1984.

Shinoda, Tomohito. "Governing from the Centre : Core Executive Capacity in Britain and Japan," (with Ian Holliday), *Japanese Journal of Political Science*, 3 (2002) : pp. 91–111.

——— "Japan's Decision Making Under the Coalition Governments." *Asian Survey*, July 1998.

——— "Japan." In *Party Politics and Democratic Development in East and Southeast Asia*, vol. 2, ed. Wolfgang Sachsenroder. Brookfield : Ashgate Publishing Company, 1998.

——— "Japan's Cabinet Secretariat and Its Emergence As Core Executive" *Asian Survey*, 45, no. 5 (September/October 2005) : pp. 800–821.

——— "Japan's Political Changes and Their Impact on U. S.–Japan Relations." In *Redefining the Partnership : The United States and Japan in East Asia*, eds. Chihiro Hosoya and Tomohito Shinoda, pp. 43–58. Lanham : University Press of America, 1998.

——— "Japan's Political Leadership : The Prime Minister's Power, Style and Conduct of Reform." In *Asian Economic and Political Issues*, vol. 2, ed. Frank Columbus, pp. 1–31. (New York : Nova Publisher, 1999).

——— "Japan's Top–Down Policy Process to Dispatch the SDF to Iraq." *Japanese Journal of Political Science*, 7, no. 1 (2006) : pp. 71–91.

——— "Koizumi's Top–Down Leadership in the Anti–Terrorism Legislation : The Impact of Institutional Changes". *SAIS Review* (Winter/Spring 2003) : pp. 19–34.

——— *Leading Japan : The Role of the Prime Minister*. Westport : Praeger, 2000.

——— "LDP factions : Their Power and Culture." *Bulletin*, The Japan–American Society of Washington, 25, no. 2 (February 1990):

pp. 4-7.

——— "Ozawa Ichiro as an Actor in Foreign Policy Making." *Japan Forum*, 16, no. 1, 2004 : pp. 37-62.

——— "Truth Behind LDP's Loss." *Washington Japan Journal*, 2 (Fall 1993) : pp. 26-28

Snyder, Richard, H. W. Bruck and Burton Sapin. "Decision-Making as an Approach to the Study of International Politics." In *Foreign Policy Decision-Making*, ed. Richard Snyder and others. New York : Free Press, 1962.

Snyder, Richard and others. eds. *Foreign Policy Decision-Making (Revisited)*. New York : Palgrave Macmillan, 2002.

Sondermann, Fred A. *The Theory and Practice of International Relations*. Englewood Cliffs : Prentice Hall, 1960.

Steinbruner, John D. *The Cybernetic Theory of Decision : New Dimensions of Political Analysis*. Princeton : Princeton University Press, 1974.

Sundquist, James L. *The Decline and Resurgence of Congress*. Washington, D. C. : Brookings Institution, 1981.

Thayer, Nathaniel B. *How the Conservatives Rule Japan*. Princeton : Princeton University Press, 1969.

Tolchin, Martin and Susan. *Buying into America : How Foreign Money is Changing the Face of Our Nation*. New York : Times Book, 1988.

——— *Selling Our Security : The Erosion of America's Assets*. New York : Times Book, 1988.

Truman, David. *The Government Process : Political Interest and Public Opinion*, 2nd ed. New York : Knopf, 1971, first published in 1951.

Tsurutani, Taketsugu and Jack B. Gabbert. *Chief Executives : National Political Leadership in the United States, Mexico, Great Britain, Germany, and Japan*. Pullman : Washington State University Press, 1992.

Walt, Stephen M. *The Origin of Alliance*. Ithaca : Cornell University Press, 1987.

Waltz, Kenneth N. *Man, the State, and War : A Structural Analysis*. New York : Columbia University Press, 1959.

——— *Theory of International Politics*. Redding, Massachusetts : Addison-Wesley Publishing Company, 1979.

Welfield, John. *An Empire in Eclipse : Japan in the Postwar American Alliance System*. London : Athlone Press, 1988.

Wendt, Alexander. "Anarchy is What States Make of it : The Social Construction of Power Politics." *International Organization*, 46, no. 2 (Spring 1992) : pp. 391-425.

——— *Social Theory of International Politics*. Cambridge : Cambridge University Press, 1999.

Willner, Ann Ruth. *The Spellbinder : Charismatic Political Leadership*. New Haven : Yale University Press, 1984.
van Wolferen, Karel G. *The Enigma of Japanese Power*. New York : Alfred A Knopf, 1989.
――― "The Japan Problem." *Foreign Affairs*, 65 (Winter, 1987) : pp. 288–303.
Yamamura, Kozo and Yasukichi Yasuba. eds. *The Political Economy of Japan*, vol. 1, *The Domestic Transformation*. Stanford : Stanford University Press, 1987.
Young, Jeffrey D. *Japan's Prime Minister : Selection Process, 1991 Candidates, and Implications for the United States*. CRS Report 91-695 F. Congressional Research Service, The Library of Congress, September 24, 1991.

アイケンベリー、Ｇ・ジョン／鈴木康夫訳『アフター・ヴィクトリー』ＮＴＴ出版、二〇〇四年。

赤根谷達雄・落合浩太郎『日本の安全保障』有斐閣、二〇〇四年。

秋山昌廣『日米の戦略対話が始まった』亜紀書房、二〇〇二年。

朝日新聞政治部『政界再編』朝日新聞社、一九九三年。

麻生幾『情報、官邸に達せず――「情報後進国」日本の悲劇』文藝春秋、一九九六年。

アマコスト、マイケル・Ｈ／読売新聞社外報部訳『友か敵か』読売新聞社、一九九六年。

アリソン、グレアム／宮里政玄訳『決定の本質』中央公論社、一九七七年。

有賀貞・宇野重吉・木戸蓊・山本吉宣・渡邊昭夫編『講座国際政治四　日本の外交』東京大学出版会、一九八九年。

有賀貞・宮里政玄『概説アメリカ外交史』有斐閣、一九八三年。

アワー、ジェームズ「ＦＳＸ交渉はこうして決着した」『中央公論』一九九〇年六月号、一五六～一七一頁。

安藤裕康「日本の復興支援は中東地域の平和と安定に向けて」『外交フォーラム』二〇〇三年七月号。

五百旗頭真『日米戦争と戦後日本』大阪書籍、一九八九年。

五百旗頭真編『戦後日本外交史』有斐閣、一九九九年。

五十嵐武士『日米関係と東アジア――歴史的文脈と未来の構想』東京大学出版会、一九九九年。

石澤靖治『幻想の日米摩擦』ＴＢＳブリタニカ、一九九二年。

石田淳「コンストラクティヴィズムの存在論とその分析射程」『国際政治』一二四号、二〇〇〇年。

石田雄『現代組織論』岩波書店、一九六一年。

石原信雄『官邸二六六八日』日本放送出版協会、一九九五年。

――『権限の大移動――官僚から政治家へ、中央から地方へ』かんき出版、二〇〇一年。

――『首相官邸の決断』中央公論社、一九九七年。

伊藤光利・田中愛治・真渕勝『政治過程論』有斐閣、二〇〇〇年。

猪口孝『現代国際政治と日本』筑摩書房、一九九一年。

――『現代日本政治経済の構図』東洋経済新報社、一九八三年。

――『国際政治経済の構図』有斐閣、一九八二年。

――『族議員の研究』日本経済新聞社、一九八七年。

猪瀬直樹『道路の権力』文藝春秋、二〇〇四年。

入江昭『日米関係五十年』岩波書店、二〇〇一年。

――『新・日本の外交』中公新書、一九九一年。

――『二十世紀の戦争と平和』UP選書、一九八六年。

入江昭、ロバート・A・ワンプラー編『日米戦後関係史一九五一―二〇〇一』講談社、二〇〇一年。

岩井奉信『立法過程』東京大学出版会、一九八八年。

梅澤昇平『野党の政策過程』芦書房、二〇〇〇年。

ウッドワード、ボブ／伏見威蕃訳『ブッシュの戦争』日本経済新聞社、二〇〇三年。

A50日米戦後史編集委員会編『日本とアメリカ――パートナーシップの五〇年』ジャパンタイムズ、二〇〇一年。

江田憲司・龍崎孝『首相官邸』文春新書、二〇〇二年。

大来佐武郎『アメリカの論理日本の対応』ジャパンタイムズ、一九八九年。

大嶽秀夫『政界再編の研究』有斐閣、一九九七年。

――『政策過程』東京大学出版会、一九九〇年。

大嶽秀夫編『戦後防衛問題資料集』三一書房、一九九一年。

オーバードーファー、ドン／菱木一美訳『二つのコリア――国際政治の中の朝鮮半島』共同通信社、一九九八年。

岡義武編『現代日本の政治過程』岩波書店、一九五三年。

岡田直之『世論の政治社会学』東京大学出版会、二〇〇一年。

岡崎久彦「今こそチャイナスクール問題を、大胆な外務省改革に向けての一試案」正論『産経新聞』二〇〇二年七月一日。

岡本道郎『ブッシュｖｓフセイン』中公新書ラクレ、二〇〇三年。

岡本行夫「インド洋からナイルを経てイラクの復興支援へ」『外交フォーラム』二〇〇三年七月号。

小沢一郎『日本改造計画』講談社、一九九三年。

外交政策決定要因研究会編『日本の外交政策決定要因』ＰＨＰ研究所、一九九九年。

金森久雄『戦後経済の軌跡』中央経済社、一九九〇年。

蒲島郁夫「マスメディアと政治、もうひとつの多元主義」『中央公論』一九八六年二月号。

上西朗夫『ＧＮＰ１％枠』角川文庫、一九八一年。

川上高司『米国の対日政策――覇権システムと日米関係』同文館、一九九四年。

岸信介『岸信介回想録』廣済堂、一九八三年。

草野厚『政策過程分析入門』東京大学出版会、一九九七年。

――『日米オレンジ交渉』日本経済新聞社、一九八三年。

楠田実『首席秘書官』文藝春秋、一九七五年。

久保亘『連立政権の真実』読売新聞社、一九九八年。

久米郁男『労働政治』中公新書、二〇〇五年。

栗山尚一『日米同盟――漂流からの脱却』日本経済新聞社、一九九七年。

ケナン、ジョージ・Ｆ／近藤晋一・飯田藤次・有賀貞訳『アメリカ外交50年』岩波現代文庫、二〇〇〇年。

後藤田正晴『情と理――後藤田正晴回顧録』講談社、一九九八年。

――『政治とは何か』講談社、一九八八年。

――『内閣官房長官』講談社、一九八九年。

近藤健・斎藤眞『日米摩擦の謎を解く』東洋経済新報社、一九九四年。

坂元一哉『日米同盟の絆――安保条約と相互性の模索』有斐閣、二〇〇〇年。

櫻田大造・伊藤剛『比較外交政策――イラク戦争への対応外交』明石書店、二〇〇四年。

佐々淳行『危機管理宰相論』文藝春秋、一九九五年。

――『新危機管理のノウハウ』文藝春秋、一九九一年。

――「中曽根内閣と国の危機管理」『中曽根内閣史――理念と政策』世界平和研究所、一九九五年。

佐瀬昌盛『集団的自衛権――論争のために』PHP選書、二〇〇一年。

佐藤誠三郎・松崎哲久『自民党政権』中央公論社、一九八六年。

佐藤英夫『対外政策』東京大学出版会、一九八九年。

サルトーリ、ジョヴァンニ／岡澤憲芙監訳、工藤裕子訳『比較政治学』早稲田大学出版部、一九九六年
信田智人『アメリカ議会をロビーする』ジャパンタイムズ、一九八九年。

――『官邸外交』朝日新聞社、二〇〇四年。

――『官邸の権力』筑摩新書、一九九六年。

――「小泉首相のリーダーシップと安全保障政策過程――テロ対策特措法と有事関連法を事例とした同心円モデル分析」『日本政治研究』第一巻第二号、二〇〇四年。

――『総理大臣の権力と指導力』東洋経済新報社、一九九四年。

――「対外政策決定のアクターとしての小沢一郎」外交政策決定要因研究会編『日本の外交政策決定要因』PHP研究所、一九九九年。

――「橋本行革の内閣機能強化策」『レヴァイアサン』24、一九九九年春、五〇〜七七頁。

白鳥令編『政策決定の理論』東海大学出版会、一九九〇年。

新川俊光・井戸正伸・宮本太郎・眞柄秀子『比較政治経済学』有斐閣、二〇〇四年。

鈴木健二『日米危機と報道』岩波書店、一九九二年。

――『歴代総理、側近の告白』、毎日新聞社、一九九一年。

砂田一郎『比較政治学の理論』東海大学出版会、一九九〇年。

添谷芳秀『日本の「ミドルパワー」外交――戦後日本の選択と構想』筑摩新書、二〇〇五年。

田川誠一『日中交渉秘録』毎日新聞社、一九七三年。

竹下登『証言保守政権』読売新聞社、一九九一年。

建林正彦『議員行動の政治経済学』有斐閣、二〇〇四年。

田中明彦『新しい中世』日本経済新聞社、一九九六年。

――「国際政治理論の再構築」『国際政治』一二四号、二〇〇〇年。

田中明彦編『「新しい戦争」時代の安全保障』都市出版、二〇〇二年。

田中一昭・岡田彰編著『中央省庁改革――橋本行革が目指した「この国のかたち」』日本評論社、二〇〇〇年。

田村重信『日米安保と極東有事』南窓社、一九九七年。

田村重信・杉之尾宜生編著『教科書・日本の安全保障』芙蓉書房出版、二〇〇四年。

辻中豊『利益集団』東京大学出版会、一九八八年。

辻中豊編著『現代日本の市民社会・利益団体』木鐸社、二〇〇二年。

手嶋龍一『一九九一年日本の敗北』新潮文庫、一九九六年。

デスラー、I・M・／宮里政玄監訳『貿易摩擦とアメリカ議会――圧力形成プロセスを解明する』日本経済新聞社、一九八七年。

東京大学公共政策大学院・星浩編『東大vs.』朝日新聞社、二〇〇五年。

トリップ、チャールズ／大野元裕監訳『イラクの歴史』明石書店、二〇〇四年。

ナイ、ジョセフ・S・／田中明彦・村田晃嗣訳『国際紛争――理論と歴史』有斐閣、二〇〇二年。

長島昭久『日米同盟の新しい設計図』日本評論社、二〇〇二年。

中曽根康弘『天地有情――五十年の戦後政治を語る』文藝春秋、一九九六年。

――『政治と人生』講談社、一九九二年。

中野士朗『田中政権八八六日』行政問題研究所、一九八二年。

ニコルソン、ハロルド／斎藤眞・深谷満訳『外交』東京大学出版会、一九六八年（原書の出版は一九六三年）。

西村熊雄「サンフランシスコ平和条約について」『サンフランシスコ平和条約・日米安保条約』中公文庫、一九九九年。

日本政治学会編、年報政治学『日本の圧力団体』岩波書店、一九六〇年。

野口悠紀雄『一九四〇年体制』東洋経済新報社、一九九五年。

野中広務『私は闘う』文藝春秋、一九九六年。

――『老兵は死なず』文藝春秋、二〇〇三年。

長谷川和年「中曽根外交」『中曽根内閣史――理念と政策』世界平和研究所、一九九五年。

鳩山由紀夫「ニューリベラル改憲論・自衛隊を軍隊と認めよ」『文藝春秋』一九九九年一〇月号。

早野透『日本政治の決算――角栄vs小泉』講談社現代新書、二〇〇四年。

――『連立攻防物語』朝日新聞社、一九九九年。

平野貞夫『小沢一郎との二十年』プレジデント社、一九九六年。

――『公明党・創価学会と日本』講談社、二〇〇五年。

弘中善通『宮沢政権六四四日』行研出版局、一九九八年。

ファローズ、ジェームズ／土屋京子訳『沈まない太陽』講談社、一九九四年。

――大前正臣訳『日本封じ込め』TBSブリタニカ、一九八九年。

福井治弘「沖縄返還交渉――日本政府における決定過程」『国際政治』五二、一九七四年、九七～一二四頁。

――『自由民主党と政策決定過程』福村出版、一九六九年。

フクシマ、グレン『日米経済摩擦の政治学』朝日新聞社、一九九二年。

船橋洋一『同盟漂流』岩波書店、一九九七年。

フランケル、ジョセフ／河合秀和訳『外交における政策過程』東京大学出版会、一九七〇年。

ブリクス、ハンス／伊藤真訳『イラク大量破壊兵器査察の真実』DHC、二〇〇四年。

ベントレー、A・F／喜多靖郎・上林良一訳『統治過程論――社会圧力の研究』法律文化社、一九九四年。

細谷千博『日本外交の軌跡』日本放送出版協会、一九九三年。

細谷千博編『日米関係通史』東京大学出版会、一九九五年。

細谷千博・臼井久和編『国際政治の世界』有信堂、一九八一年。

細谷千博・本間長世編『日米関係史』有斐閣、一九八二年。

細谷千博・綿貫譲治『対外政策決定過程の日米比較』東京大学出版会、一九七七年。

堀江湛『連立政権の政治学』PHP研究所、一九九四年。

マコームズ、マックスウェルほか／大石裕訳『ニュース・メディアと世論』関西大学出版部、一九九四年。

正村公宏『世界史のなかの日本史』東洋経済新報社、一九九六年。

松田武『このままでよいのか日米関係』東京創元社、一九九八年。

丸茂明則編『変わりゆく日本の産業構造』ジャパンタイムズ、一九八九年。

御厨貴・中村隆英編『宮沢喜一回顧録』岩波書店、二〇〇五年。

水野清「『行革会議』官僚との攻防」『文藝春秋』一九九七年一〇月号。

水野均『検証、日本社会党はなぜ敗北したか』並木書房、二〇〇〇年。

三宅一郎・綿貫譲治・島澄・蒲島郁夫『平等をめぐるエリートと対抗エリート』創文社、一九八五年。

宮里政玄『米国通商代表部』ジャパンタイムズ、一九八九年。

宮里政玄・国際大学日米関係研究所編『日米構造摩擦の研究』日本経済新聞社、一九九〇年。

宮下明聡・佐藤洋一郎編『現代日本のアジア外交』ミネルヴァ書房、二〇〇四年。

村上泰亮『新中間大衆の時代』中央公論社、一九八七年。

村川一郎『日本の政策決定過程』ぎょうせい、一九八五年。

村田良平『なぜ外務省はダメになったのか』扶桑社、二〇〇二年。

森本敏編『イラク戦争と自衛隊派遣』東洋経済新報社、二〇〇四年。

薬師寺克行『外務省——外交力強化への道』岩波新書、二〇〇三年。

藪中三十二『対米経済交渉』サイマル出版会、一九九一年。

山岸章『連立仕掛け人』講談社、一九九五年。

——『我かく闘えり』朝日新聞社、一九九五年。

ローズクランス、リチャード／土屋政雄訳『新　貿易国家論』中央公論社、一九八七年。

渡辺乾介『あの人——ひとつの小沢一郎論』飛鳥新社、一九九二年。

あとがき

本を書くという作業は私にとって、非常にストイックな作業です。知っていることをすべて書いていったら論旨が乱れて、読者に本当に訴えたいことが伝わらない危険がある。したがって、論旨の一貫性を重視するために余分な枝葉を切っていく作業を行う。いわばアイデアをコントロールし続けなければならない、疲れる知的作業です。ところが、あとがきはそういった制約から解放され自由に書ける、私にとって一番書くのが楽しみな部分です。

一昨年に『官邸外交』という本を出版しました。同書は日本外交の政治リーダーシップと内閣という二つのテーマを追ってきた、私のここ十数年の日本政治研究の集大成だといえます。本書はその意味では、大学の学部生からの調査・研究の集大成といえるかもしれません。私がアメリカに初めて留学したのは、ちょうど四半世紀前の一九八一年ロナルド・レーガン大統領が就任し、冷戦が再び激化し始めたばかりの時期でした。その時に国際関係学の授業でハンス・モーゲンソーの本を読まされ、初めてリアリズムに出会いました。

修士課程を学んだ国際大学では、国際関係学に加えて、アメリカ政治、とくに政策決定について研究しました。だから私の最初の本は『アメリカ議会をロビーする』というワシントンを舞台にした圧力団体政治分析でした。その後、研究対象の事例は日本の内政や外交に軸足を移してきましたが、政策決定過程を中心に研究を続けてきました。

本書を書くにあたっては、大学院時代に読んだ本をまた読み直して、理解度が低かったことを発見したり、博士課程のテストのために用意した読書ノートをひっくり返して、自分の過去の努力を再評価するなど、一喜一憂を繰り返す作業でしたが、院生時代の記憶がよみがえってきたのは楽しい体験でした。

日本でも、佐藤英夫著『対外政策』や大嶽秀夫著『政策過程』、白鳥令編『政策決定の理論』、草野厚著『政策過程分

析入門』、伊藤光利ほか著『政治過程論』(出版年順)など、ざっと見てみただけでも、政策決定過程に関する優れた入門書は多く存在します。しかし、対外政策に対象を絞って、政策アクター別の分析に焦点を当てたものはありませんでした。

当初、ミネルヴァの叢書に参加を求められたとき、対外政策アクター別の分析だけを扱った本を提案しました。しかし、シリーズ中にほかに政策過程を扱う著書がないと聞き、政策過程理論の紹介を行っているうち、気がついたら主だった対外政策過程理論に加えて、国際政治理論の一部も含めたより包括的な著作に仕上がりました。書いているうちに、著書が著者の思惑をどんどん超えて膨れ上がったような感じがしました。それが結果的にうまく作用したかどうかは、読者の方々の評価にお任せします。

本書を書くうえで一番参考にしたのは、同心円モデルの生みの親でもあるロジャー・ヒルズマンの『防衛・外交政策過程の政治』(Roger Hilsman, *The Politics of Policy Making in Defense and Foreign Affairs: Conceptual Models and Bureaucratic Politics*)です。複数の事例について、まず合理的行為者モデルで分析し、その後で政治過程モデル分析とアクター別分析を行う構成は、この本でも見習わせてもらいました。非政府アクターを含めた同著の内容は非常に包括的なもので、以前から同じような本をいずれ書いてみたいと思っていました。

ヒルズマンに注目したもうひとつの理由は、日本の政策過程研究では米国以上にグラハム・アリソンの『決定の本質』が偏重される傾向があるからです。アリソンの官僚政治モデルは、同書で取り上げられているキューバ危機のような危機や非常時の際には有用ですが、議会や非政府アクターを含めていないために、一般的な事例には不適当です。本書では、多くの本で中心的に取り上げられているアリソンの研究を相対化しようと考えました。しかし、アリソンが同書の改訂版を発表し、これまでの批判に応えてアリソン自身が自らの研究を相対化しているため、特に目新しい議論は加えられませんでした。当初の考えにもかかわらず本書の第1章と第3章でもアリソンを最も大きく取り上げる結果になりましたが、それだけアリソンの研究が偉大であるということでしょう。

本書を書くにあたって、多くの方々にお世話になりました。本書の執筆上には過去にインタビューをした積み上げが役に立ちました。これまでインタビューに応じてくださった、中曽根康弘、細川護熙、村山富市の三人の元首相、昨年お亡くなりになった後藤田正晴元副総理、古川貞二郎前官房副長官と、古川氏への紹介を快くお引き受けくださった福田康夫元官房長官、これらの方々にこの場を借りて厚くお礼申し上げます。また、外交政策や内閣官房の話で貴重な証言をしてくださった、国廣道彦・有馬龍夫元外政審議室長、的場順三元内政審議室長、宮脇磊介・半田嘉弘元内閣広報官、小長啓一・江田憲司元総理秘書官、諸井虔元行政改革会議議員にも深く感謝します。多くの現役官僚の方にもインタビューしましたが、現役の方にはどんなご迷惑がかかるか分かりませんので、全員匿名にしてあります。名前をここで挙げることはできませんが、それらの方々にこの場をお借りしてお礼申し上げます。

次に、ミネルヴァ書房の叢書に参加するようお誘いくださった猪口孝先生にお礼を申し上げます。また編集の労をお取りくださったミネルヴァ書房編集部の田引勝二氏にも感謝します。また、この研究には、文部科学省・日本学術振興会（平成一六−一八年度科学研究費、基盤研究C「日本外交政策決定過程における内閣官房の役割」）の助成をいただきました。ここに謝意を表します。

本書には直接の関係はありませんが、今日私が研究者でいるために大きな役割を果たしてくださったジョージ・パッカード米日財団理事長には、言葉に尽くせない恩を感じています。学問的には、国際大学におられた宮里政玄、細谷千博両教授、ジョンズ・ホプキンス大学にいたパッカード教授とナサニエル・セイヤー教授の薫陶を受けました。同大学のケント・カルダー現ライシャワーセンター所長とカール・ジャクソン教授、メリーランド大学のI・M・デスラー教授、バンダービルド大学のジェームズ・アワー教授、ジョージ・ワシントン大学のヘンリー・ナウ教授、カリフォルニア大学のT・J・ペンペル教授、カリフォルニア大学のエリス・クラウス教授、マサチューセッツ工科大学のリチャード・サミュエルズ教授、シェフィールド大学のグレン・フック教授、東京大学の田中明彦教授、慶應義塾大学の添谷芳秀教授、ワシントン大学のロバート・ペッカネン教授らは、著者の研究活動に強い興味を持ち励ましてくれています。メディアの節では伊奈久喜日本経済新聞編集委員、利益団体の節では日本経済団体連合会の油木清明氏、経済同友会の岡野貞彦氏、世論の節では朝日新聞世論調査室吉田貴文記者の協力を得ました。これらの方々に対しては感謝の念でいっぱいです。また、研究の支えになってくれている妻グレチェンと娘の絵里香にもここで感謝したく思います。

本書を執筆中に、今日私が研究者でいるために大きな役割を果たしてくださった中山素平国際大学特別顧問がご逝去されました。いつも叱られてばかりでしたが、いつも私に指針を与えてくれるかけがえのない存在であった中山さんに本書を捧げます。

二〇〇六年六月　浦佐にて

信田智人

人名索引

あ　行

か　行

さ　行

た　行

な　行

は　行

ま　行

や・ら・わ行

事項索引

あ　行

か　行

さ　行

た　行

な　行

は　行

ま・や行

ら・わ行

《著者紹介》

信田智人（しのだ・ともひと）

1960年　京都生まれ。

1994年　ジョンズ・ホプキンス大学国際関係学博士号取得。

現　在　国際大学研究所教授。

著　書　『アメリカ議会をロビーする——ワシントンのなかの日米関係』ジャパンタイムズ社，1989年。

『総理大臣の権力と指導力——吉田茂から村山富市まで』東洋経済新報社，1994年。

『官邸の権力』ちくま新書，1996年。

『新時代の日米関係』（共編）有斐閣選書，1998年。

『官邸外交』朝日選書，2004年。

『日米同盟というリアリズム』千倉書房，2007年。

Redefining the Partnership : The United States and Japan in East Asia, edited with Chihiro Hosoya (Lanham : University Press of America, 1998).

Leading Japan : The Role of the Prime Minister (Westport : Praeger Publishing, 2000).

Koizumi Diplomacy : Japan's "Kantei" Approach to Foreign and Defense Affairs (Seattle : University of Washington Press, forthcoming).

国際政治・日本外交叢書②

冷戦後の日本外交

—安全保障政策の国内政治過程—

2006年9月30日　初版第1刷発行　検印廃止

2009年3月10日　初版第2刷発行

定価はカバーに
表示しています

著　者　信　田　智　人

発行者　杉　田　啓　三

印刷者　林　初　彦

発行所　株式会社　ミネルヴァ書房

607-8494　京都市山科区日ノ岡堤谷町1

電話代表　(075)581-5191番

振替口座　01020-0-8076番

太洋社・新生製本

ISBN978-4-623-04701-7

Printed in Japan

「国際政治・日本外交叢書」刊行の言葉

日本は長らく世界のなかで孤立した存在を、最近にいたるまで当然のこととしていた。たしかに日本は地理的にも外交的にもアジア大陸から一定の距離を保ちつつ、文字、技術、宗教、制度といった高度な文明を吸収してきたといってよい。しかも日本にとって幸いなことに、外国との抗争は、近代に入るまでそれほど頻繁ではなかった。七世紀、一二世紀、一六世紀とそれぞれ大きな軍事紛争に日本は参加したが、平和な状態の方が時間的には圧倒的に長かった。とりわけ江戸時代には、中国を軸とする世界秩序から大きく離脱し、むしろ日本を軸とする世界秩序、日本の小宇宙を作らんばかりの考えを抱く人も出てきた。

日本が欧米の主導する国際政治に軍事的にも外交的にも参加するようになったのは、一九世紀に入ってからのことである。日本を軸とする世界秩序構想はいうまでもなく現実離れしたものだったため、欧米を軸とする世界秩序のなかで日本の生存を図る考えが主流となり、近代主権国家を目指した富国と強兵、啓蒙と起業（アントルプルナールシップ）の努力と工夫の積み重ねが、すなわち日本の近代史であった。ほぼ一世紀前までに日本は欧米の文明国から学習した国際法を平和時にも戦争時にも遵守し、規律のある行動を取るという評判を得ようとした。それが義和団事変、日清戦争、日露戦争の前後である。

だが、当時の東アジアは欧米流の主権国家の世界ではなく、むしろ欧米と日本でとりわけ強まっていた近代化の勢いから取り残され、貧困と混乱と屈辱のなかで民族主義の炎が高まっていった。日本は東洋のなかで文明化の一番手であればこそ、アジアの心を理解できるはずだったが、むしろ欧米との競争に東洋の代表として戦っていると思い込み、アジアの隣人は日本の足枷になるとの認識から、彼らを自らの傘下に置くことによってしか欧米との競争に臨めないとの考えに至ったのである。

しかし、その結果、第二次世界大戦後には欧米とまったく新しい関係を育むことが出来るようになった。しかも一九世紀的な主権国家を軸とする世界秩序から、二〇世紀的な集団的安全保障を軸とする世界秩序を経験し、さらには二一世紀的なグローバル・ガバナンスを軸とする世界秩序が展開するのを眼前にしている。二一世紀初頭の今日、世界のなかの日本、日本の外交、そして世界政治についての思索が、今ほど強く日本人に求められている時はないといってもよいのではなかろうか。

われわれは様々な思索の具体的成果を「国際政治・日本外交叢書」として社会に還元しようとするものである。この叢書では、国際政治・日本外交の真摯な思索と綿密な検証を行う学術研究書を刊行するが、現代的な主題だけでなく、歴史的な主題も取りあげ、また政策的な主題のみならず、思想的な主題も扱う。われわれは所期の目的達成の産婆役としての役割を果たしたい。

二〇〇六年六月一日

過去・現在・未来を見通す羅針盤

国際政治・日本外交叢書

A5判 上製カバー

①アメリカによる民主主義の推進
——なぜその理念にこだわるのか
猪口孝／マイケル・コックス
G・ジョン・アイケンベリー 編
五三六頁 本体七五〇〇円

第19回国際安全保障学会佐伯喜一賞受賞
②冷戦後の日本外交
——安全保障政策の国内政治過程
信田智人 著
二四八頁 本体三五〇〇円

第19回アジア・太平洋賞特別賞受賞
③領土ナショナリズムの誕生
——「独島／竹島問題」の政治学
玄大松 著
三五二頁 本体五八〇〇円

④冷戦変容とイギリス外交
——デタントをめぐる欧州国際政治、一九六四～一九七五年
齋藤嘉臣 著
三〇四頁 本体五〇〇〇円

⑤戦後日米関係とフィランソロピー
——民間財団が果たした役割、一九四五～一九七五年
山本正 編著
三八〇頁 本体五〇〇〇円

⑥アイゼンハワー政権と西ドイツ
——同盟政策としての東西軍備管理交渉
倉科一希 著
二八八頁 本体五〇〇〇円

●ミネルヴァ書房